云南大学研究生教材建设基金资助

云南大学研究生教材用书

高校社科文库
University Social Science Series

教育部高等学校
社会科学发展研究中心

汇集高校哲学社会科学优秀原创学术成果
搭建高校哲学社会科学学术著作出版平台
探索高校哲学社会科学专著出版的新模式
扩大高校哲学社会科学科研成果的影响力

中国古代语言学文献教程

蔡英杰/主编

Linguistic Documents of Ancient China: An Introduction

光明日报出版社

图书在版编目（CIP）数据

中国古代语言学文献教程 / 蔡英杰主编 . -- 北京：
光明日报出版社，2011.4（2024.6 重印）
（高校社科文库）
ISBN 978 - 7 - 5112 - 1050 - 0

Ⅰ . ①中… Ⅱ . ①蔡… Ⅲ . ①汉语史—古代—教材
Ⅳ . ①H109. 2

中国版本图书馆 CIP 数据核字（2011）第 051285 号

中国古代语言学文献教程

ZHONGGUO GUDAI YUYANXUE WENXIAN JIAOCHENG

主　　编：蔡英杰

责任编辑：田　苗　曹美娜　　　　责任校对：谢　君　赵月栋
封面设计：小宝工作室　　　　　　责任印制：曹　净

出版发行：光明日报出版社
地　　址：北京市西城区永安路 106 号，100050
电　　话：010-63169890（咨询），010-63131930（邮购）
传　　真：010-63131930
网　　址：http：// book. gmw. cn
E - mail：gmrbcbs@ gmw. cn
法律顾问：北京市兰台律师事务所龚柳方律师

印　　刷：三河市华东印刷有限公司
装　　订：三河市华东印刷有限公司
本书如有破损、缺页、装订错误，请与本社联系调换，电话：010-63131930

开　　本：165mm×230mm
字　　数：300 千字　　　　　　　印　　张：17. 75
版　　次：2011 年 5 月第 1 版　　　印　　次：2024 年 6 月第 2 次印刷
书　　号：ISBN 978 - 7 - 5112 - 1050 - 0 - 01
定　　价：75. 00 元

前　言

　　近年来，原典的阅读在高校课程教学中的地位和作用引起了广泛关注，受到越来越多的有识之士的重视。大家普遍认为，如果缺少对原典的阅读，只是粗浅地了解一些理论上的皮毛，既无法打下扎实的专业基础，也无法形成较为深厚的理论素养。加强原典著作的阅读，并不断对其进行重新思考，对于本学科的成熟和完善无疑是大有裨益的。正是在这种学术背景下，我们根据教学需要，编写了这部《中国古代语言学文献教程》。

　　语言文字学在我国古代被称为小学，包括文字、音韵、训诂三个部门。因为它是研习经学的基础，因而历来受到重视，出现了一批产生广泛影响的学术名著。对大学语言学、汉语言文字学以及古典文献学专业的学生来讲，语言文献的研习都是题中应有之义。但是，面对这些经典文献，学生们却普遍感到迷茫。既不知道阅读这些文献的意义和价值，也不了解研习这些文献的方法和途径。本教材可以看作是引导学生阅读中国古代语言文献的一部基础性的入门书。

　　《中国古代语言学文献教程》包括以下四个方面的内容：文字部分、音韵部分、词汇部分、语法部分。文字部分主要涉及《说文解字》、《玉篇》、《类篇》、《龙龛手鉴》、《字汇》、《正字通》、《康熙字典》七部文献；音韵部分主要涉及今音学、古音学、等韵学、近音学等方面的音韵文献；词汇部分主要涉及《尔雅》、《方言》、《释名》、《广雅》四部文献；语法部分相对较为零散，除了先秦诸子和汉唐注疏中语法思想的梳理之外，主要对《助语辞》、《虚字说》、《助字辨略》、《经传释词》等几部虚词专书中的语法学思想进行系统总结，最后介绍了中国现代语法学的开山著作《马氏文通》。以上四个部分分别对中国传统语言学各领域主要文献的版本、体例、内容、评价、影响及研究概况做出了较为系统的整理。作为一部教材，我们还在每章的结尾部分附上了思考与练习。

本书写作的基础是原典阅读。我们在此基础上查阅相关材料，对语言文献各个方面的信息进行系统的归纳和整理。对于版本的流变，我们参照了相关专书研究的资料；在专书研究成果的综述部分，我们主要选择那些对本体研究参考意义较大的研究文献；在版本的选用上，我们采用比较通行的本子；在一些尚有争议的观点上，我们列出影响较大的几家观点，并给出倾向性意见。

　　本书的编撰在语言学、文献学领域有较大的学术价值和应用价值。语言文献是语言本体研究的基础。在学科发展过程中，我们需要不断回到原点，通过原典阅读，对传统研究方法和成果加以继承，进而促进其发展。中国语言学研究的优势在于我们拥有丰富而连续的书面文献材料。但也存在缺点，就是这些材料较为零散，不成体系，需要我们作出整理。目前语言文献这方面的工作有人做过，但仍然不够深入，不够细致。我们编撰的《语言学文献教程》的另外一个目的便是为了弥补这方面的不足。

　　本书在文字、音韵、词汇、语法四个领域较为全面地展现了中国古代语言研究的深度和广度。首先，它也填补了我国传统语言文献整理的不足，对现代语言学的发展也有重要的借鉴意义。其次，从文献学的角度上讲，语言文献是传统文献整理中的重要组成部分。本书的整理，对于这方面的深入开掘有重要的启示。再次，语言学和文献学的交叉课程缺少一部较为完善的教材。本书选取的材料范围和思考题设置的难易程度均考虑到研究生阶段的实际情况，对于加强研究生阅读语言学原典著作的能力具有较大的促进作用。最后，本书为语言学和文献学专业的研究者提供了较为详尽的资料，并分出专题，方便读者进行查阅和使用。总之，本书将原典介绍、版本流变、研究概况融为一炉，使读者对其有一个较为全面的把握。

　　本书的适用范围为高校汉语言文字学、中国古典文献学、语言学及应用语言学专业的研究生。此外，对其他相关领域的研究者来说，也具有一定的参考价值。

CONTENTS 目 录

第四编　语法学文献

第一编

文字学文献

引　论

汉字历史悠久，若从山东大汶口文化遗址发掘的陶器文字算起，中国文字的产生历史要远溯到六千年前。殷商甲骨文，是我国现在已知最早的成系统的文字，距今也已有将近四千年的历史。在中国传统语言学（主要包括文字、训诂、音韵三个方面）中，对文字的研究最早，取得了辉煌的成就，形成了系统的文字学论著——字书。

一、中国古代文字学取得辉煌成就的原因

中国古代文字的研究之所以取得辉煌成就大致有两个方面的原因：首先是客观原因，这主要是文字自身的性质决定的。语言作为交际工具，使用最为频繁，与人们的生活息息相关，所以最受人们关注，其产生也远早于文字；但是语言有一个致命弱点——随着语音的结束而消失。而文字的出现弥补了这一不足，使语言不再受时间和空间的限制。文字作为记录语言的符号和载体，"它不仅能传到远方还能流传后世，对各民族政治、经济和文化的发展，对保存历史文献典籍，对丰富人类文化宝库，有着不可磨灭的功绩。"[①] 正因为文字自身具有如此优势，所以人们对文字十分重视，对其研究也着手较早。其次是主观原因。随着社会的发展进步，文字也随之发展演进，而且它在社会生活的各个领域的作用日益突出，人们对其认识也由原来的自发性发展为自觉性，最显著的例子是"小学"的兴起。据《大戴礼记·保傅篇》记载，从西周时代就

[①]　濮之珍：《中国语言学史》，上海古籍出版社 1987 年第 1 版，第 29 页。

开始自觉地进行语言文字的教学了。最初的"小学"指学习六艺和六仪,后来逐渐缩小,仅指六艺之一的"书"了。由于中国古代社会的需要,"小学"是经学的附庸,是为经学服务的。经学是汉代以后官方的主流意识形态,处于独尊的地位,作为经学的一部分的小学自然也就受到重视。统治者宣扬经学的需要、选拔人才的制度等都促进了文字的发展。

二、中国古代文字学取得的实绩

远在春秋战国时代就有《史籀篇》,那是秦国人教学童识字的书,现已亡佚。到了秦代及汉代,则有李斯《仓颉篇》、赵高《爰历篇》、胡毋敬《博学篇》、司马相如《凡将篇》、史游《急就篇》、李长《元尚篇》、扬雄《训纂篇》等。到汉代,李斯《仓颉篇》、赵高《爰历篇》、胡毋敬《博学篇》又合称为《仓颉篇》,合称"三仓"。汉和帝时,贾鲂又写了《滂喜篇》。后人以《仓颉篇》为上,《训纂篇》为中,《滂喜篇》为下,也称"三仓"。现在流传下来的只有《仓颉篇》残简和《急就篇》。

汉和帝时,许慎所著的《说文解字》是我国影响最大的一部字书。许氏在前人的基础上,科学地分析汉字,按照汉字形体的构造来分类,分部来统摄九千多字,部首又按形体相近编排顺序,使《说文》成为一部内容上具有系统性、完备性,编排上具有条理性、科学性的字典。《说文解字》是我国第一部字典,奠定了我国字典编写的雏形。南朝梁顾野王的《玉篇》,是继《说文》之后的第一部楷书字典,在部首的编排及释义方式上都进行了许多改革,是我国文字学史上的又一重要著作。宋代司马光等人奉诏编纂的《类篇》是和《集韵》相辅而行的一部字书。几乎与此同时,北方辽国和尚释行均为了阅读佛经的方便,编写了一部《龙龛手鉴》,收入大量异体字,主要是为和尚们念诵佛经服务的。明代梅膺祚的《字汇》,在前人的基础上,体例有较大的改进,是一部承前启后的字书。清代的《康熙字典》,是我国古代字书的集大成之作,收字达47000余字,引书丰富,体例详备。

三、整理中国古代文字学文献的意义

整理我国古代文字学文献,具有十分重要的意义。一方面,通过系统的梳理,可以让我们对我国古代文字学文献有一个纵向的认识,了解各个时代字书的发展状况及其不足。先秦及秦汉时代的字书多是满足识字的需要,用于教习学童识字,直到后汉的《说文解字》,才有意识地对语言文字自身的性质进行探讨。后来的各部字书,对文字的研究都有不同程度的改进。尽管各个时代的

编写者都在努力使字书的编写达到完美的程度，但是由于时代和技术等方面的限制，仍然有不足之处。如从《说文》开始，就出现的查检不方便的情况，这个问题一直到《康熙字典》都没有完善解决。另一方面，字典中保存了丰富的语言信息及文化信息，我们不仅可以借此了解汉字在不同时代的字形、字音、字义，而且可以借此了解中国古代不同时期的政治、经济、军事、科技、民俗等信息，对于我们对中国历史的体认以及对古代典籍的学习与研究都大有裨益。

第一章

《说文解字》

第一节　《说文解字》及其作者

　　许慎，字叔重，东汉汝南召陵（今河南漯河市郾城县许庄村）人，大约生于汉明帝永平元年（公元 58 年）。他是汉代有名的经学家、文字学家，是中国文字学的开拓者。《汉书·儒林传》记载"（慎）性纯笃，少博学经籍，马融常推敬之，时人为之语曰：'《五经》无双许叔重。'为郡功曹，举孝廉，再迁除洨长。卒于家。初，慎以《五经》传说臧否不同，于是撰为《五经异议》。"他担任过汝南郡功曹，举孝廉后，入京师任太尉府南阁祭酒，曾在东观校书。后又任沛郡洨（今安徽固镇东）长，未就职称病归故里。在建初八年（公元 83 年），许慎入京师，师从贾逵，精研古代典籍及文字。他"博采通人"，"遵修旧文"，于和帝永元十二年（公元 100 年），编成《说文解字》，（以下简称《说文》）后又经过多年修改，直到建光元年（公元 121 年）病重，才派遣他儿子许冲把《说文》上奏朝廷。《说文》是我国划时代的第一部字典。

　　许慎生活的时代，是古文经学派和今文经学派争论激烈的时期，许慎是古文经学派的健将。他十分重视文字的作用，《说文叙》云："盖文字者，经义之本，王政之始。前人所以垂后，后人所以识古。"① 就是说文字是经典六艺的基础，是治理国家的先决条件。前人用它来垂示后人，后人靠他来认识古代文化。"今五经之道，昭炳光明，而文字者，其本所由生。"② 他认为当今五经之道灿烂光明，而文字是其赖以产生的载体。可见，在许慎看来，文字是文化

---

　　① 　许慎：《说文解字》，中华书局 1963 年第 1 版，第 316 页。
　　② 　同上书，第 320 页。

的基础和根本，也是人类文化和文明得以传承的载体，所以不可不对文字采取审慎的态度。可是当时的情况是"诸生竞说字解经谊，称秦之隶书，为仓颉时书，云：'父子相传，何得改易！'乃猥曰：'马头人为长，人持十为斗，虫者屈中也。'"① 也就是说当时的太学生争相以隶书来说解文字和经义，宣称秦朝的隶书是仓颉时代的文字，说这是父子相传怎么可能改变呢！于是胡说："马头"加"人"是"长"，"人"拿着"十"是"斗"，"虫"是"中"字的中间竖笔弯曲而成，可见当时对文字的曲解程度。许慎为了改善古文经学的地位，为了使人们正确理解文字形义，决定写一部书来纠正当时的不良风气。他历时几十年，终于完成了这部鸿篇巨制。

第二节 《说文解字》的版本

据《说文叙》可知，《说文》是汉永元十二年（公元 100 年）写成的，到安帝建光元年（公元 121 年）才献上，不到百年，该书就广为流布。但自曹魏以后，隶书和真书通行，很少人研习小篆，一直到唐代用《说文》《字林》和《石经》取士，《说文》才被重视起来。唐代开元以来，国子监置"书学博士"，以《说文》《字林》和《石经》并重。

《说文》传至唐代，篆法多失原貌。唐代宗大历年间，李阳冰工于小篆，曾刊定《说文》，修正笔法。他认为《说文》原本十五卷，篇帙繁重，便改分三十卷。徐铉《进说文解字表》云："唐大历中李阳冰篆迹殊绝，独冠古今。自云斯翁之后，直至小生，此言为不妄矣。于是刊定《说文》，修正笔法。学者师慕，籀篆中兴。然颇排斥许氏，自为臆说，夫以师心之见，破先儒之祖述，岂圣人之意乎？今之为字学者，亦多从阳冰之新义，所谓贵耳贱目也。"可见李氏刊定《说文》曾经盛行很久，但因其中独抒己见的地方，多与许说立异，为有识所訾。

南唐徐锴（字楚金）重订《说文》，作《说文解字系传》四十卷，又据唐孙愐的《唐韵》，作《说文解字篆韵谱》五卷，用唐李舟的《切韵》次第。因为李阳冰好以私意说文字，不守许慎原说，徐锴作《祛妄篇》（《说文解字系传》里的一篇）专祛李氏之妄，驳李氏臆说五十多条。宋太宗雍熙三年，徐铉（字鼎臣）又承诏和句中正、葛湍、王惟恭等同校《说文》，详参众本，

---

① 许慎：《说文解字》，中华书局 1963 年第 1 版，第 315 页。

正误补阙；又因篇数过繁，分成上下共三十卷，奉敕雕版流布。因此，今本《说文》在唐、宋时经过两次窜改，已非许书原貌。南宋孝宗时，李焘有《说文解字五音韵谱》三十卷，起东终甲，而偏旁各以形相从。

明清以来最流行的是二徐本，因徐铉为兄，其本被后人称为"大徐本"，徐锴为弟，其称为"小徐本"。今天小徐本最好的本子是清道光十九年（1839 年）由祁隽藻根据宋朝抄本刻写的本子，中华局 1987 年出版的《说文解字系传》就是根据祁氏本。大徐本有宋椠本。据说宋椠本有大字本和小字本的分别，但传世的多是小字本。晚明时，常熟毛晋及其子扆，依据宋刻本始一终亥小字本，以大字雕板印行。《说文》原本次第始为人知，后来几经删改，成为当时通行的汲古阁本。

清嘉庆十四年（公元 1809 年），孙星衍据宋本重刻大徐本《说文解字》，是为平津馆本。同治十二年（公元 1873 年），陈昌治又根据孙本加以校订，改为一篆一行本，这便是中华书局 1963 年所据以整理出版的底本。

现在能看到最早的《说文》版本，是唐人写本。一为《木部》残本，一为《口部》残简。前者是清同治二年莫友芝得于安徽黟县县令张仁法，后辗转归日本人内藤湖南，藏于京都府恭仁山庄，又经内藤之手转与日本武田氏家族之杏雨之屋。《木部》6 叶（页），共 94 行，每行 2 篆，存 188 篆。后者有二，一为日人平子尚氏所藏，存 4 字，未公诸世，一为日人某氏所藏，存 6 行，12 篆，见于日本京都《东方学报》第十册第一分册《说文展观余录》中，为唐代日本人摹本。

第三节　《说文解字》的体例

许慎作《说文》，为中国文字学奠定了坚实的基础，同时也为后世编纂字书立下了明确的规范。从编写体例上来看，许氏在《说文叙》中着重指出："分别部居，不相杂厕。"[①] 又说："方以类聚，物以群分；同条牵属，共理相贯；杂而不越，据形系联。"[②] 许慎依文字偏旁进行分部：他把所有的字按照形体的构造来加以区分，凡形旁相同的字就类聚在一起；以共有的形旁作部首，其他同形旁的字都系属其下；部首的顺序依据形体相近的原则来编排次

---

①　许慎：《说文解字》，中华书局 1963 年第 1 版，第 316 页。
②　同上书，第 319 页。

序。这样，纷杂繁多、成千上万的汉字，都被有条不紊地编录在一起。许慎用540部来统摄9353文，一部之内依其意义远近为序。以下从三个方面就《说文》的体例进行分析：

一、部首的体例

部首编排方面，许慎把"一"作为第一个部首，把"亥"作为最后一个部首，这就是所谓的"始一终亥"。"始一终亥"体现了许慎的哲学思想。许慎认为，天地万物都是从一派生的，因而由一开头，系联开去，探求上万个汉字的造字本源。许慎又把天干地支看成天地万物生死变化的一个循环系统，因而把天干地支字都作为部首，居于篇尾，以地支的最后一个字亥作为最后的一个部首，以说明变化至于穷极而归于一。除天干地支字外，《说文》基本按照"据形系联，以形相近"的原则，如"一""示""三""王""玉"等。此外，还有以义为次的，如"牙""齿"两部的相次。各部里面的排列次序是从意义出发，基本上做到"以类相从"。如"木"部的次序，先罗列木名，次列树木的各个部分（木、柢、末、果、枝、条、枚），再列木制品。水部大致也是先列水名，后列与水有关的动词和形容词。黄侃《说文略说》曰："许君列字之次第，大抵先名后事，如玉部自'璙'以下皆玉名也；自'璧'以下皆玉器也；自'瑳'以下皆玉事也；自'玼'以下皆附于玉者也；殿之以灵，用玉者也。又或以声音为次，如示部'禛''祇''禔'相近。又或以义同异为次，如'祈''祷'同训'求'，则最相近；'祸'训'害'，'祟'训'祸'，训相联，则最相近，大抵次字之法，不外此三者也。"① 此外还有一些特例，如凡是皇帝的名字，均置于该部部首之下的第一字，并且不加解释，这就是所谓的"上讳在首"。凡与部首形体结构相反者或叠部首为字者，均置于该部之末。如乏在《正部》之末，亍在《彳部》之末，聂（聶）在《耳部》之末，涩（澀）在《止部》之末。

二、说解的体例

《说文》说解文字，主要是通过字形的分析来肯定字的类型，阐明文字义、形、音三种要素间的密切联系。说解的次序是，每个字先说解它的意义，然后分析它的形体，有些字还注出字音（多用读若）。我们研究《说文》，要分析说解里"训义""说形"和"释音"三个部分。例如："皿，饮食之用器

---

① 蒋善国：《说文解字讲稿》，语文出版社1988年第1版，第10页。

也；象形，与豆同意；读若猛。”"饮食之用器也"是说解"皿"字的字义，"象形、与豆同意"是说解"皿"字的字形。"读若猛"是说解"皿"字的字音。又："簍，竹器也；从竹，娄声。""竹器也"是说解"簍"字的字义；"从竹"是说解"簍"字的字形；"娄声"是说解"簍"字的字音①。以下从释义、释形、释音三方面展开详述。

（一）释义的体例

《说文》说解字义以本义为主。我们知道，掌握了一个字的本义就能辨别其引申义和假借义，所谓"本义明而引申、假借之义自明"。《说文》的释义方式有多种，最重要、最有意义的要数互训、推因和义界三种。

互训：是用同义词相互解释的一种释词方法。黄侃曾解释说："凡一意可以种种不同之声表现之，故一意可造多字，即此同意之字互相为训，谓之互训。"《说文》中同义互训的形式是"A，B 也""B，A 也"。如：《木部》："柱，楹也""楹，柱也"。这类两个字之间的互训是最基本的互训。其变体有同训和递训，同训即以一个字来解释几个被释字，如《疒部》："疾、痛、痾、瘨……皆训病也"，递训是递相为释，如《口部》："咙，喉也；喉，咽也；咽，嗌也。"

推因：是声训的一种特殊形式，是根据词的声音线索，探求词义由来的训释方式。黄侃说："凡字不但求其义训，且推其字义得声之由来，谓之推因。"可见，推因的字与所训释的字不仅有语音关系，而且词义上有渊源关系，这是从语源的角度进行释义。如《门部》："门，闻也"。初看似乎不相涉，但许慎自有其用意。门户之门，人皆知之，无须解释，而一般人只知其然，不知其所以然。许慎的训释正回答了其所以然，着眼于门的命名的由来，这就是推因的方式。门、闻，古音属明母文部，音同。《淮南子·主术》高诱注："闻犹达也。"闻本训"通达"，门设于城郭或院落通行之处，是通达城郭或院落内外的必由之路，故许慎认为门的命名源于闻。

义界：黄侃说："凡以一句解一字之义者，即谓之义界。"即用一句话或几句话来阐述词义的界限，对所表概念的内涵作出阐述或定义的训释方式叫义界。它能使读者对所释之词达到全面准确的认识。如《车部》："辍，车小缺复合者。""辍"字的意义是车走到中途受到轻微的损坏，修理好了再继续前进，因此又有中断复继续的意思。

---

① 蒋善国：《说文解字讲稿》，语文出版社 1988 年第 1 版，第 11 页。

除以上三种释义方式外，《说文》中还用了许多其他的释义方法，如描写形象、比拟事物等。在实际应用中描写和比拟往往结合使用，如《牛部》："犀，南徼外牛，一角在鼻，一角在顶，似豕。"《玉部》："琼，瑞玉，大八寸，似车。""一角在鼻，一角在顶"、"大八寸"是描写，"似豕"、"似车"则是比拟。

（二）释形的体例

在说解中，许慎首先区别了"文"与"字"。《说文叙》："文者，物象之本；字者，言孳乳而浸多也。"即文是独体的，故只能"说"，是字的本源，而字则由文孳生而成，因此可以拆解开来进行分析。《说文》是以六书理论为框架来分析汉字的结构，进而揭示其本义的。但严格地说，许慎只用了前四书，《说文》在释形时没有一处明确指出"此假借"、"此转注"，假借、转注应属用字之法。前四书的说解方法具体是：

象形的说解体例有四：

A. 象形，例如"气，云气也，象形。"

B. 象某形，例如"自，鼻也，象鼻形。"

C. 象某某之形，例如"乎，语之余也，象声上越扬之形也。"

D. 象某某，例如"水……象众水并流，中有微阳之气也。"

指事的说解体例有四：

A. 指事，例如"上，高也。此古文上，指事也。"

B. 象形，例如"矢，倾头也。从大，象形。"这里所标明的象形，实际是指事。

C. 象某某之形，例如"八，别也。象分别相背之形。"

D. 象某某，例如"凶，恶也。象地穿交陷其中也。"

会意的说解体例有九：

A. 从某某，例如"袆，棺中缣裏。从衣、弔。读若雕。"

B. 从某从某，例如"男，丈夫也。从田，从力。言男用力于田也。"

C. 从某口某（或从某口口口某）例如"休，息止也，从人，依木。""婦，服也。从女持帚洒扫也。""祭，祀也。从示，以手持肉。"

D. 从某从某会意，例如"信，诚也。从人，从言，会意。"

E. 从某从某从某，例如"望，月满与日相望以朝君也。从月，从臣，从

9

王，王，朝廷也"

F. 从某省，从某，例如"孝，善事父母者。从老省，从子，子承老也。"

G. 从某从某省，例如"舠，船行不安也。从舟，从刖省，读若兀。"

H. 从某从某，某声，例如"泰，滑也。从廾，从水，大声。"

I. 从某从某从某，某声，例如"寶，珍也。从宀，从玉，从貝，缶声。"

形声说解的体例有六：

A. 从某，某声，例如"放，逐也。从攴，方声。"

B. 从某从某，某亦声，例如"化，教行也。从七，从人，七亦声。"

C. 从某某，某亦声，例如"傲，赁也。从人、就，就亦声。"

D. 从某，某省声，例如"兹，艸木多益。从艸，絲省声。"

E. 从某省，某声。例如"瓢，从瓠省，票声。"

F. 从某省，某省声，例如"囊，从橐省，襄省声。"①

（三）释音的体例

《说文》释音有两种方法：谐音法（形声系统）和读若法，不用反切，现行诸本的反切是徐铉据《唐韵》附加的。谐音法是对形声字注音的，基本形式是"从某，某声"。如《目部》："眯，从目，米声"。"从目"是字的义符，"米声"是指字的声符。而"某声"还有三种变体：某省声、亦声和皆声。"某省声"指取某字为声符，但不用其全形，只用其中一部分作声符。如《羊部》："羔，羊子也。从羊，照省声。""从某，某亦声"，是指字中的某一偏旁，既作义符，又作声符，如《目部》："眇，一目小。……从目，从少，少亦声。""目"是义符，"少"既是声符，又与字义有关，也可作义符，因此"眇"既可作形声字又可作会意字。"从某，某皆声"指一个形声字可以有两个声符，而这两个声符的连读可得其字之音，有点像后来的反切。如《米部》："竊，盗自中出曰竊。从穴，从米，离、廿皆声。廿，古文疾，离，古文偰。"

读若法注音有"读若某"，如《禾部》："穅……读若风廉之廉"。"读若某同"，如《丌部》："丌，下基也。荐物之丌。象形。凡丌之属皆从丌。读若箕同。""读与某同"，如《口部》："咍，食也。从口，名声。读与含同。""读若与某同"和"读若某相似"多种词例。读若注音用字和被注音字之间往

---

① 蒋善国：《说文解字讲稿》，语文出版社 1988 年第 1 版，第 13～15 页。

往有音义关系：有的是假借关系，也有的是古今字关系。对于多音字，《说文》多将"读若"、"若"、"一曰"、"或曰"、"又"等结合起来使用，表示一字不同的读音。例如《言部》："譓，恚也。从言，真声。贾侍中说：'譓，笑。'一曰读若振。"《皕部》："皕，左右视也。从二目，凡皕之属皆从皕。读若拘，又若良士瞿瞿。"《玉部》："玖，读若芑，或曰若人句脊之句。"

三、收字的体例——以小篆为主并列异体

《说文》全书分文字和说解两个部分。文字包括字体和部首的排列；说解包括解释文字的义、形、音。全部文字先列小篆，若有其他形体，则在该字注释末尾加以注明。这就是《说文叙》所说的"今叙篆文，合以古、籀"。《说文》在每部末注明"文若干"、"重若干"。"文若干"是指本部正字的字数；"重若干"是指本部中除正字外其他形体的数目，因为跟正文重复，所以叫做"重文"。如《说文》卷一上"士"部，正文共有"士"、"壻"、"壮"、"壿"四字。而"壻"字有古文一，所以在下面注明"文四、重一"。

第四节　《说文解字》的内容、成就与不足

一、《说文》的内容

《说文》（据中华书局 2008 年版）原书应为十四篇并序目一篇共十五篇，后徐铉等校订后，每篇分上下卷，共三十卷，正文为二十八卷（后两卷为《说文叙》）。前有《说文解字标目》，标注每卷的部首之字及其反切（徐铉等所附加）。《说文叙》分上下卷，据内容看，上叙当是许慎所作，主要梳理了中国文字史，阐明了"六书"理论，编纂《说文》的目的及态度。接着又用篆书列有 540 部。下叙是许冲《上说文解字表》，主要说明《说文》收字、分部、编纂方法及体例；叙述许氏家族、上书缘由和经过等。后附有校字记和检字等。

全书收字 9353，重文 1163，解说凡 133441 字。分为 540 部来统摄 9353字，各部首之间"据形系联"，每一部先列出部首，其他各字按照"方以类聚，物以群分"的原则进行归类排列。部首始于"一"，终于"亥"。《说文》以篆字为主，广收包括古文、籀文、小篆、今文、俗字等在内的诸种字体，这为后人研究文字诸形体保存了宝贵的材料。《说文》所收文字，涵盖了当时社会生活的方方面面，正如《说文叙》云，"六艺群书之诂，皆训其意，而天

地、鬼神、山川、草木、鸟兽、虫鱼、杂物、奇怪、王制、礼仪，世间人事，莫不毕载"，因而《说文》是一座历史文化的宝库，是研究中国古代历史及文献典籍的门径与阶梯。

二、《说文》所取得的成就①

《说文》是许慎整理、研究当时许多经学家、文字学家的研究成果而编成的一部总结性著作。它保存了大部分的小篆字体，以及汉代和汉代以前的不少文字训诂，反映了上古汉语词汇的面貌。《说文》比较系统地提出分析文字的理论，是今天研究文字学和古汉语的不可或缺的材料。如果没有这部书，我们将不能认识篆书，更不要说辨认商代甲骨文和商周的钟鼎文及战国时的古文了。它对后代字典辞书的编纂产生了很大的影响，它所开创的以偏旁分部的办法，一直成为编写字典的一种主要体例。另外，我们还可以从这部书中了解一些古代的政治经济情况和民俗等等。

第一，《说文》在字典编纂方面的成就。《说文》是我国字典的鼻祖，也是我国第一部研究汉字的著作。它"分别部居，不相杂厕"的编制方法，一直成为编字典的一种主要体例，对后世字书有极大的影响。如晋吕忱依据《说文》的偏旁部次，编写了《字林》，梁顾野王也用《说文》的体例作《玉篇》等。第二，《说文》总结小篆线条的规律，同时保存古文、籀文和小篆的原来面貌。《说文》把古文随物体描写的曲线，按小篆圆转匀称的线条，归纳为540个部首偏旁。《说文》里面9353字，除去540个部首之外，其余8813字都统括在这540个部首之下。段玉裁说："540字可以统释天下古今文字，……许君之所独创。"② 这个评价是正确的。小篆的形体，上承甲骨文和金文，下开隶书和真书，是汉字第一次统一和定型。今天要想根据真书，上溯金、甲古文形体，只有通过小篆这个桥梁。《说文》把汉代所能见到的小篆都保存下来了，而且把部分"古文"、籀文的形体也保存下来。第三，《说文》给"六书"下了定义，并把"六书"具体化，因而保存了研究汉字发展历史和规律的资料。许慎总结前人成果，给出了六书的定义（见上文），并举出例字，这种体例为后人所沿用。他是第一个把六书理论和汉字形体分析结合起来，研究整个汉字的结构系统的人。第四，《说文》反映了汉以前词汇的基本面貌，是上古汉语词汇的宝库。许慎非常重视释义，他的解说按照经传群书及其训释材

---

① 参见蒋善国：《说文解字讲稿》，语文出版社1988年第1版，第18~40页。
② 段玉裁：《说文解字注》，上海书店1992年第1版，第753页。

料，还广泛地引用了《诗》、《书》、《礼》、《易》、《春秋》、《论语》、《孟子》等，博采众说，汇纳万流，保存了丰富的词汇材料。《说文》中记录了大量植物学、地理学、手工业、医学、心理学、法律等方面的材料。第五，《说文》保存了有关古代社会文化、经济的原始资料。从天文历法到地理人事和风俗习惯，从医学到动物、植物、矿物，在《说文》中都有具体反映。可见《说文》对研究古代社会的文化、经济、历史，都提供了丰富的资料。

三、《说文》的不足

《说文》也存在一些不足之处。首先，由于时代和材料的局限，《说文》的一些字形分析存在问题。例如《矢部》"躲"字的解说："弓弩发于身而中于远也，从矢，从身。"事实上，甲骨文、钟鼎文的"射"字全写成箭搭在弓上要射出去的形状，不是"从矢，从身"，许慎的说法显然是欠妥的。因为许慎没有见过商周的甲骨文，他在《说文叙》内虽然提到"郡国往往于山川得鼎彝"，但于商周鼎彝，则很少目睹，所以发生这类错误。书内像这样对文字形音义解释欠妥的，为数不少。其次，分部琐碎，编制不科学。《说文》依据字之形体共分540部，增大了查检字的难度，其实有许多部首是可以合并的，如"虫"、"蚰"、"蟲"三部可以并为一"虫"部；"山"、"屾"、"屵"三部可并为一"山"部等等。许慎按照"据形系联"的原则来编排部首，但是并非所有部首之间都有形可系，如卷九下"广"、"石"、"長"、"勿"、"桼"、"而"、"豕"等部的排列，就很难发现之间的规律。有时对字的归部处理得不科学，如"牧"不在"牛"部，"翼"不在"羽"部，"瓶"不在"瓦"部，"朽""桑"不在"木"部，"恺""愧"不在"心"部。此外，查检起来也甚不便。从前的文人，已感到查阅《说文》之难而无办法，徐铉为徐锴《说文解字篆韵谱》作序时批评《说文》说："偏旁奥秘，不可意知；寻求一字，往往终卷。"可见，现代读者要使用这部字典，会有更大的困难。

第五节　《说文解字》的研究概况

《说文》成书不久，即饮誉当世。当时的大经学家郑玄、应劭等就援引称述。郑玄注《周礼》、《仪礼》曾援引《说文》以解词义；应劭注《风俗通义》，也称引其书。此时只是引《说文》来为其服务，至于对《说文》本体进行研究就要稍晚一些。东汉到唐代，有梁朝的《演说文》、《说文音隐》等书，但都已失传。直到唐代才确立了《说文》的权威地位，较有影响的当首推中唐时的李阳冰。李氏曾刊定《说文》，增加了不少自己的观点。这也是后世诟病李氏之处，认为他窜改《说文》，是《说文》的罪人。南唐徐锴在《说文系传》中设专篇驳正李氏之误。尽管如此，李氏仍有功于《说文》，他的刊定引起人们的重视，此后兴起了"字原"之学，如李阳冰之侄李腾集篆《说文》部首五百字。

五代至宋初，学者更加自觉地对《说文》进行整理、校勘和研究，代表人物有南唐徐铉、徐锴兄弟。徐锴撰《说文解字系传》四十卷，世称小徐本。《系传》疏证许书说解，阐发字形结构的义理，驳斥李阳冰新说。徐铉于雍熙三年（公元 986 年）奉诏校订《说文》，世称大徐本。大徐亦对《说文》改正较多。二徐对《说文》贡献很大，在中国文字史上有崇高的地位。二徐之后，还有北宋吴淑《说文五义》、僧昙域《补说文解字》、南宋郑樵《六书略》。

元明时期，研究《说文》最重要的著述有元戴侗的《六书故》、杨桓的《六书统》等，他们的突出特点是研究方法的创新。此外还有元吾丘衍《说文续解》、包希鲁《说文解字补义》、明魏校《六书精蕴》、杨慎《六书索隐》、赵宦光《说文长笺》等。

经过从唐代到明代长时期的准备和积累，《说文》研究到清代达到鼎盛时期。首先是惠栋的《读说文记》揭开了清代研究《说文》的序幕。乾嘉时期，名家辈出，如戴震、钱大昕等不仅自己深入研究《说文》，而且还以《说文》倡导后学，为《说文》四大家的出现奠定了坚实的基础。四大家为段玉裁、桂馥、朱骏声、王筠。段玉裁《说文解字注》、桂馥《说文义证》、朱骏声《说文通训定声》、王筠《说文释例》《说文句读》和《说文系传校录》，代表了清代《说文》研究的最高水平。四大家以段氏成就最高，他用考据学、校勘学的方法，通过剖析文字的形、音、义，使许多古事古物清晰地呈现在人们面前。段注影响极大，成书后，研究段注的专著有数十种。桂书着重于训诂，收集材料非常丰富。朱书重在通过音义关系来探究文字的通假正别。王氏《说文释例》在于发明《说文》的体例。清人研究《说文》的著作较重要的还有黎永椿的《说文通检》、史思绵的《说文易检》、蒋和的《说文部首表》、冯桂芬的《说文部首歌》等。

到了近代，宋代的金石学有了长足的发展，特别是甲骨文的出现，使《说文》的权威地位受到了冲击，人们开始以甲骨文、金文等研究成就来重新审视《说文》。代表人物和著作有吴大澂的《说文古籀补》十四卷，又补遗及附录一卷，徐文镜的《古籀汇编》等。而孙诒让的《契文举例》是据《说文》来考证甲骨文的。此外较重要的还有王国维、章太炎及其弟子黄侃、杨树达等学者。值得一提的是丁福保的《说文解字诂林》。丁氏将宋代至清代研究《说文》的著作二百多家汇集一书，有时还附有自己的观点，是研究《说文》最为全面的资料书。

到现代，《说文》研究以更加迅猛的态势向前发展，短短几十年，推出论著数十部，论文上千篇。尽管在成就上难以与《说文》研究鼎盛时期的论著相匹敌，但这些研究呈现出纵深化、普及化和跨学科研究的态势。较有代表性的人物和论著有：陆宗达《说文解字通论》、姚孝遂《许慎与说文解字》、商承祚《说文之古文考》、张舜徽《说文解字约注》、张震泽《许慎年谱》、任学良《说文解字引论》、蒋善国《〈说文解字〉讲稿》、章季涛《怎样学习〈说文解字〉》、宋永培《〈说文〉汉字体系与中国上古史》等。论文中较有代表性的有：周祖谟《说文解字之宋刻本》、《唐本说文与说文旧音》、郭在贻《说文段注与汉语词汇研究》、钱剑夫《试论〈说文〉和纬书的关系》、赵诚《〈说文解字〉的形和义》、陆宗达与王宁《〈说文解字〉与本字本义的探求》、宋永培《〈说文〉对上古汉语字词的系统整理》、王平《〈说文解字〉中的宇宙天文思想》、蔡英杰《〈说文〉对天干地支的说解刍议》、刘振荣《〈说文解字〉中"疒"部古代病名训诂》、张磊《〈说文〉"宀"部字与古代建筑文化》、刘绪义《〈说文解字〉"水部"的文化阐释》等。

思考与练习

1. 研读《说文》，试分析许慎的语言观。

2. 《说文》成书以来，影响深远，对《说文》研究代不乏人，谈谈你对《说文》的认识。

3. 许慎在《说文叙》中提到了"六书"理论，并予以阐释，试结合后来学者对"六书"的研究，谈谈许氏的"六书"理论对后世的影响。

4. 《说文》作为我国字典的开山之作，它为后代字书的编写提供哪些宝贵的借鉴？

5. "许学"已成为一门学问，查阅相关资料，梳理"许学"的发展脉络。

第二章

《玉篇》

第一节　顾野王及其《玉篇》

顾野王，字希冯，南朝梁吴郡吴（今苏州）人。生于梁天监十八年（公元519年），卒于陈太建十三年（公元581年），终年62岁。顾野王出生于当地一个书香之家，据《南史》卷六十九记载："祖子乔，梁东中郎武陵王府参军事。父烜，信威临贺王记室，兼本郡五官掾，以儒术知名。"顾野王生活在这样的家庭中，很小就开始接受良好的教育。顾野王一生勤勉笃学，著述颇丰。任梁太学博士时，奉命编撰字书，"总会众篇，校雠群籍"①，搜罗考证汉魏齐梁以来古今文字形体、训诂的异同，编撰成"一家之制"的《玉篇》三十卷。此书是继东汉许慎《说文解字》之后又一部重要字典，也是我国现存最早的楷书字典，其著作内容涉及方志、史学等多方面。除《玉篇》外，还有《舆地志》三十卷、《符瑞图》十卷、《顾氏谱传》十卷、《分野枢要》一卷、《续洞冥记》一卷、《玄象表》一卷、《通事要略》一百卷、《国史纪传》二百卷（后两书未就而卒）。上述著作，今除《玉篇》尚有部分抄本残卷外，其余均亡佚。

第二节　《玉篇》的版本

《玉篇》的版本有两个系统。第一个系统是宋本《玉篇》流传系统。据《梁书·萧子显传》所附的《萧恺传》："先是时太学博士顾野王奉令撰《玉

---

① 顾野王：《宋本玉篇》卷首《自序》，中国书店1983第1版，第5页。

篇》，太宗嫌其书详略未当，以恺博学于文字尤善，使更与学士删改。"① 萧恺是当时的大学者，奉梁简文帝之命对其进行修改。现存《玉篇》原本残卷应当就是这次改动后的面貌。

到了唐代，字书受到重视，唐人为了学习方便，又对《玉篇》进行了删改。唐上元元年（760 年）处士孙强对《玉篇》进行增字减注，是为"孙强增字本"。稍后唐释慧力撰《像文玉篇》二十卷；道士赵正利撰《玉篇解疑》三十卷。此外还有《玉篇钞》一类的节本问世。慧力和赵正利为了解释经书的便利，对《玉篇》进行了大幅删改。大约唐末宋初，顾氏《原本》已经失传，当时流行的是"孙强增字本"。

宋大中祥符六年（1013 年），陈彭年、吴锐、丘雍等依据"孙强增字本"奉诏重修《玉篇》。这就是流传至今的《大广益会玉篇》，又叫今本《玉篇》，也叫宋本《玉篇》。宋本《玉篇》删去原书大量的字形说解、书证和"野王案语"，新增了正字数目，使《玉篇》更为实用，加上这个本子是奉官方修订的，具有一定的权威性，所以《大广益会玉篇》迅速流行，唐代的三个民间版本就渐次失传。

《大广益会玉篇》历经宋元明清，在流传中版本又有变异。有元刻本、明刻本和清刻本。虽然刻本很多，其实只有两个本子。第一个是建德周氏藏元本大中祥符六年重修《大广益会玉篇》本，清《四库全书》所收的就是这个版本。第二个是清康熙年间，朱彝尊借于毛氏汲古阁的所谓"宋椠上元本"。有人认为这个本子正是以"孙强增字本"为底本，在宋大中祥符年间重修的《大广益会玉篇》的原本，或是比较接近原重修本的本子。这个本子后来经过张士俊的整理，1986 年中华书局影印本即据此版本。该版本后面附有检字，使用方便。以上是《玉篇》版本的第一个系统，是依据唐人孙强的增字本流传下来的，世称"宋本《玉篇》"。

《玉篇》版本的第二个系统，据一些学者考证是从萧恺删改后流传下来的本子，比较接近顾氏《玉篇》的原貌，这就是我们现在看到的《原本玉篇残卷》，也称《玉篇零卷》，它是中国学者在日本发现的。

原本《玉篇零卷》，据日本柏木探古称"相传为唐宋间物"。日本弘法大师空海所撰《篆隶万象名义》一书以顾野王《玉篇》为蓝本，因而可大致断定《玉篇》第一次东渡的时间在唐宪宗元和元年（806 年）。空海曾于德宗贞

---

① 姚察：《梁书》，中华书局 1973 第 1 版，第 513 页。

元二十年（804 年）来中国留学，受学于惠果，至宪宗元和元年东渡回国，带回许多中国书籍，回国后依据《玉篇》为蓝本，著《篆隶万象名义》。《万象名义》部目及其次第与《玉篇零卷》毫无二致，字数、次序几乎完全相同，只有个别字头、次序及注音有细微差别，释义也仅仅是删去了"野王案"和所引经传。可见《万象名义》本于《玉篇》无疑。

清光绪初年，遵义黎庶昌出使日本，在东京发现了原本《玉篇零卷》（以下简称"黎本"），他"观其注文翔实，内多野王案云"，遂断定为"真顾氏原帙也"。黎氏初得四卷：言部至幸部共二十三部为一卷，即原书的第九卷；放部至方部共十二部为一卷，即原书的第十八卷之后一部分；缺首尾的水部为一卷，即原书的第二十七卷；系部至索部共七部为一卷，即原书的第二十七卷。

黎氏将此四卷仿写本校勘后，采用西洋影印法翻印。后来日本西京知恩院方丈彻定又代为借来高山寺东大寺崇阑馆和佐佐木宗四郎所藏的两卷：册部至欠部共五部，即黎氏前印原书第九卷中之部分阙文；山部至垒部共十四部，即原书第二十二卷。黎氏将新获两卷也陆续印出，收入《古逸丛书》，被称为"黎本《玉篇》"。这些零卷，虽然所存约占原书的十分之一二，但注文颇详，引证丰富，还有顾野案语，有较高的学术价值。但黎氏所见，以传写副本为多，副本几经传抄，疏漏之处亦多，且黎氏又参以宋本《玉篇》校改，用大、小徐《说文解字》加以比勘，有些地方破坏了原本《玉篇》的面目。

1915 年秋，著名古文字学家罗振玉东游日本在早稻田大学文库得见原本卷子，"起言部，讫幸部"，为《玉篇》第二十三卷。"展卷不数行已惊其书法之劲妙，询出初唐人手"[1]，于是罗氏托人介绍影印原本卷子。后又于京都福川氏崇兰馆见册部至欠部五部，于西京博物馆见福光寺所藏鱼部残卷，山城高山寺所藏系部前半，近江石山寺所藏系部后半至索部。罗氏将原卷用珂罗版印行，世称之为"罗本《玉篇》"。罗本全用原卷影印，字形和内容都不失原卷风貌，较黎本更为真切。

1931 年至 1934 年，日本东方文化学院将原本《玉篇》残卷以卷子原装形式全部影印，作为"东方文化丛书"第六辑陆续发行，共有六卷，其中卷八心部仅存几个字，为黎本、罗本所无。至此，日本现存原本《玉篇》残卷已全部印行问世。这次刊行，全部用原装以珂罗版精印，卷子形制、墨色深浅悉

---

① 顾野王撰，罗振玉跋：《原本〈玉篇〉残卷》，中华书局 1985 年版，第 107 页。

如原卷，可谓最善之本。

1985 年，中华书局将黎本、罗本汇集影印，另外又把日本东方文化学院影印之卷八心部（仅存五字）列于卷首一并付印，题名为《原本玉篇残卷》，世称"原本《玉篇》"，这是我国目前流行的印本。

第三节　《玉篇》的体例

一、原本《玉篇》的体例

原本《玉篇》现存卷八、卷九、卷十八、卷十九、卷二十二、卷二十七，而且这仅存的几卷也不完整，如卷八心部仅有五字，但它是《玉篇》的缩影，我们可以据一斑而窥全豹，来分析其体例。

（一）部首体例

部首的划分。《玉篇》依据《说文》分部排列，按《说文》"据形系联"的原则编排部首内字头；又创立了"据义系联"的原则将意义相联的部首组合在一起，分卷编排。但原本《玉篇》仅存有六十几部，而《玉篇》共有五百四十二部。关于部首的详细情况，将在宋本《玉篇》部首中介绍。

（二）说解体例

《玉篇》总的说解体例，胡朴安先生在《中国文字学史》中有简明扼要的说明："其注解亦有条例：先出音，次证，次案，次广证，次又一体，略有五种。虽不必每字注解五例俱全，而大概如是。"其实这里应加一点，即每字先用楷书列出其大字（即字头）。如：

设（字头），尸热反（音切）。《周礼》"设官分职。"（古书用例一），野王案："设，犹置也。"（野王案）《毛诗》："肆设席。"（古书用例二）《传》曰："设席重席也。"（古书用例三）《韩诗》："'钟鼓既设。'设，陈也。"（古书用例四）《公羊传》："权之所设。"（古书用例五）何休曰："设，施也。"（传注一）《国语》："必设以此。"（古书用例六）贾逵曰："设，许也。"（传注二）《广雅》："设，合也。"（小学书一）

詠（字头），为命反（音切）。《尚书》："柎榑瑟以詠。"（古书用例一）野王案："詠长歌言之也。"（野王案）《国语》："以歌詠之。"（古书用例二）《毛诗序》："言之不足，故嗟叹之，嗟叹之不足，故詠歌之也。"（古书用例三）《礼记》："人喜则斯陶斯詠。"（古书用例四）郑玄注："詠，讴也。"（传

注一）或为咏字，在口部。（或体）

当然并非所有的字都如此详细，如：

謤，千绀反。《说文》："想怒使也。"（只有一个反切和一个义项）

譇，《声类》："亦嗟字也。"（只有一个或体）

以上是总的说解形式，下面具体介绍其说解情况。

1. 注音

主要用反切法，据南北朝时期江左吴音标注音切，但称"反"而不称"切"，现存的两千多字皆用反切注音。原本《玉篇》不仅对单音字注音，而且创造了多音字的注音方法。单音字的注音是直接在字后标注"某某反"。如："让，如尚反。""欺，去其反。"偶尔也用直音法，如"纊，音旷"。只是这种情况在《玉篇》残卷中保留较少。多音字的注音形式主要是"某某、某某二反""某某、某某、某某三反"。如："锐，始锐、始垂二反。""诟，许遘、胡遘、居侯三反。"还有用"又音"标注的方法，如："餧，奴狠反。……又音於伪反。"

2. 释义

义项容量方面，原本《玉篇》古今兼备，源流并重，书证齐全，语言信息量充实。如上面"设""詠"二字，《说文》只是列出字的本义，而原本《玉篇》既列本义，又列引申义、假借义等。宋本《玉篇》一般只列义项，不列书证，如："设，尸热切。置也、合也、陈也。""詠，为命切。长言也、歌也。亦作咏。"比起原本《玉篇》信息量要少得多。

义项释义方面，原本《玉篇》以所引书证及注疏代替释义，但在必要时对书证、注疏所标示的字义加上按语以补充释义，并表明作者的处理意见，这是原本《玉篇》的一大创造。例见上文"设"字。这种方法，提供了大量的语言信息，列出了字的诸多义项，为复杂的语言交际提供了帮助，但有时对义项不厌其详地引证与按释，显得臃肿冗长。

音义配合方面，原本《玉篇》注意到了义项的音义配合，做到了为每个字既切音又释义。如："諻，互横反。《方言》：'諻，音也。'《仓颉篇》：'諻，乐也。'""誧，布徒、泽古二反。《说文》：'誧，大也。一曰：人相助也。'《广雅》：'誧，谋也，誧，谏也。'"这种注音方法有其创造性，单音字直接注出切音，用反切法也比《说文》中的直音法科学，对于多音字一次性把切音注出。但也有其不完备的地方，如多音字只有一个义项还好理解，而多音字往往是多义字，一次性把音切都注出，然后再罗列义项，就不易分辨义项与音读的对应关系。如上面例字"誧"有两个音切"布徒反"、"泽古反"；有四个义项："大也"、"人相助也"、"谋也"、"谏也"，就很难找出其中的音义对应。第二种音义结合的方法较合理，即注一个音，释义一次，再注一音，再释义。这种方法在宋本《玉篇》中得到了继承和发扬。

3. 野王案语

原本《玉篇》附加野王案语，以便于理解。顾野王的案语表达了他本人对字音、字形、字义训释的看法：有的是作者对字音的认识；有的是对所引训释的阐发，且辅以书证，若所引训释没有书证，则引他书用例来作为补充；有的是对异体字、同源字的说明。

在字音方面，有的是一字多音，如："殸，《说文》：'籀文磬字也，一曰磬声也。'野王案：此音苦挺、苦耕二反。《礼记》'石声殸殸以立志'是也。"有的是古今字音的变异，如："约，于略反。《周礼》：'司约，掌邦国及万民之约剂。'郑玄曰：'约，言语之约束也。'野王案：今亦以此音，于迁反。《周礼》音于妙反，《汉郊歌》'雷震震，电耀耀。明德卿，治本约'，亦即是也。"有的是字音与字形、字义的关系，如："希，虚衣反。野王案：《说文》以疏罕之希为稀字，在禾部；希望为睎字，在目部；以此或为絺络之絺字，音丑梨反，在糸部。"

在字形方面，有的指明异体字，如："縒，野王案：今为错字，在金部。""紓，或为徐字，在人部。"有的指明同源字，如："納，奴答反。《毛诗》：'十月納禾稼。'《笺》云：'納，内也。'《公羊传》：'納者，何納者八辞也。'野王案：《尚书》：'女作納言。'《周礼》：'会其出納其余'是也。《左氏传》：'君其納之。'杜预曰：'納，藏也。'《国语》：'三郤而納其室。'贾逵曰：'納，取也。'《楚辞》：'衣納納而掩露。'王逸曰：'納納，薄湿皃也。'《说文》：'丝温納納也。'《广雅》：'絉絉著納也。'補納为衲字，在衣部。柔奰納納为靹字，在韦部。"这种情况是说明"納""衲"和"靹"三字为同源字。有的是辨析形近字的，如："瞋，《仓颉篇》：'瞋，怒也。'野王案：此与瞋字相似而不同，在目部。"野王案语在解释字义方面，有的是直接对字词义进行解释，如："织，《国语》：'亲织玄紞。'野王案：设经纬以机织缯布也。"又"绪，王逸曰：'绪，余也。'野王案：谓残余也。"有的是列引书证，如："绎，《尔雅》：'绎，陈也。'野王案：《尚书》：'究犹绎之。'《毛诗》：'会同有绎。'是也。"又"终，野王案：《尔雅》：'终，极也，终，穷也，……'《周易》：'大明终始。'是也。"野王案语有的是收列字书、义书之训释的，如："詑，《楚辞》：'或詑谩而不疑。'野王案：《说文》：'兖州谓欺曰詑。'"

不过有时野王案语并不仅仅使用其中的一种形式，往往是两种或三种合用。如："詨，《广雅》：'交，易也。'野王案：交，俱也，戾也，共也；在交部；音居肴反。"

总之，原本《玉篇》中的野王案语反映的内容十分丰富，主要是训释词义，兼顾到音、形。野王案语不仅给训诂学提供了大量的材料，同时融入了他对一些字形、字音、字义的看法。这也是顾野王的一大创举，为后代辞书的编写提供了借鉴，如《康熙字典》就沿用了这一方法。

二、宋本《玉篇》的体例

（一）部首的体例

宋本《玉篇》完整地保存了顾氏《玉篇》的部首，共 542 部，为全面考察《玉篇》部首的编制提供了依据。许慎的《说文解字》首创部首编排法，以 540 部统摄 10516 个字（包括重文 1163 个）。顾野王继承并发扬了许慎的方法，用 542 部统摄 16917 字。《玉篇》是第一部楷书字典，它的编排上承《说文》，下启百代。

1. 部首数目

《玉篇》的部首总体是采用了《说文》的部首，数目上略有出入，《玉篇》为 542 部，比《说文》多两部。它对《说文》部首进行了删并增添，共删除十一个部首：哭、畫、延、教、盾、东、畕、歙、后、大、弦；又增添了十三个部首：父、兆、磬、索、单、丈、云、書、弋、處、牀、臬、尢。

2. 部首次序

《说文》是先"建类一首"，就是将所有的字，分析字形，列出 540 部，每部有一个部首字（称为大字），按照部首的统领，把同一部首的字归为一类；540 个部首之间是按"同条牵属，共理相贯，杂而不越，据形系联"① 的原则进行编排，部首"始一终亥"。并把形体相近的部首排列一起，分为十四篇。《玉篇》在部首次序上与《说文》不同。部首之间和部内字与字之间的排列是按照"以义聚类"的原则，把 540 部按义类分为三十类，也就是《玉篇

---

① 许慎：《说文解字》，中华书局 1963 年第 1 版，第 319 页。

的三十卷，三十类的界限大致清楚。周大璞先生在《训诂学初稿》① 中，给这三十类分别命了名：

第一天文	第二地理	第三人伦
第四颜貌	第五口舌	第六上肢
第七下肢	第八思想	第九言语
第十行止	十一宫室	十二木本植物
十三草本植物	十四蔬菜瓜果	十五五谷仓廪
十六礼器	十七兵器	十八金属舟车
十九水及相关事物	二十日月气象	二十一黑夜火烛
二十二山阜	二十三马牛羊家畜	二十四鸟鱼
二十五虫蛇	二十六羽毛皮革	二十七丝索织物
二十八巾帛衣裳	二十九语词	三十数字干支

不难看出，部首排列的大致顺序是：天、地、人、与人相关的日常物品、干支。这个排列顺序反映了顾野王深受传统文化的影响，《说文》："王，天下所归往也。董仲舒曰：'古之造文者，三畫而连其中，谓之王。三者，天地人也，而参通之者，王也。'孔子曰：'一贯三为王。'"但是《玉篇》有时并不是完全按"以义聚类"的原则，尤其是部内字与字之间的排列，也有"据形系联"的影子，如卷一的八部：一部、上部、示部、二部、三部、五部、玉部、珏部排列一起，似乎就是"据形系联"。

（二）说解的体例

宋本《玉篇》成书于公元 1013 年，较原本《玉篇》（成书于 543 年）多收 5600 余字。历经五百余年，字数的增加是社会发展的必然结果。如"石"部，《原本》收字 160 个，《宋本》收 272 个；"食"部，《原本》收 144 个，《宋本》收 220 个，《原本》中的 139 个字在《宋本》中保留了下来。在多收的 5600 多字中，很多是新增字及其异体字，如"饰，舒弋切。修饰也。""餝，同上，俗。"

宋本《玉篇》依原本《玉篇》，不再按《说文》以六书分析字形，而以注音释义为主要内容。总的体例是：凡一字，先出大字，接着注反切，再释义，再引书证，再注异体。如：

---

① 周大璞：《训诂学初稿》，武汉大学出版社 1987 第 1 版，第 112 页。

瞚，式润切。目动也。《庄子》曰："终日视而不瞚。"

瞬，同上。

目，莫六切。眼目也，目者气之精明也。《说文》云："人眼，象形，重瞳子也。"

囼，古文。

嘆，敕旦敕丹二切。况也，太息也。与歎同。

呝，於革切。鸡声。亦作呃。

以上几例，基本上反映了宋本《玉篇》说解的基本体例。下面结合原本《玉篇》分别叙述：

1. 注音

宋本《玉篇》注音主要是反切法，且改"反"字为"切"字，有时也用直音法，同时遇到多音字还用"又音"等术语来标注。

单音字的注音方法主要是"某某切"，偶尔会用"音某"。如"啧，壮革切。啧啧鸟鸣"。又"各，柯洛切。《说文》云：'异词也'""禄，音录。赏赐也。""码，音马。石次玉也。"

多音字的注音，有以下几种情况：（1）双音字的情况：①在大字下直接注明"二切"的，如"喤，胡彭、胡光二切。小儿啼声。"②在大字下先注一切，再解释，再注一切。如"省，思耕切。善也。《说文》云：'视也'。又所景切。"另一种是在大字下先注一切，解释，再注一切，再解释。如"祭，子滞切。薦也，祭祀也。又侧界切。周大夫邑名。"这种方法较科学，便于我们识音知义。③先注一切，再用直音。如"睅，荆遇切。左右视也，又与瞿同。又音拘。"（3）三音字的情况：①在大字下面直接标示"三切"的。如"噆，错感、子感、子合三切……"②在大字下面先标示二切，再出一切。如"啐，仓快、仓愦二切，又当也切"。③一切一释，又一切一释，再一切。如"披，敷羁切，开也。又彼寄切，礼大丧士执披持棺者也。又匹美切。"这些注音方法比原本《玉篇》方法更为科学。

2. 释义

如果说注音上《宋本》对《原本》有继承又略有超越的话，在释义上改进就更为显著。《宋本》删除了大量的书证、例证和野王案语等，显得相当简练，已有现代字典的雏形。这是一种改进和超越，顺应了时代潮流，但是也有其弊端：《原本》中的大量书证、疏证、例证和野王案语都被删除了，不利于古代的典籍和注疏的保留。下面具体讨论其释义特点，例如：

让，如尚反。《尚书》："允恭克让，光被四表。"野王案：《国语》："推让贤也。"又曰："推贤让能，庶官乃和，将逊于位，让于虞舜。"《论语》："温良恭俭让。"《礼记》："不辞让而对。"并是。《国语》："宴好享赐不踰其上，让也。"《左氏传》："先国后己，卑让也。"《周礼》："司救掌万民之邪恶过失而诛让之。"郑玄曰："让，责也。"《仪礼》："宾入门，皇，升堂。"郑玄曰："让也。"《仪礼》："宾入门谓举手平衡也。"谥法推贤尚善曰让。《说文》："以揖让并为攘字，在手部。"（《原本》）

让，如尚切。责让也。又谦让。《书》曰："允恭克让。"（《宋本》）

纫，女真女镇二切。《礼记》："衣裳绽裂，纫针请补缀。"野王案：纫绳缕也。《楚辞》："纫秋兰以为佩。"王逸曰"纫，索也，展而续之也。"《方言》："纫，续也。楚谓之纫。"郭璞曰："今亦为以线贯针为纫。"《说文》："掸绳也。"《广雅》："纫，襞也。纫也，柔纫之纫为韧字，在韦部。"（《原本》）

纫，女巾切，又女镇切。绳缕也，展而续之。（《宋本》）

通过上面两例可以看出两者繁简的差距，《原本》在释义上不厌其详，大力列举该字的书证、疏证，又有野王案语，还有异体字的分析，而《宋本》则十分简单。《宋本》的释义体例大致有以下三种形式：

（1）用"A，B也，C也，D也"的形式释义。如：

裾，被也，裎也，衣襃也。

阿，倚也，大陵也，北也，曲也，水岸也，邸也，丘也。

（2）使用"又"、"亦"、"一云"、"一曰"、"或曰"等术语排列多义词的义项。如：

淖，泥也，又，溺也。

女，《说文》云："妇人也，象形。"《易》曰："有万物然后有男女。"又，女者，如也，如男子之教。又，女，从也，女子有三从之义。又，尼虑切，以女妻人曰女。

颂，《诗》云："有颂其首。"颂，大首貌，一云众也。

嫌，《说文》曰："不平于心，一曰疑也。"

表示别一义，"又"的使用频率最高，"一曰"次之，"亦"、"一云"、

"或曰"较少出现。

（3）综合使用上述两种方法。如：

沓，重叠也，多言也，合也，又，县名。

钦，欺也，普也，一曰患声。

章，章句也，又，明也，采也。

3. 关于古文、籀文、篆文、异体字、俗体字

仍以上文之例来说明：

a. 嘆，敕旦、敕丹二切。况也，太息也。与歎同。

b. 咺，於革切。鸡声。亦作咶。

c. 瞚，式润切。目动也。《庄子》曰："终日视而不瞚。"瞬，同上。

d. 目，莫六切。眼目也，目者气之精明也。《说文》云："人眼，象形，重瞳子也。"圎，古文。

从上例可以看出，宋本《玉篇》列举异体字等字体时大致有两种方法：第一种如例 a 和例 b，这种情况是仍采用原本《玉篇》的做法，即在同一大字的统领下直接列出其他字体。第二种如例 c 和例 d，其中"瞬"和"圎"，分别是"瞚"和"目"的异体字。这与《原本》体例不同，《宋本》大部分异体字采用另立大字的方法，且异体字也算一字，在每部下面标明的该部字数，将其包括在内。

第四节　《玉篇》的内容

虽然《玉篇》原本已佚，但通过细考《原本玉篇残卷》（记为《原本》）、宋本《玉篇》（记为《宋本》）及前人的记事等，我们仍然能得知其大概内容：

第一，《玉篇》三十卷，前有野王《序》，后有野王《启》。宋本《玉篇》（朱彝尊作的《重刊玉篇序》，有《大广益会玉篇》并序，凡三十卷。然后是每十卷的开端都有一个总目；具体的每部部首目录，分见于各卷之前。

宋本《玉篇》正文后附有新加偏旁正俗不同例，如"厂，汉音；匕，比音"。又有类隔更音和切，如"它，耻何切，今訑何切。"又附《分毫字样》凡二百四十八字，如"袖、袖：上似祐反，衣袖；下余就反，果也。"又《五

音声论》，如"东方喉音，西方舌音，南方齿音，北方唇音，中央牙音。"又有沙门神珙的"四声五音九弄反纽图并序"。其后是张士俊作的跋。最后是为检索而作的检字表。

第二，据《原本玉篇残卷》及宋本《玉篇》统计，《玉篇》共有部首542部，其与《说文》相同者529部，不同者有13部。字目据唐封演《封氏闻见记·卷二·文字》记载为16917个，这个数字应为原本《玉篇》字数。张志公《现代汉语》中定为22726字，当为今本《玉篇》的字数。

第三，释文包括注音、释义、引证、野王案语及列举异体。如：

评：皮柄反。《字书》："评定也。"

饿：五贺反。《论语》："伯夷叔齐饿死于首阳山之下。"《说文》："饿，饥也。"

譄：子恒反。《说文》："恒言也。"野王案："与增字同，在土部也。"

级：畸立反。《国语》："明等级以道之礼。"贾逵曰："等级，上下等差也。"《左氏传》云："降一级而辞。"杜预曰："下阶一级也。"野王案："阶之等数名曰级也。《礼记》'主人就东阶，客就西阶，拾级聚足，连步以上'是也。"《礼记》又曰："授车以级。"郑玄曰："级，次也。"《史记》："秦始皇赐爵一级。"野王案："官仕自卑之高，犹阶梯而升，所以一命一等名为阶级也。《左氏传》'加劳赐一级'是也。"又曰："斩首廿三级。"野王案："师旅斩贼首一人，赐爵一级，因名赐首为级也。"《说文》："丝次第也。"

第四，采用反切注音。《原本》作"反"，多音字一般都注明"二反""三反"字样。如"纔，使监、仕缄二反"，"诟，许遘、胡遘、居侯三反。"《宋本》作"切"，多音字一般注明"二切"字样或"某某切，又某某切"。如"守，舒售、舒酉二切"，"宿，思六切，……又思宙切"。

《宋本》偶用直音，如"禄，音录"。

第五，字目和注文都是楷体，同时收录了古文、籀文、篆文、异体字和俗体字。如

一，……弌古文。

旁，步郎切，旁犹侧也、边也、非一方也。《说文》作旁溥也。雱籀文。

琴，……珡，篆文。

陣，……本作陳。

洗，……今以为洒字。

万，俗萬字。

第五节　《玉篇》的价值和不足

一、《玉篇》的价值①

《玉篇》自成书以来，受到广泛重视，影响很大。它上承《说文》，下开百代。《说文》是我国第一部字典，以小篆为字头，通过分析字形结构来探求本义；而《玉篇》是以楷书为字头，正文也是楷书，是我国的第一部楷书字典。《玉篇》既继承了前人的编撰成果，也顺应了时代潮流的发展，增强了字典的实用功能，对后世字典的编撰有着重要的参考价值。下面分别从文字学、音韵学、训诂学和文献学等方面来叙述《玉篇》的价值。

第一，文字学方面的成就。《玉篇》所收字数，远远超过《说文》，《说文》收字 9353 个，重文 1163 个，而原本《玉篇》收字 16917 个。《玉篇》广收古文、籀文、篆文、异体字和俗体字。顾氏在收录异体字时，开字典用"互见法"体例的先河。第二，音韵学方面的成就。原本《玉篇》几乎每个字头均有反切注音，而且注音的位置十分固定，均在每个大字的下面，便于查询，这也为后代字典所继承。《说文》几乎没有标注多音字，《玉篇》在标注多音字方面也做出了贡献，它不仅标注多音字，而且创造了行之有效的体例来统摄之。第三，训诂学方面的成就。顾氏本着"总会众篇，校雠群籍，以成一家之制，文字之训备矣"② 的原则和宗旨，在释义方面不仅讲字的本义，也兼顾字的引申义和假借义。在罗列义项的同时，野王时出案语，或补充书证，或进行训释，这使得《玉篇》的释文具有多方面的训诂学价值。第四，文献学方面的成就。《玉篇》引证丰富，引用了许多古书，尤其是所引书中的许多古籍，现在已经亡佚。它引用的书有四十种之多，如《周易》、《毛诗》、《尚书》、《周礼》、《仪礼》、《礼记》、《左传》、《公羊传》、《谷梁传》、《论语》、《孟子》等。其中亡佚的有晋人司马彪的《庄子注》、史书记载的最早出现的韵书《声类》、许慎的《淮南子注》、徐广的《史记音义》，还有《广苍》、《字书》、《字林》等。这些古籍今天我们尚能窥其一鳞半爪，就应归功于《玉篇》对它的引用。其中，《声类》和许慎《淮南子注》被引用的资料最多。

---

① 参见纪海燕：《玉篇》研究，山东师范大学硕士学位论文，2005 年。
② 顾野王：《宋本玉篇》卷首《自序》，中国书店 1983 年版，第 5 页。

总之，《玉篇》这部中古巨著在中国辞书史、文字学、音韵学、训诂学、古书补佚方面都有其重要价值和深远影响。

二、《玉篇》的不足

《玉篇》尽管取得了巨大的成就，但是也有不足之处，所以成书不久就有萧恺的删改，到唐代又有孙强、慧力、赵正利等人的修改，宋代又有重修《大广益会玉篇》等。

第一，《玉篇》之所以多次修改，一个重要原因是，其注解太过繁琐，不利于流传。《萧恺传》曰："太宗嫌其书详略未当，以恺博学于文字尤善，使更与学士删改。"① 尽管经过删改，但仍然十分繁琐，所以到唐代又有孙强的减注增字。到宋代重修的《大广益会玉篇》，《原本》之注所剩无几，而义项更加分明，更加实用，所以《玉篇》才能流传至今。

第二，《玉篇》在编排体例上虽较《说文》有所改进，但是也并不是尽善尽美。原本《玉篇》全书的体例已不可考，即使是屡经修改，最后定本的宋本《玉篇》也有不尽人意之处。宋本《玉篇》在各卷卷首和每十卷卷首都有部首目录，却没有将全书总目列于卷首，且无全书之检字，不便查检。在部首方面，《玉篇》虽然对《说文》有所改进，但是它不但没有减少部数，反而增加二部。其实有些部首可以归并一部的，如"珏"可归入"玉"部；"畕"可归入"田"；"垚"可归入"土"；"吅"、"品"可归入"口"部等。还有有些部首只有一字，没有必要单独立部，可以归入别部。一部之内字目的排序也没有太大的规律，不便于查检。关于这一点，《四库全书总目提要·经部·小学类》曾有批评："《说文》体皆篆籀，不便施行；《玉篇》字无次序，亦难检阅。"② 此外，《玉篇》也无凡例，这些都不利于读者查检。所以《玉篇》以后的字典围绕排检法做了不少变革。正因为《玉篇》存在的种种不足，所以自成书以来未受到普遍重视。

第六节 《玉篇》的研究概况

《玉篇》成书不久，太宗嫌其详略未当，命大学士萧恺对其进行删改，由于是官方钦定，后世流传的当是萧恺删改本。到唐代，又有处士孙强对其进行

---

① 姚察：《梁书》，中华书局 1973 年第 1 版，第 513 页。
② 永瑢等：《四库全书总目·经部·小学类二》，中华书局 1965 年第 1 版，第 355 页。

"增字减注"，稍后释慧力和道士赵正利对其删节改定，以方便读经释经之用。宋大中祥符六年（1013 年），陈彭年、吴锐、丘雍等依据"孙强增字本"奉诏重修《玉篇》，这就是流传至今的《大广益会玉篇》，也叫宋本《玉篇》。

清代以前对《玉篇》的研究较少，清代学者多是用它来作为校正《说文》及诸书音义的重要材料。也有对《玉篇》进行校勘的，如清邓显鹤《玉篇校勘札记》一卷、清钮树玉《玉篇校录》等。随着黎庶昌、杨守敬、罗振玉等到日本访书，寻得原本《玉篇》残卷，《玉篇》研究的著述渐渐多了起来。

据一些学者（陈建裕、王嵘等）的研究可知，对《玉篇》的研究主要集中以下几个方面：一是对《玉篇》成书时间的探讨。清王昶《春融堂·玉篇跋》认为是成书于梁武帝时，至简文帝时进呈。而郑师许《玉篇研究》认为应成书于梁大同九年。二是对原本《玉篇》失传年代的探讨。张煊据《篆隶万象名义》撰写年代推断，公元 806 年至 835 年间，《玉篇》原帙尚存。周祖谟先生据李焘《说文五音韵谱序》认为，北宋之初顾氏《原本》已失其传。黄孝德《〈玉篇〉的成就及其版本系统》据重修本《玉篇》，认为顾氏《原本》在宋代早已失传。三是对原本《玉篇》残卷的传抄年代的探讨，学界说法不一。黎庶昌《书原本玉篇后》认为是唐宋时期之物。罗振玉认为《玉篇》残卷出自初唐人之手。杨守敬《原本玉篇零卷后记》认为原本《玉篇》残卷为孙强增字前物。胡旭民、李伟国《原本〈玉篇〉的发现和传抄的时代》断定原本《玉篇》残卷的抄写年代在公元 704～770 年之间。四是对《玉篇》体例的探讨。张煊《玉篇原帙卷数部第叙说》，郑师许《玉篇研究》，周祖谟《万象名义中之原本玉篇音系》、《论篆隶万象名义》，王力《汉语史稿》，胡朴安《中国文字学史》等著述对此均有论述。五是对《玉篇》音系的探讨。最早系统研究《玉篇》音系的是汪桂年的《玉篇反切考》（1935 年）。后来学者有周祖谟、罗常培、阎玉山等。六是对《玉篇》的校勘。代表学者除上文提到的两位清代学者外，胡吉宣《玉篇校释》代表了今人校勘《玉篇》的最高成就。

二十世纪八十年代后，对《玉篇》的研究呈现迅猛趋势。台湾学者孔仲温的《〈玉篇〉俗字研究》一书，对《玉篇》的俗字进行了较全面的研究。曹先擢、杨润陆合著的《古代词书讲话》，刘叶秋的《中国字典史略》都对《玉篇》有较为详细的评介。

思考与练习

1. 许慎创立了第一部字典的编纂法，且根据字形分出 540 部，顾野王的《玉篇》对部首数目和形体进行了改动，变为 542 部，你认为对字典的编纂的意义何在？

2. 原本《玉篇》在释义上不厌其详，大力列举该字的书证、疏证，又有野王案语，还有异体字，而《宋本》则十分简单，谈谈你对这两种版本的看法。

3. 《玉篇》在字书编纂史上，占据重要地位，那么它的独特贡献有哪些？举例说明。

4. 《玉篇》的版本系统较为复杂，试对其进行梳理。

第三章

《类篇》

第一节 《类篇》的作者及版本

一、《类篇》的作者

《类篇》是宋代司马光等人编纂的一部承前启后的重要字书，是继《玉篇》之后的又一部楷书字典。宝元二年（1039 年）十一月，翰林学士丁度等奏：当修《类篇》与顾野王的《玉篇》相参协，与《集韵》相辅而行。遂命王洙等人着手编写，后又有胡宿、范镇、司马光等人先后相继，历经 28 年编纂，于治平四年终于成书。由于司马光有整理定稿之功，后世就题《类篇》为司马光撰。

二、《类篇》的版本

清代的通行版本有康熙四十五年（1706 年）扬州诗局刊《楝亭五种》本（《玉篇》、《广韵》、《集韵》、《类篇》、《礼部韵略》）、光绪二年（1876 年）姚觐元据楝亭本重刊的《姚刊三韵》本。中华书局于 1984 年影印姚氏本。《类篇》今存善本有明代毛氏汲古阁影宋本，1984 年上海古籍出版社据以影印。

第二节 《类篇》的体例

《类篇》在篇目的安排上依据《说文》，共十五篇。前十四篇为正文，只是将最后一篇安排成全书的目录。《类篇》每篇分为上中下三卷，共四十五卷。每篇篇首标明该篇部首数目、该篇所收字数、重音数目。如第一篇篇首标明："十四部、文两千六百、重音一千三百五十五"。《类篇序》中较明确地列出了编写的九种体例。

一、部首的体例

部首共 540 部，基本依据《说文》的部首的设置和次序，也是始一终亥，只不过是把"艸部""木部""水部""食部"四部各分为上下部。部首之内的字又基本上按韵目的顺序来编排，这是《类篇》的一个创举，大大方便了查检。以"玉"部为例，首先是东韵下统领"珑"、"璁"、"珙"、"銧"、"玜"、"琼"、"瑽"、"瑢"、"瓮"、"珒"等；鱼韵下统领"瑛"、"璩"、"琚"、"璩"、"琦"、"瑛"、"玗"、"珜"、"玞"、"珨"、"璑"、"珠"、"瑜"、"珒"、"玲"、"璩"、"璭"、"瑚"、"珸"、"玙"等。

二、说解的体例

《类篇》跟《玉篇》一样，以楷书为字头，以注音、释义为主要内容，不再像《说文》那样运用六书来分析字形。通常是先注音，再释义，再释形（若有其他形体），后标明字体个数和多音字数目，有时还有司马光的按语。其基本体例为"正字——别体（若有其他形体）——注音——训义——释形（若有其他形体）——文若干——重音若干（是多音字时）"。如：

祯，知盈切。《说文》："祥也"。文一。

袖、褶，陈留切。祝也。或从留。又并直祐切；褶，又力救切。文二，重音二。

天、兲、兂，他季切。《说文》："颠也，至高无上"。古作兲、兂。唐武后作兯。

天，又铁因切。文三，重音一。臣光曰："唐武后所撰字，别无典据，各附本文注下。"

此外，《类篇》的每部部首之字，说解均据《说文》原文，且用粗体标示，然后再用《类篇》的形式说解。如：

一，"惟初太始，道立于一，造分天地，化成万物，凡一之类皆从一。古文作弌。於悉切。"古文从弋。文二。

示，"天垂象，见吉凶，所以示人也。从二，二，古文上字。三垂，日月星也，观乎天文，以察时变。示，神事也。凡示之类皆从示，古文作礻。神至切。"示，又翘夷切，地祇也。又市之切，姓也，晋有示眯明。又支义切，寘也。文二，重音三。

上面两例中引号内的内容都是引自《说文》原文，引号外的内容是《类篇》的说解，足见它惟《说文》为宗。

（一）注音的体例

《类篇》直接用反切注音，但具体情况又稍有不同。例如：

1. 没有异体的单音字注音，这种情况较简单，多是注音释义，通常很少释形。若是单音字就直接用"正字——注音——释义——文若干"的形式来表示。如：

祝，如蒸切，福也。文一。

禖，谋杯切，《说文》："祭也。"文一。

2. 没有异体的多音字的注音，则音义分释，先注一音，于其下罗列读该音的诸义项，再注一音，再罗列义项，依次类推。其形式大致是："正字——注音——释义——又注音——释义……文一——重音若干"。如：

视，善旨切，瞻也，比也。又时利切。文一，重音一。

禳，如阳切，《说文》："磔禳祀除疠殃也，古者燧人祭子所造。"又汝雨切，祭名。文一，重音一。

莑，蒲蒙切，茂也，《诗》："莑莑萋萋。"又補孔切，《说文》："草盛。"又蒲蠓切，草乱貌。文一，重音二。

芘，频脂切，《说文》："艸也。"又普弭切。又補履切。又必至切，荫也。又毗志切，艸也。又兵媚切，覆也。文一，重音五。

3. 有异体的单音字的注音，该字有其他形体，且它们读音相同时，一并注音。如：

菱、芰，宣佳切，《说文》："蘸属可以香口。"或作芰。文二。

吻、唇、叻，武粉切，《说文》："口边也。"或作唇、叻。文三。

4. 有异体的多音字的注音，该字有其他形体，且它们有不同读音，分别注音。如：

（1）先一并注音，再单字注音。如：

荂、葇，芳无切，华盛貌。或省。葇，又房尤切，一曰，葇苣。又俯九切，艸名，芘葇，菝也。文二，重音二。

（2）先一并注音，再"又并"注音。如：

喟、嘳，丘媿切，《说文》："大息也。"或从贵。又并苦怪切。又并呼怪切，《字林》："息怜也。"文二，重音二。

（3）先一并注音，再或分或合注音。如：

啖、啥、噉、啗，杜览切，《说文》："噍，啖也。"或作啥、噉、啗。啖，又徒滥切，诳也。啥、噉、啗，又徒滥切，食也。啥，又户黯切，物在口中也。文四，重音三。

此外，《玉篇》在注音时，有时会引用前人的音读来注音，如："揣，楚委切，《说文》：'量也。'……又朱惟切，治击也，《老子》：'揣而锐之。'梁简文读，又徒宫切，聚貌……"

（二）释义的体例①

《类篇》的释义不再仿照《说文》，而是继承了《玉篇》"随音释义"的传统，即先注音再释义，义项也不仅限于字的本义，还考察字义的发展变化，古今义项兼收。但比起《玉篇》，它显得更加简练和实用。对于常用字的常用义，多是采用直接释义的方法，不注来源，亦不举例。但是对于一些不常见或比较生疏的义项，则广引书证以证之，有时还会作出解释。常用的释义方式有：直接释义；引《说文》等其他书的说解；引前代学者的训诂释义。

1. 直接释义的形式。如：

鳊，遗闲切，鱼名。又卑眠切，鱼名，似鲂。文一。
沏，测乙切，水流貌。又千结切，水声。文一，重音一。
站，知咸切，坐立不动貌。文一。
黯，邬甘切，深隐也。又於咸切，深黑色。又邬感切。又乙减切。文一，重音三。

这种释义方式通常是运用在义项比较简单的常用字。这种方式直观、简捷、明了，便于查阅，方便读者，近于后世的字典。

2. 引用《说文》、《尔雅》、《方言》等古代的字书、义书或典籍的注释来释义。如：

照，之笑切，《说文》："明也。"或从火亦省。唐武后作曌。文一。
郝，曷各切，《尔雅》："郝郝，耕也。"又黑各切，《说文》："右扶风鄠

---

① 参见甄燕：《类篇》研究，内蒙古师范大学硕士学位论文，2005 年。

盠屋乡。"亦姓。又施隻切，姓也。又昌石切。文一，重音二。

揞，於咸切，《方言》："摩灭也，荆楚曰揞。"又於陷切，弃也。又邬感切，《博雅》："藏也。"又古闇切，掩也。又乌绀切。又益涉切，捏也。文一，重音五。

瞍、聣，苏后切，《字林》："聪也。"或作聣。文二。

引用古代字书、义书和典籍来释义，既有实证性，又增强了权威性，同时保留了大量的训诂材料。

3. 引用当时所能见到的训诂成果来释义。如：

鲉，诺盍切，鱼名，鲵也，似鲇四足，声如婴儿，郭璞说。文一。

耿，古幸切，《说文》："耳著颊也。从耳，烓省。杜林说：'光也。从光，圣省。'"又畎迥切，光也。又涓荧切，明白也。文一，重音二。

邯，河干切，《说文》："赵邯郸县。"又胡干切，誀邯，县名。又户感切，邯淡丰盛意，颜师古说。文一，重音二。

昆，伊鸟切，《说文》："望远合也，从日匕，匕，合也。"徐锴曰："匕，相近也。"文一。

以上采纳各家之说，引用古代训诂成果，注重文字的训诂根据，既保留了训诂成果，又使释义信而有征。

（三）释形的体例

《类篇》释形大致分为两种情形：一是先列正字，于正字的说解后指明异体类别；二是先列正字，再于正字之下列其他诸体，再于说解后指明其类别。

1. 先列正字，于正字的说解后指明异体类别。常用的术语有"本作"、"古作"、"或作"、"通作"、"亦作"、"亦书作"、"或书作"、"或从"、"或省"等。如：

苻，芳无切，草之苻甲。又冯无切，草名，《尔雅》："苻，鬼目，茎似葛，叶员而毛，子如耳璫。"又蓬逋切，氏姓。本作蒲，至苻坚更改为苻。文一，重音二。

玲，犁鍼切，《说文》："美玉也。"古作玪。玲璧，又鱼音切，玉名。又其淹切。又居咸切，《说文》："玪，石之次玉者。"文二，重音三。

荼，同都切，《说文》："苦荼也。"一曰茅秀。荼，或作搽。又直加切，荈也。文一，重音二。

眯，莫结切，凉州谓䲥为䵢，亦作眯。文二。

璵，羊诸切，《说文》："璠璵，鲁之宝玉。"或书作璵。文一。

禲，龙珠切，楚俗以二月祭食也；一曰祈穀食新曰離腰。腰，或从示。文一。

茊，芳芜切，薲菿华茂。薲或省。文一。

此外，有时还用"俗作"这个术语，不过通常是辨误的。如：

珍，知邻切，《说文》："宝也。"俗作珎，非是。文一。

稱，蚩承切，《说文》："铨也，从禾再声。春分而禾生日；夏至晷景可度禾有秒……。俗作称，非是。……

2. 先列正字，再于正字之下列其他诸体，再于说解后指明其类别。常用的术语有"或作"、"或从"、"或省"、"或从省"、"古作"、"亦作"、"隶作"、"隶省"、"籀作"、"古文从某省"等。如：

珉、玟，眉贫切，《说文》："石之美者。"或作玟。玟，又无分切，玉文。文二，重音二。

琨、瑻，公浑切，《说文》："石之美者。"引《夏书》："扬州贡瑶琨。"或从贯。文二。

祅、袄，於乔切，《说文》："地反物为祅。"或省。文二。

祸、禍，户果切，《说文》："害也，神不福也。"古作禍。文二。

祡、禂，鉏佳切，《说文》："烧祡焚燎以祭天神。"引《虞书》："至于岱宗。"祡，古文从隋省。祡，又锄加切。文二，重音一。

此外，还有几个术语结合起来用的，大致有"或从、古作"，"或从、亦作"，"或从、或从某省"，"或省、亦作"，"或省、通作"，"隶作、籀作"，"隶作、古作"，"籀作、古作"，"篆作、古作"，"古作、籀作、或作"等。如：

禋、禋、禋，伊真切，《说文》："洁祭也。一曰精意以享为禋。"或从因，古作禋。禋，又因莲切。文三，重音一。

籩、籩、籩，卑眠切，篇上豆。或从边，亦作籩、籩。籩，又补典切，豆名。文一，重音一。

瓊、璚、琁，渠营切，赤玉也，或从矞，或从旋省。瓊、琁，又旬宣切，美玉也。文三，重音一。

穟、穟、穟，徐醉切，《说文》："禾穗之貌。"引《诗》："禾颖穟穟。"或省，亦作𪎭。文三。

禍、䄏，力制切，鬼灾曰禍。《春秋传》："鬼有所归，乃不为禍。"或省，通作属。文二。

宝、宜、𡧭、宩，鱼羁切，《说文》："所安也。"又姓。又州名。隶作宜，古作𡧭、宩。文四。

璿、瑜、瓊、叡、璇、瓗，旬宣切，《说文》："美玉也。"引《春秋传》："璿弁，玉缨。"古作瑜，籀作瓊，叡，或作璇、瓗。璿，又瞑桂切。又俞芮切。文六，重音二。

此外，编者也作了辨伪的工作，通常也用"俗作某，非是"来表示。如：

琅、瓗，庐当切，《说文》："琅玕，似珠者。"一曰琅琊郡。古作瓗，俗作瑯，非是。文二。

除了用术语来释形外，还有引用前人的说解，如："拜，布怪切，《说文》：'首至地也。'扬雄说：'拜从两手下。'……"有时还将唐武后时代的字录入，如："授、䛿，承呪切，付也；又姓。亦作䛿。唐武后作䛿。授，又是酉切，《说文》：'与也。'文二，重音一。"

第三节　《类篇》的内容、成就和不足

一、《类篇》的内容

《类篇》由序、正文、目录、姚觐元重刊时作的跋、朱彝尊作的合刊《集韵》《类篇》跋组成。序中主要阐明《类篇》成书的背景、原因、依据以及其体例与规模。正文共 14 篇，每篇分上中下三卷。部首数目据第 15 篇目录记为 543 部，但是艸部、木部、水部、食部四部均分为上下部，"食部下"没有编号，就是应减去 3 部，且"二百八十部"和"四百四十五部"漏编，又减去 2 部；但是目录中有"面"部而没有编号，当加 1 部，与《说文》相对照，在《类篇》卷第七下即卷之二十的"网"部与"巾"部之间漏掉"襾"部，当加 1 部；统计结果当为 540 部。字数据《类篇序》可知为 31319 字。目录 1 篇，也分上中下三卷。姚觐元作的跋主要说明编纂《类篇》的缘由及参与编纂的学者。朱彝尊作的跋主要是梳理了文字学的发展及其与音韵学的关系，又指出文字因地域不同，古今差别，造成诸多变易，后来书同文之后，才有了可以参照的标准。

二、《类篇》的成就

《类篇》是继《玉篇》之后一部收字完备的大型字书。它具有较高的实用价值和学术价值，为历代学者所重视。宋代是字书编纂的发展时期，这时不仅有字书的编纂基础，如《说文》《玉篇》等；还有韵书的基础，如《切韵》《唐韵》《集韵》等，特别是《集韵》，《类篇》就是以它为蓝本注音的。《类篇》是当时字书的集大成之作，它所取得的成就大致有以下几个方面。

第一，《类篇》设有凡例。虽然凡例并非《类篇》首创，我国第一部字书《说文》在叙中偶有提到编写的方法，但并未单独列出。较正式运用凡例的辞书当首推《集韵》，但这是韵书。字书中《类篇》仿照《集韵》，较正式地使用凡例。《类篇》对凡例的重视，也启发了后世字书的编写，到清代《康熙字典》已经正式将凡例单列一卷。

第二，收字多而不失谨严。《类篇》及时收录由于社会发展而产生的新字，也不忽视曾经出现过而当时废而不用的字，共收字 31319 字，是《说文》的三倍多，《玉篇》的近两倍。黄侃先生说："《类篇》是最完具之字书。"[1]《类篇》对保存我国汉字是有贡献的，应当充分肯定。《类篇》收字依据《集韵》，又比《集韵》晚 27 年，可是总字数比《集韵》少。钱剑夫先生说："这是因为《集韵》收重文比较杂滥，而《类篇》则在收字方面较为谨严，所以删去的实际上多于所收的字。"[2]

第三，首创以部首为纲，以韵目为目的字书排检法。《说文》首创以部首分部来统摄收录之字，后来的《玉篇》和《类篇》都继承了这种传统。但是《类篇》又受到了韵书的影响，创立了以韵目为目的编排方法。这是对前代字书的一种突破，打破了以前字书部内之字杂乱无章的排列顺序，免除了查检一字"往往终卷"的痛苦。黄侃先生说："在未有编画字书以前，此法颇为简便；以视《玉篇》等书，列字先后毫无程准，又远胜之矣。"[3]

第四，凡字有异音异文者，均一一标出，又于释文后用"文若干"、"重音若干"予以总结，这是《类篇》的首创，某字音形总数一目了然。如"祈、𥘈，渠希切，《说文》：'求福也。'或作祈。祈，又古委切，祭山名。文二，重音一。"这样"祈"字的两种形体和两个读音，便很清晰的展示出来。

① 黄侃撰、黄焯编：《文字声韵训诂笔记》，上海古籍出版社 1983 年第 1 版，第 172 页。
② 钱剑夫：《中国古代字典辞典概论》，商务印书馆 1986 年第 1 版，第 61 页。
③ 黄侃：《黄侃论学杂著》，上海古籍出版社 1980 年第 1 版，第 20 页。

三、《类篇》的不足

《类篇》在当时是字书编纂的一部集大成之作，取得了辉煌的成就。但毕竟宋代是字书编写的发展时期，还处在摸索中前进的阶段，再加上几度更易编者，《类编》出现不足和错误也在所难免。其不足之处具体表现在以下几个方面：

第一，《类篇》部首仍依《说文》，毫无损益，且目录中部首排列错讹。《类篇》虽然将"艸部""木部""水部""食部"四部各分为上下部，共得544部，实质上部首数目和次序没有变化。此外，在目录中的部首排列出现错讹现象。如"白"部在《说文》目录中次于"帛"下，在《类篇》目录中则次于"㡿"下，事实上，在《类篇》正文中的说解顺序仍在"帛"下，应该是目录出现错误。

第二，《类篇》在释义时，引用书证和旧说作证，但是引书只有书名，而无篇名；引旧说只有人名，而无出处。这给后人查检带来了较大的不便。如"福，敷救切，藏也。《史记》：'邦福重宝。'徐广读，又方六切，《说文》：'祐也。'文一，重音一。"又"禁，居吟切，胜也。又居廕切，《说文》：'吉凶之忌也。'一曰制也。蔡邕说：'天子所居曰禁。'又姓。文一，重音一。"

第三，《类篇》数易编者，出现不少失误之处。首先，《类篇》偶见一字同部重出或两部兼收的失误。如"数"字在《支部》出现两次，且释义重复。又如"视"字在《示部》和《见部》均收，且释义基本相同。其次，引文出现张冠李戴的错讹现象。如"徸"字，《说文》："相迹也。从彳，重声。"而《类篇》："杜孔切，《说文》：'作也。'一曰躇也。又主勇切，相迹也。文一，重音一。"显然引文有误。又如"悟"字下的"籀作"当是"籀作"之误。"妊、姙"字下的"或从妊"当为"或从任"之误。再次，引文中有脱文现象。引《说文》时，有漏刻"说文"二字，如："悃，呼困切，不憪也。又莫困切，懑也。文一，重音一。"而"不憪也"是引自《说文》，当是漏刻"说文"二字。还有其他脱文现象，如"酳，……郑康成说：'或作酳'。醋，又唐何切……"此字有两处失误，一是"或作酳"应是"或作醋"之误；二是字头下应列出"醋"字，因为"醋"是"酳"的其他形体，若不列出，就会出现自乱其例。最后，有时出现衍文现象。如"藉"字下注"或作藉"，字头与"异体"同形同音，且文末注"文一"，表明无异体，显然"或作藉"为衍文。

第四节 《类篇》的研究概况

一是对《类篇》进行全面研究的，主要有台湾国立政治大学孔仲温的《〈类篇〉研究》，内蒙古师范大学甄燕的硕士学位论文《〈类篇〉研究》。他们分别从《类篇》的成书背景、成书过程、版本、体例、编排原则、形、音、义等方面进行了全面的研究。其中孔仲温的成就最大。

二是对《类篇》进行专题性研究，主要有蒋礼鸿的《〈类篇〉考索》、陈建初的《〈类篇〉的部首数和字数》、马重奇的《〈类篇〉方言考——兼评张慎仪〈方言别录〉所辑唐宋方言》、杨小卫和姜永超的《〈类篇〉按韵编次编排特色探析》等。其中较有代表性的是蒋礼鸿的《〈类篇〉考索》，该书是一部以考订字形（俗字、误字、假借字、古今字）为主，兼顾音、义的专著，对《类篇》进行了较为全面详尽的考订。

三是对《类篇》进行一般性的介绍，这方面的论述主要是对字书作介绍和介绍中国语言学史的著作，如孙钧锡的《中国汉字学史》、胡朴安《中国文字学史》、林玉山的《中国辞书编纂史略》、刘叶秋的《中国字典史略》。

四是对《类篇》进行评述性的研究，包括对《类篇》取得成就和存在的不足进行评述，如王箕裘的《〈类篇〉在中国辞书史上的地位》、吕晓庄的《〈类篇〉试探》。

五是将《类篇》与他书进行比较研究的，杨小卫的《〈集韵〉〈类篇〉反切比较中反映的浊音清化现象》，该文从两书的反切的对比中发现了浊音清化的现象，并对其统计整理。何茹的《〈玉篇〉与〈类篇〉的比较研究》，该文从成书过程、版本收字、内容、价值地位等方面比较它们的异同。

总之，对《类篇》的研究，前人关注不多。直到现代，逐渐得到人们的重视，研究角度开始多样化，取得了一定的成绩。但总的看来，《类篇》的研究还有待深入，有待更多学者的关注。

思考与练习

1. 自《说文解字》创立540部来统摄诸字的字典编纂体例以来，到南朝梁顾野王编纂《玉篇》时，尝试改进用542部来编排，而到了宋代的《类篇》的部首却一依《说文解字》，您对此有什么看法？

2. 与以往字书相比,《类篇》在注音、释义、释形方面的显著特点是什么?

3. 以《类篇》为代表,参阅其他字书,请结合具体实例来谈谈唐宋时期字书的编写特点。

第四章

《龙龛手鉴》

第一节　释行均及其《龙龛手鉴》

　　《龙龛手鉴》（以下简称《龙龛》）的作者释行均，其生平事迹史书记载很少，《辽史》中无传。僧人智光在《龙龛手鉴》序中称："上人行均，字广济，俗姓于氏。派演青齐，云飞燕晋，善于音韵，闲于字书。睹'香严'之不精，寓'金河'而载缉。九仞功绩，五变炎凉。"该序末尾有"时统和十五年丁酉七月一日癸亥序"，统和为辽代圣宗年号，统和十五年是公元997年。由此可知，释行均是辽代幽州高僧，祖籍在青齐（今山东一带），在燕、晋（今河北、山西一带）为僧。因其所在地当时为辽国所辖，故称之辽僧。

　　据王绵厚先生考证，《香严》是释行均编撰《龙龛手鉴》参据的佛学字书。至于释行均所寓居的"金河"，是指其住持的地方，查阅《辽史》，应是蔚州金河寺。据《辽史》记载，辽统和十年（992年），圣宗"幸五台山金河寺饭僧"。圣宗巡幸的五台山，就是辽国西京道境内蔚州的小五台山，而不是宋国境内的五台山。从《辽史拾遗》的记载看，蔚州金河寺应建于辽统和初年。辽圣宗、兴宗、道宗三代，正是崇尚佛学的隆盛时期。除圣宗统和年间"幸五台山金河寺饭僧"外，道宗咸雍九年（1073年）七月，又"幸金河寺"。而《龙龛手鉴》成书的统和十五年（997年），正值辽圣宗巡幸小五台山金河寺的五年以后，因此可以推测释行均编撰《龙龛手鉴》，可能与兴宗第一次幸游小五台山金河寺有关。

　　据《续资治通鉴长编》记载，行均"字广济，北地于氏子。博学多闻，淹贯群书，能诗文，尤精文字音韵，士夫多就学之。"《龙龛》是其在五台山金河寺以五年之功编撰的一部汉字字书，此外未有其他著作传世。

第二节 《龙龛》的版本

据中华书局（1985）出版说明和陈素青、冯荣光等的研究，《龙龛》成书后，有辽刻本行世。《梦溪笔谈·艺文二》里已有记载："契丹书禁甚严，传入中国者，法皆死。熙宁中（1068～1077年）有人自虏中得之，入傅钦之家。蒲传正帅浙西，取以镂板。其序末旧云'重熙二年五月序'，蒲公削去之。"①尽管辽朝对书籍管理很严，《龙龛》还是在几十年后传入宋朝，也足见《龙龛》的影响之大。《龙龛》全名本为《龙龛手镜》，宋人重刻时，因避太祖赵匡胤祖父赵敬的讳改为《龙龛手鉴》。《经籍访古志》卷二野上俊静《龙龛手鉴杂考》云："除四卷本外，另有八卷本，收隋唐通用之俗字和异字，或谓此八卷本系在韩国完成"。可见《龙龛》还曾刊行于朝鲜和日本。

传世宋刻本主要有三种：一是现藏于国家图书馆的宋刻本四卷，缺第二卷，由明毛晋影宋抄补。后有玻璃版影印本。二是傅增湘双鉴楼所藏宋刻本。民国二十三年（1934），上海商务印书馆据以影印，收在《续古逸丛书》《四部丛刊续编》里。不过，其中第二卷实为商务印书馆藏本，且与傅氏藏一、三、四卷的版本不同，赵万里与杜泽逊都判定此卷乃南宋初年浙刻本（重刻蒲宗孟本）。三是台北故宫博物院所藏宋刻本。对以上三种宋刻本，杜泽逊从避讳、刻工等方面考订，认为三者均为南宋初年高宗时刻本。另外，故宫博物院还藏有宋嘉兴府刻本。

清刻本主要有：乾隆间精刻本，李调元题跋，河北师大图书馆有藏本；嘉庆五年（1800）慎馀堂刻本；清张丹鸣虚竹斋刻本，李慈铭题跋，国家图书馆与四川大学图书馆有藏本；东北师大图书馆还藏有一个清刻、姚觐元录钱保塘批校本。清代丛书本有汪氏《正谊斋丛书》本，乾隆、道光和光绪年间的函海本（讹误较多）及上文提及的《续古逸丛书》本、《四部丛刊续编》本。另外，高丽《大藏经》中收录《龙龛手镜》，该本源自辽刻本。日本曾影印该本，1985年中华书局又据日本本影印出版。其中原缺第二卷，据商务印书馆《四部丛刊》影宋本配齐。

抄本主要有：明影宋抄本，藏于国家图书馆；清初抄本，藏于上海图书馆；清乾隆三十一年（1766）经井斋影宋抄本，藏于北京师大图书馆；清袁

---

① 沈括：《梦溪笔谈》，齐鲁书社2007年第1版，第99页。

氏贞节堂抄本，藏于复旦大学图书馆。另据王重民《中国善本书提要》记载，国家图书馆还藏有一抄本，已变换行款，书法颇精，卷内钤有"金匮蔡氏醉经轩收藏章"、"蔡廷相藏"、"廷相"、"伯卿甫"、"蔡印廷桢"、"卓如"、"济阳蔡氏图书"等印记。

第三节　《龙龛》的体例

一、部首的体例

《龙龛》完全改变了《说文》和《类篇》的部首体例。首先是它大胆地将《说文》的 540 部归并为 242 部，又"总四卷，以平、上、去、入为次，随部复用四声列之。"即全书按四声分为四卷，且每卷中各部内之字，仍按平、上、去、入四声的顺序排列。第一卷所列 97 部（起"金"部讫"知"部）均为平声，然后每部之字又按四声列之，如"金"部，先列平声字"鏒、镕、镛、销……"次列上声字"键、锁、锴、镐……"次列去声字"锯、镟、锭、鳌……"后列入声字"镞、镯、镝、铗……"。其二、三、四卷的部首虽系上、去、入三声之字，而各部文字的排列，仍依平、上、去、入为序。可以看出，《龙龛》是采用部首法和音序法相结合的方法来安排字序的，这种编排既可以看到《说文》一类字书的影响，又可以看到《切韵》一类韵书的痕迹。字书重视文字的形体因素，以部隶字，可以据形查检，韵书重视文字的声音因素，分韵列字，可以按韵索字。《龙龛》采用两种检索法相结合的编排体例，是对编排法的尝试和改革。《四库提要》认为这种编排体例并非释行均首创，唐代颜元孙的《干禄字书》就曾经以四声隶字，又以部首排字。这种说法有一定道理，《干禄字书》成书早于《龙龛》，且二者体例相似。

另外，《龙龛》以楷体定部，大部分部首都是常用字，便于掌握。创立了"杂"部，接近于后来字书的难检字，为处理难字、生僻字提供了解决方案。

二、说解的体例

《龙龛》总的体例是"A，正，某某反，或音 B。C 也、D 也、E 也、……，数字"。也就是先列出某字，若有字体分别，还要列出某体，如上面的"正"，然后注音，再列字义，"数字"代表该字的诸种变体的数目。

（一）注音的体例

《龙龛》的注音主要采用直音法和反切法，但是该书注音方式灵活多样。

1. 用直音法注音，如：

销，音消。销，铄也，散也。

鎌、镰，音廉。刀镰也，亦廉也，二同。

鉑，俗，音臼。

2. 用反切法注音，如：

锯，居去反。锯刀也。

洰、灈，绵婢反。水流貌，二同。

偋，房正、蒲径二反。隐僻无人处也，又厕也，与屏同。

詒，与支反，赠言也；又徒亥反，相欺也。

有时是两字连列，又分别注音，"A、B，上音某某反，下音C"如：

铮、鏳，上楚耕反，下音嵤。铮、鏳，钟声也。

3. 合用直音和反切注音，如：

諞，房连反，巧言也，又音辩，謰接言也。

訑，音移，自得之貌，又残意也，又徒哥反，避也。

镽、镠，音聊，有孔鑪也。又紫磨金沙也，又白银美者也。上又音料，下音流。

償，音常，还报当复也，又书两反，又音尚，备也，填也。

（二）释义的体例

《龙龛》释义的体例相对《玉篇》来说要简单得多，一般是简单地罗列义项"B也、C也、D也……"，且义项较少较简单，偶尔也引用他书来释义，如：

备，音俻，防也、救也、具也、慎也、皆也、副也、究也、办也、成也、又姓。

蓏，郎果反，《说文》云："木实曰果，草实曰蓏"。又："有核曰果，无核曰蓏。"又："陆生曰果，水生曰蓏"。

芋，正，王遇反，《本草》云："有毒艸也，食之煞人，以灰水煮之可食，食已至老不饥，岷山多出。又音于，草盛貌，二。

鸟，都了反，飞鸟也，篆文，《说文》及《玉篇》《切韵》皆云："三点象日中三足鸟也。"

（三）字体的体例

《龙龛》写定于辽代。六朝至唐宋，俗字盛行，唐写本的佛经，俗字颇多，这给人们研读佛经带来了新的困难。《龙龛》正是应这种社会需要而产生的。据智光序："流传既久，抄写时讹。寡闻则莫晓是非，博古则徒怀惋叹"。隋唐五代之时，印刷术尚未盛行，书籍的流传主要靠人工抄写。在抄写过程中，俗字讹体大行其道，或偏旁更易，或繁简变易，或笔画变换，这无疑给僧徒阅读佛经带来了很大的困难。释行均为适应时代的需要，解决读佛经的困难，而编纂了这部书，所以广收当时存在的异体字就成了主要目的。如此众多的异体字（有人统计约 9000 余字），要编辑在一起并非易事，释行均创造出了自己的编写体例。每字先辨别字形正误，然后详列正、俗、今、古、同、通、变诸体，还附有少数籀文和古文，一目了然。"正"，是指规范的写法，亦即标准字体。"俗"是当时民间有所流行而未得到社会的公认、没有正式通行的不规范的写法。"通"，也是指曾经通行于民间的俗体，但经过使用已经初步得到社会公认并开始通行的字体。"或作"，即异体字。《龙龛》中偶尔还出现"变体"，其性质与"或作"大致相同。"同"，也是异体字，与"或作"的区别在于："同"体也是正体，规范性比"或作"强。"古"，是指古代的写法。但所指的"古"体并不是甲文、金文等各种古代的字体，而是已经楷化了的。"今"，指当时的写法，同"古"相对而言。从《龙龛》中可以看出，"今"体多是对"古"体的简化，并且也已经得到了社会的承认。它比"通"更为规范，但不及'正'。"误"，是指错误的写法，即错字。综上所述，以上各种字体的规范性从强到弱的顺序是："正——同——或作——今——通——古——俗——误"。

异体字的排列大致有两种体例，第一种是凡异体字就单独立目，有时可能是几字并列；第二种是只一字立目，统领其他诸体，用"又"、"或作"、"又俗"、"与某同"等来标明。

1. 单独立目的情况：

"A 俗，B 正"，如："偸，俗，傔，正，苦念反，偸、傔，从也，二。"

"A、B 二俗，C 通，D 正"，如："誣、誣二俗，誙，通，誙，正。"

"A、B、C 三俗，D 或作，E 正"，如："諎、誣、请三俗；請或作，譖，正。"

"A、B、C、D 四俗，E 今，F 正"，如："惜、惰、憶、愧四俗，悽，今，惰，正。"

"A、B 二俗，C 或作，D、E、F 三古，G 今"，如："岗、㞶二俗，㘣或作，崇、崮、嶇三古，嵼，今。"

2. 仅一字立目的情况：这种情况多数是有两个异体字

"A 俗，正作 B"，如："肎，俗，秦亦反，正作瘠。"

"A…与 B 亦同"，如："仂，音力，勤也，不懈也，与力亦同。"

"A 俗，B 古，今作 C"，如："悥，俗；愿，古；今作伍。"

此外，列古文和引用经书的情况：

"A，古文 B，今作 C"，例见上文"伙"。

"A 俗，又《旧藏》作 B"，如："俭，俗，又《旧藏》作弃，在《七佛神咒经》。"

综上所述，《龙龛》的体例既有继承前人的地方，又有自己的创新，尤其是在字体方面的体例。该书收录的异体字数目接近《说文》收录的正字，所以要把它们统摄起来，前人又无这方面的可借鉴的资料，《龙龛》发挥了自己的独创性。

第四节　《龙龛》的内容、成就和不足

一、《龙龛》的内容

全书卷首有燕台悯忠寺沙门智光撰的序。据智光序，可知书后应有"五音图式"，但现在版本已没有这个五音图了。《龙龛》收字 26430 余字，注解字数是 16170 余字，字并注共 189610 余字。正文按平、上、去、入分四卷。第一卷平声卷，卷首目录列出从"金"部第一至"知"部第九十七目录，第一卷卷尾标有"《龙龛手镜》平声第一卷"。第二卷是上声卷，卷首目录列出从"手"部第一至"果"部第六十，卷尾标有"《龙龛手镜》上声卷第二"。第三卷去声卷，卷首目录列出从"见"部第一至"句"部第廿六，卷尾标有"《龙龛手镜》去声卷第三"。第四卷是入声卷，卷首目录列出从"木"部第一至"雜"部第五十九，卷尾标有"《龙龛手镜》入声卷第四"。全书共计242 部，比《说文》少近 300 部。

二、《龙龛》的成就和价值

第一，行均首次使用音序法和部首法相结合的方法来编写字书。他首先按

音序把部首分为四卷，然后将部首内的字又按声调分为平上去入四类。部首用来统摄各部之字，以音归部，以首建类，条理明晰，便于查检。两种方法的结合可以取长补短，在不知拼音的情况下，可以借助部首；在不知部首的情况下，又有拼音可以查检，十分方便。以前的《说文》《玉篇》等字书都是按部首来编排的，《龙龛》在字的编排方法上有所突破。

第二，《龙龛》以楷书定部，大胆地归并部首。《说文》共 540 部，《玉篇》共 542 部，而《龙龛》将其归并为 242 部，大大减少了部首的数目，方便记忆和检索，比前两者前进了一大步。

第三，《龙龛》是公元 10 世纪成书于辽地的第一本佛学字书，该书收字远远超过《说文》和《玉篇》，多达 26430 字。六朝以至唐五代以来，俗字盛行，不便于人们的交流。行均将各写本中写法不同的字辑录下来，严格加以区分，分为正体、俗体、异体、误体、通体、或体等等，统一辑录于一处，便于分辨，对汉字规范化作出了一定的贡献。同时，这也有助于我们了解唐代前后人们使用俗字的情况，对于研究汉字流变有一定价值。此外，该书是行均以当时的佛书写本为底本的，保存了大量的佛学文献，对敦煌学研究也有重要的学术价值。由于敦煌文献中充斥着大量的俗字讹文、变体简写，往往令研究者难以释疑，而查《龙龛》大多可迎刃而解。

三、《龙龛》的不足

《龙龛》成书后，在流传过程中，曾受到严厉指责。钱大昕曾在《潜研堂文集》中讥讽行均"以意分部""文支不分"，收入甬、孬等"里俗之妄谈"，而且"悉鱼豕之讹字，而皆繁征博引，污我简编，指事形声之法，扫地尽矣！"李慈铭在《越缦堂读书记》中对它更是大加挞伐，曰："此书俗谬怪妄，不可究诘，全不知形声偏旁之谊，又转写讹乱，徒淆心目，转滋俗惑，直是废书，不可用也。"

我们认为《龙龛》遭到批判的原因有二：一是《龙龛》相对于《说文》等正统的字书来说，它是一本俗字书，这是编纂的目的和时代所决定的。唐五代至宋，俗字和异体字大行其道，加上佛学的兴盛，佛经研读的需要，《龙龛》就应运而生。它收录大量的异体字，就是为了满足研读佛经的要求，而钱大昕和李慈铭则是从正统的角度来批判它的。二是钱大昕和李慈铭还没有看到《龙龛》对敦煌学具有重要的学术价值，对研读佛经的巨大帮助。台湾著名的敦煌学创始人潘重规先生从敦煌学的角度给予《龙龛》极高的评价。他指出《龙龛》"别出手眼"，为"独特之著作"，是当时文字的总汇。

当然并非钱大昕等学者的批评一无是处，如"又转写讹乱，徒淆心目，转滋俗惑"，的确，《龙龛》存在不少错误的地方。郑贤章在《〈龙龛手鉴〉阙失略论》一文中，从以下四个方面来论证其错误：（1）注音上有误；（2）释义上有误；（3）引文上有错误；（4）收录、辨识或处理文字上有误。朱积孝在《〈龙龛手鉴〉指谬》中也指出了一些谬误。

此外，《龙龛》尽管在编写体例上，采用音序法和部首相结合的先进方法，比《说文》和《玉篇》前进了一大步，但是它的改进并不彻底：一是《龙龛》以平上去入分为四卷，但是就第一卷而论，该卷是将平声的部首都归入其下，始于"金"部止于"知"部，共97部，可是这97部之间的排列就无序可循了。二是各部之内的字虽按平上去入分为四类，可是每类字之间的顺序并不清晰，查检起来颇不方便。以第一卷"金"部为例，该部中平声类各字间的顺序，既不是按笔画的多少排列，也不是按音序排列，规律不明。

第五节 《龙龛》的研究概况

《龙龛》成书后，时人多把它作为研读佛经的工具书。据史料记载，北宋沈括的《梦溪笔谈》是最早提到《龙龛》的著作，沈氏对《龙龛》的价值颇为称赏。清初学者沈大成对《龙龛》评价很高。《四库全书总目》指出："此书虽颇参俗体，亦间有舛误，然吉光片羽，幸而得存，固小学家所宜宝贵矣。"二十世纪七八十年代，《龙龛》的价值得到重新认识。台湾学者潘重规的《龙龛手鉴新编》可谓发其先声。潘氏多年来研读敦煌卷子的写本文字，发现其相当混乱，几难卒读，而被清儒指责为"部居误认偏旁"的《龙龛》与写本俗字的实际情况对应。此外，台湾学者陈飞龙的《龙龛手鉴研究》，是全面研究《龙龛》的首部著作。该书主要从《龙龛》的版本、校勘、部首、形音义的说解体例、声韵考和引书考等方面来论述。郑贤章的《龙龛手镜研究》是一部后出转精之作。该书主要从《龙龛》的研究概论、研究价值、考释俗字的方法与途径、阙失、术语研究、《龙龛》与《一切经音义》、汉文佛经和大型字典的完善等方面来论述。邓福禄的博士论文《龙龛手镜异形字研究》从文字学的角度探讨了《龙龛》异形字的产生和变异的规律。

自上世纪七八十年代始，出现了不少研究《龙龛》的论文，大致有以下几个方面：一是有关《龙龛》文字（包括正字、俗字等）的研究，如潘重规《〈龙龛手鉴〉其引用古文之研究》、郑贤章《〈龙龛手镜〉未识俗字考辨》与

《〈龙龛手镜〉俗字丛考（一）》、杨正业《〈龙龛手鉴〉古俗字考辨》、张立娟《试论〈龙龛手镜〉的"杂"部字》、赵春兰和张浴秋《〈应县木塔辽代秘藏〉与〈龙龛手镜〉俗字比较研究》、韩小荆《据〈可洪音义〉解读〈龙龛手镜〉俗字释例》。二是简要评介《龙龛》的，如周国光《略谈〈龙龛手鉴〉》、张涌泉《〈龙龛手镜〉读法四题》、陈素青和冯荣光《辽代的传世之作——〈龙龛手鉴〉》。三是探讨《龙龛》体例的，如龙国富《第一部音序检字法字书——论〈龙龛手镜〉的编排体例》、邓春琴《〈龙龛手鉴〉辞典学属性探讨》。四是探讨《龙龛》音系的，如张卫东《论〈龙龛手镜〉音系及其性质》、兰州大学吕文端的硕士论文《〈龙龛手镜〉与〈广韵〉音切比较研究》。五是探讨《龙龛》取得成就的，如赵永明和赵成富《〈龙龛手鉴〉在辞书编纂史上的贡献》。六是指正《龙龛》的，如朱积孝《〈龙龛手鉴〉指谬》、郑贤章的《〈龙龛手镜〉阙失论》。其他的还有结合当前实际来研究《龙龛》的，如王志方《〈龙龛手鉴〉与汉字规范》等。

思考与练习

1. 《龙龛》在字书编纂史上有一定的地位，它的编排体例有哪些独创性？给后世字书的编纂提供了那些借鉴？

2. 长期以来，多数学者认为《龙龛》是给僧俗群众诵读研习佛经提供方便而作的，你是否同意这一观点？

3. 《龙龛》问世以来，褒贬不一，你如何看待它？

第五章

《字汇》和《正字通》

明代梅膺祚的《字汇》成书于明神宗万历年间，是一部承前启后的字书，在编纂体例上有不少创新，代表了明代字书编写的最高成就。张自烈的《正字通》成书于清康熙年间，是一部前承《字汇》后启《康熙字典》的字书，对《康熙字典》的编写提供了直接借鉴。

第一节　《字汇》和《正字通》的作者

一、《字汇》的作者

梅膺祚（生卒年不详），字诞生，安徽宣城县人。明国子监太学生。一生沉游书海，著述多种。《字汇》一书最负盛名，为海内珍本。据梅鼎祚序可推知《字汇》约成书于明神宗万历乙卯年（公元 1615 年），收录 33179 字。梅膺祚的《字汇》及《字汇补》均由其堂兄梅鼎祚作序。这部字书一直为历代学者所推崇，它是《康熙字典》问世之前我国较完备的大字典，尽管清张自烈在《字汇》的基础上编撰出《正字通》，但并未超越《字汇》的水平。此书明清时期风行一时，所开创的字典体例，一直为后世所采用。

二、《正字通》的作者

关于《正字通》的作者问题，历来颇多争议。旧本或题张自烈撰，或题国朝廖文英撰，或题自烈、文英同撰。现代学者也多有争辩，丁峰和胡迎建认为作者是廖文英；而喻剑庚、古屋昭弘、董琨、张民权等都认为是张自烈。后者材料更充分详实，论证更严密，本书从后者。

张自烈（1597～1673），字尔公，号芑山，又号谁庐居士。明末清初著名学者，袁州（江西宜春）北厢上水关人。崇祯末为南京国子监生，博物洽闻。被誉为江南著名藏书家的张自烈，从小酷爱读书，33 岁时他竭尽家中所有钱财，访购古今理学、经、史等书籍，不到三年，购得当代名著 30 多万册，并于公元 1634 年将所购书籍全部运回袁州，放置于郡学，以供学子共享。张自烈不仅是嗜书如命的藏书家，而且是明末清初的理学家，崇祯末为南京国子监生，博学广闻。明亡，闭门著述。晚年隐居庐山，累征不出，主讲白鹿书院。卒葬白鹿洞左青龙山，墓今存。张自烈著述颇丰，尤以《正字通》影响最著。《正字通》是一部字书，共收录 33000 余字。清代官方编纂的《康熙字典》，系以《正字通》为蓝本增益而成。张自烈著有《四书大全辨》、《诸家辨》、《古今文辨》、《芑山文集》、《诗集》等，均对后世有较大的影响。

第二节　《字汇》和《正字通》版本

一、《字汇》的版本

《字汇》在明末清初风行一时，明代有敦化堂刻本、鹿角山房刻本、金间书业堂刻本、怀德堂刻本、文兴堂刻本、金陵槐荫堂刻本，今多已失传，北大图书馆现存一明代刻本，缺末卷。现在通行的是清刻本，康熙、雍正、乾隆、嘉庆、光绪、同治年间均有刻本，其中古吴三乐斋本、文秀堂本、扫叶山房本、六合堂本等均堪称善本。

二、《正字通》的版本

《正字通》的版本系统大致分为三个阶段：第一阶段是在康熙十年辛亥（1671）前后出现的版本，有白鹿书院本、弘文书院本、三畏堂重梓本、芥子园重镌本等。根据序文的时间可以断定白鹿书院本最早，该本上有廖文英序（康熙九年）、张贞生序（康熙九年十一月）、黎元宽序（康熙十年四月）、尹源进序（康熙十年五月）、姚子庄序（康熙十年六月），应在康熙十年后半年刊印。弘文书院本、三畏堂重梓本、芥子园重镌本等本除有上序外还有龚鼎孳序（康熙十一年一月），这些版本应是据白鹿书院本重梓的。康熙十七年戊午（1678）年间，又出现了一种"潭阳成万材刊本"，除有廖序及龚序外，新增了钱捷、吴盛藻、高光鼎、刘炳等人的序文，这个版本又称"刘炳补修本"。这些序文皆指出廖文英不是原著者，只是本书的刊行者，它的作者是张自烈。到康熙二十四年（1685）秀水吴源起又重刊了该书并作序，是为"清畏堂本"，他认为该书出自张公之手，但廖氏也有定稿之功，于是弁其首为："南昌张尔公，连阳廖百子同辑"。据古屋昭弘的研究，"白鹿书院本、刘炳补修本和三畏堂本基本上是同版，前者最早，统称为'白鹿书院系版本'"①。此外，萧惠兰（2003）提出一种版本——"带巴楼本"，她据序文推断，该版应是最早的版本。

第三节　《字汇》和《正字通》的体例

一、《字汇》的体例

（一）部首的体例

自《说文》创造了以部首为纲的编排体例，后来多数字书均以之为宗，较有影响的如《玉篇》《类篇》等，但均未脱离《说文》部首的窠臼。《玉篇》虽然改变了《说文》部首的次第，重新整理，把内容相关的部首排列在一起，可绝大多数部首依据《说文》，而且部首数目比《说文》还多出两部，仍然不便检索。《类篇》是完全依据《说文》的部首，虽为544部，只是把其中字数较多的部首分为上下而已，几乎没有改进。直到《字汇》，梅氏对部首进行大幅度改进，他依据楷书简化了《说文》以来的部首，共分214部，不到《说文》的二分之一。具体情况如下：

1. 先将214部按照笔画多少分为一到十七画，然后按各部字数多寡均匀地分布于子、丑、寅、卯等十二集中；又依据各画之内部首多少来灵活归类，如：三画之内的部首较多，就分为三画前和三画后分别编入丑集和寅集。

2. 各部中所收文字的排列顺序都按笔画多少来编排，且每部之下又注明画数，如："示"部之下，先列一画之字，接着注明"二画"，其下列二画之字。依次类推，若想查"社"字，直接在"示"部中三画下查找，瞬间可得。这弥补了以前字书部内之字排列次序不明，查一字"往往终卷"的不足，大大方便了检索。此外，《字汇》卷首还附有"检字"，排列了不容易辨明部首的难检字，仍可按笔画来检索，这又是《字汇》的一大创建，为后世字典编写所继承。

（二）说解的体例

总的说解体例为：正字——注音——释义——书证。如"些，思遮切，写平声，少也。○又思计切，音细，此也，语辞也。○桑何切，音唆，挽歌

<hr />

① 古屋昭弘：《〈正字通〉版本及作者考》，《中国语文》，1995年第4期，第309页。

声。○又苏个切，陵去声，亦语辞。宋玉《招魂章》用此。又与娑同，逻些吐蕃城，杜工部诗：'和亲逻些城'。"

1. 注音的体例

（1）《字汇》的注音不同于以往的字书，基本是采用反切法加直音法合注一音，形式为："某某切，音某"，若"直音中有有声无字者，又以平上去入四声互证之，如曰某平声、某上声、某去声、某入声，至四声中又无字者，则阙之。中有音相近而未确者，则加一'近'字，曰音近某。"① 有时还采用叶音法加直音法合注一音。多音字的注音顺序是先注字的本音，再注字的转音，并随音释义，两音之间用"○"分开，一目了然。如：

一，坚溪切，音奇。

七，戚悉切。（直音无字阙之）

丁，当经切，的平声……○又叶都阳切，音当……

翃，巨何切，音近珂。

且，周伯温壮所切，与俎同音。

伎，巨绮切，音技，《说文》："与也。"《广韵》："侣也。"又伎俩，《冯驩传》："无他伎能。"陆士衡《文赋》："程下效伎。"○又渠宜切，音奇，与跂同，足多指也。又舒散也。《诗，小雅》："维足伎伎。"○又支义切，音志，与忮同，狠也。

（2）有时注音还会采用互见法，就是"字有画异而音义同者，于本字下，切之释之，而以同音同义之字列于下，注曰：'同上'；至音义同矣，而画有多寡不一者，仍属于各部之中，注曰：'同某'。"还有"字有多音多义而同者，止一音一义，注曰：'与某字同，某切。'"② 另外某字下注"俗某字""古某字"等，其注音释义可在后字中见。如：

醶，同上。（而"醶"字的上字为"酼"字，解释详尽）

䤍，同酣。（而"酣"字在酉集酉部有详细的说解）

鮰，与鱛同，上演切。（在同部十二画下有"鱛"字的详细说解）

俞，俗㒰字。（注见㒰字）

云，古雲字。（注见雲字）

---

① 梅膺祚：《字汇·凡例》，六合堂本，出版年代不详。
② 梅膺祚：《字汇·凡例》，六合堂本，出版年代不详。

2. 释义的体例

《字汇》的释义，也采用随音释义的方式，多数是于注音后直接释义，有时会引书证；有时是直接引用其他书上的释义；有时并不释义，而是注音后直接引用其他书中的例句或见某书；有时是用术语“义同”来释义。如：

嘶，下戒切，音解，怒声。

圾，忌立切，音及，危也。《庄子》：“殆哉圾乎。”

妰，职略切，音灼。静妰，妇貌。又张格切，音窄，义同。

妤，云俱切，音于。婕妤，女官。师古曰：“婕，言接幸于上；女子美称。”

3. 释形的体例

随着社会的发展进步，文字也在不断孳乳繁衍。从东汉许慎的《说文》收字9353，到南朝梁顾野王的《玉篇》收字16917，到宋代司马光的《类篇》收字31319，到《字汇》收字已达33179。在这个庞大的文字群体中，由于社会变迁，文字演变，使用群体不同等诸多原因，汉字的异体字、俗体字、讹字、古体字等日益繁多。《字汇》自称是一部古文俗字“皆不可去”的大型语文辞书，不可能避开对异体字的解释。为此，《字汇》确立了“正俗兼收”的原则。因此《字汇》就要创立一种科学的体例来统摄文字的诸多形体。

（1）异体字的情况。《字汇》较重视异体字体例的创制，凡例的第七条是对绝对异体字的处理方法：“画异而音义同者，于本字下切之，释之，而以同音同义之字列于下，注曰同上，如匃、氛，似佀之类是也。”一是“音义同，而画有多寡不一者仍属于各部之中，注曰同某，如胄、伷，僢舛之类是也。”①有时也会用“与某同”来解释异体字。第八条是对部分异体字的处理方法：“字有多音多义者，止一音一义，注曰：‘与某字同，某切’”。例见上文注音的体例。

此外，异体字的收录还用到“或作”、“亦作”、“即某字”、“某本字”等术语。如：

媟，《六书正讹》：“或作渫。”

䏚，亦作肌。

㑲，即男字。

① 梅膺祚：《字汇·凡例》，六合堂本，出版年代不详。

（2）其他文字形体（包括古文、籀文、篆文、俗字、通假字、俗字、奇字等）的收录多采用以往字书的方式。如对古文字体的收录多采用"古文某字"、"古某字"、"古作某"、"籀文某字"、"篆文某字"等术语。如：

二，古文上字。

求，古作攀字。

中，籀文中字。

競，篆文妭字。

对俗体字的收录多采用"俗作某"、"俗别作某""俗字"、"俗某字"、"别作某"等术语。如：

乩，俗作九。

何，今俗别作担荷，非是。

舀，同上，俗字。

乱，俗亂字。

亘，别作宣通。

对其他情况多用以下术语"今作"、"隶作"、"奇字"、"通作"、"亦省作"来收录。如：

乚，今作隐。

丼，隶作井。

人，奇字作儿。

修，经史通作脩。

二、《正字通》的体例

（一）部首的体例

《正字通》部首的体例几乎全盘采用《字汇》的体例，详见上文。

（二）说解的体例

《正字通》的说解也采用《字汇》的体例，即"正字——注音——释义——释形——书证"，所不同的是《正字通》的说解更为详细，引例更广博。如："三，苏甘切，散平声。以阳之一，合阴之二，次第重之其数三，二生三即《易》乾卦也。《说文》：'三，天地人之道也。'《礼·学记》：'宵雅肄三官其始也。'注：《诗·小雅》：'鹿鸣四牡，皇华三章，而肄习之。'又汉《五行志》：'政不可不慎，务三而已，一择人，二因民，三从时。'又《王莽传》：'赊货予民，收息百月三。'注：百钱月收息三钱。又姓也，元，三宝柱；明，三成志。又与参通。《博雅》：'参，三也。'《考工记》：'三分其股围。'《庄子》：'参日而外天下。'别作弎。又侵韵，音森。《诗·召南》：'摽有梅，其实三分。'叶下，今又去声，勘韵，思暂切。《正韵》引《鲁论》：'三思三复'，《礼记》：'朝于王季，日三'，《左传》：'三鼓'，皆有平去二音。按曰：三，三渎、三鼓当读平声，互见厶部参注。"

1. 注音的体例

《正字通》注音的体例多依《字汇》，主要采用反切法加直音法合注字音的方法，但也有其自身的特点。首先是摒弃了叶音法，该法在《字汇》中大量出现，但在《正字通》中几乎不用；其次是注音多数是采用当地方音（即赣方言）来取切字，是研究当时赣方言的可贵材料。据王海霞①的研究，可以详细分析如下：

（1）单音字的注音方法

主要是反切加直音法，有时也单用反切法、直音法，有时用本音来标明，有时用读若、读如来注音，偶有用叶音注音。（《正字通》著者对叶韵的处理，在《凡例》中说明："故是编，自诗、歌、铭、赞、谚、谣叶韵外，凡旧本引《周易》、《礼记》、《释名》、《白虎通》强叶者，各存其说于本注，不载叶音，非立异排俗，理不可诬也。"）如：

参，仓三切，音骖。

鼓，《说文》读若属。

委，古读如阿。

滑，……又叶音橘。

（2）多音字有四种注音方式

第一，前已注音，后用"又"接"某韵，音某"。这种注音方式一般放在被注字已用其他方式注音之后。如：

个，古贺切，去声。……又翰韵，音幹，与幹同。

丹，……又先韵，音颠。

第二，前已注音，后以"平声或上声或去声或入声"加其他注音法一起注音。如：

① 参见王海霞：《〈正字通〉研究》，内蒙古师范大学硕士学位论文，2005 年。

中，……又平声，阳韵，音章。……又庚韵，音征。

主，……又去声，御韵，音主。

第三，同种注音方式注音。主要形式有"又某某切，音某""又音某"等。如：

癎，补耕切，音崩，妇人症血不止也。又薄庚切，音朋，腹满也。

第四，多种注音方法。反切法、直言法、读若法等同时使用。如：

顽，虚期切，音奚，《说文》："蔽人视也。"一曰直视也。《说文》读若携。孙愐：又苦今切。注：户圭切，惠平声，能视也。又强鸡切，音奚，直视貌。

此外，《正字通》有时还用"互见法"注音释义；还注意到记录方音，转音现象；有时还对多音字进行辨析。如：

卅，同廿，廿有上去二音，《正韵》："上声十八梗矿，亦作廿，……"

乎，……《正讹》："兮，洪孤切，转荒胡切。"

欠，……欠有上去二音，《六书故》："欠伸读上声，转去声为欠少之欠。"

2. 释义的体例

（1）直接释义，简单明了。如：

刃，如甄切，忍去声。刀口所用割切也。

準，之尹切，屯上声。平也、均也、度也、则也、仿也。

函，河南切，音含。容也、包也。

（2）有的是直接引用先前字书、韵书、义书或其他典籍的说解来释义，所引书籍有《说文》、《尔雅》、《方言》、《释名》、《广韵》和《集韵》等。

乎，洪吾切，音湖，《广韵》："疑辞也，舒辞也。"

列，……《说文》："分解也。"《广韵》："行次也。"

（3）有的于释义之后，引用典籍用例作为书证来印证训释义项，有时还有"注"，有助于更好地理解词义，增强说服力。如：

刀，……又钱名。《初学记》："黄帝采首山铜，始制为刀。"汉《食货志》："货宝于金，利于刀。"注：名钱为刀，以其利于民也。

永，……长也，引也，遐也。《书·大禹谟》："万世永赖。"《诗·周颂》："永观厥成。"

（4）有时是注音之后，直接引书证，再引疏证。如：

乎，……又荒乌切，音呼。《诗·大雅》："於乎小子。"陆德明曰："於音乌，乎音呼，凡二字相连，皆仿此。"

（5）有时引汉魏以降诸学者的训诂来解释字义，注重对前人训诂成果的吸收继承，使文字训诂有根有据。如：

孟，蒙弄切，音梦，《说文》："长也。"又嫡长曰伯，庶长曰孟。孔安国曰："五侯之长。"

冘，……一勇所冘。戴侗曰："高亢之亢当作冘，与冘龙之冘同。"

（6）有时用反义词来协助释义。如：

出，入之对也。

利，害之反义之对也。

（7）《正字通》释义上多用"互见法"，既可以让读者互相参照，又节省了篇幅。如：

乃，……互详辵部迺注。

丼，……互见后二部井注。

3. 释形的体例

《正字通》以《字汇》为基础穷尽性地搜集当时出现的诸多字形（包括俗字、异文、本字、通假字、古文、籀文、篆文、钟鼎文、古碑文等），同时作出自己的判断辨析，为读者提供了尽可能多的文字信息，也为后世研究当时的字体、字形提供了宝贵的材料。如："乙，旧注音轧，玄鸟。按《说文》：'乙，玄鸟也。'徐锴曰：'乙与甲乙之乙字相类，其行举首下曲，与甲乙字少异。'此徐氏分析之误，诸家皆为所惑，如《精蕴》：'甲乙之乙作乚，篆作𠃌；鱼肠之乙作乙，篆作乙；玄鸟之乙作乙，篆作乚。'"

（1）《正字通》对异体字的收录多采用《字汇》的办法，只是更详尽，更完备，辨析也更细致。多用以下术语来统摄异体字，如："或作""本作""一作""某某并同""同某""同某省""本字"等。如：

乍，……本作𠁫。

乛，呵本字。

（2）其他文字形体的收录多采用以往字书的方式。收录俗字多采用下列术语："俗、伪"等，"俗"是著者认为是俗体字，"伪"是著者认为是错字的。如：

孔，俗字，《集韵》："孔古作孔"。

吊，俗吊字，别字本作剐，吊即别字，偏旁省文，旧注同吊非。

睫、嬰、腕，并伪字。

（3）通假字的收录，多采用下列术语，"与某通"、"通用"、"通作"、"某某并通"等。如：

句，……通作叫。

丩，……与纠、纠通。

（4）古文字体的收录多采用下列术语，"古文"、"篆作"、"籀作"、"重文"、"钟鼎文作"、"古碑文作"等。如：

丩，……篆作〇、㇖。

乙，……重文作乚。

此外，《正字通》的另一特点是将散见各部的异体字都注于本字之后，使读者查到本字，同时也认识了它的异体。如："又"部八画"叟"字下面，即列有"叜""㝋""叜"诸异体，这几个异体字的注释，又分见于本部各画之下，为阅读古籍提供了极大的方便。

第四节　《字汇》和《正字通》的内容

一、《字汇》的内容（据六合堂藏版《字汇》）

《字汇》收字 33179 个，共十四卷，即首卷、末卷和正文十二卷。首卷包括运笔、从古、遵时、古今通用、检字。末卷有辨似、醒误、韵法直图和韵法横图。正文按十二地支分卷。《字汇》分十二本印行，第一本包括凡例、首卷和子集正文，第十二本包括亥集正文、韵法直图和韵法横图。

（一）《字汇》单独设有凡例，列在全书目录之前，可见此时的字书编写者，已经充分意识到凡例的重要性。凡例共有十三条，提到收字的蓝本、立部的依据、设检字表、检字的方法。释字顺序是：先音，次义，次形。注音方法是：先反切注音，再直音，若直音中有声无字者，则"四声互证之"等。注音顺序是：先本音，次转音。若用叶音法，则"必援引以实之"。若两字音义相同，笔画多寡不同，分为两种情况：一是两字同属一部时，则注明"同上"；二是两字不同部，则分载于各部之下，注明"同某"。若某字多音多义，而另一字只有一音一义，且与上字同，则注明"与某同，某切。"同时《字汇》兼收古字、俗字。若字部首不易确定的，《字汇》篇首另附录，注明"某字入某部"，知其字就可知其部。偏旁归部是依据形体相似的原则。对于那些古书上缺音或缺音义之字，一并收录。字的笔画多少是按照笔端的起止来说的。由于字体的演变，又有书法家的改造，数笔画时要观字的整体。

（二）运笔，即"运笔先后法也。"运笔法主要依据《书法三昧》、《文字谈苑》等书，是帮助初学写字者，明白字画先后顺序的。想通过"字虽无几，法可类推"方法，达到"举一可贯百"的目的。如："片，先丿，次丨，次一，次𠃌。"又"戍，先戊，次一，减字从此。"

（三）从古，梅氏认为"古人六书，各有取义，递传于后，渐失其真"，所以应以其本来的形体为标准字。如："珍，俗作玲。"又"内，俗从人。"又"壻，从士，俗从女。"

（四）遵时，采当时通用的字一百二十余个与古体并列，告诉读者不必"拘乎古"，应该按照通用的写法来写。如："冰，古作仌"，又"春，古作萅"等。

（五）古今通用，列一百三十余字，注明古今字体的不同，"博雅之士好古，公名之士趋时，字可通用，各随其便"。如："厺（古），去（今）"。又"从（古），従（今）"。

（六）检字，则按笔画顺序排列诸字，同一笔画内部先列部首字，其他字则按其所属之部首之先后排列。同时还排列不容易辨明部首的难检字。如：一画下先列"一、丨、丶、丿、乙"等部首，次列一画下不易辨明部首的字的归部"乀（归丿部）、乙乚（归乙部）、亅（归丨部）等。

（七）辨似，仿照《类篇》的《分毫字样》对笔画形体差别很小的字进行分辨，让阅读者"一目了然，无鱼目之谬也"。如：对"刃和刅"的辨析："刃，忍去声，锋刃。刅，与创同，伤也。"又对"无和旡"的辨析："无，無同，《易》皆从无。旡与既同。"又"己，人己之己，上方处不连。已，已止之已，上微缺。巳，辰巳之巳，上不缺。"

（八）醒误，排列在坊间书本上经常刻错的字，指出其错误，提醒阅读者注意。如："本，本末之本，从木，从一，今误作夲。夲音叨，进趋也。又往来貌，从大，从十。"又"弈，《论语》：'不有博弈者乎？'今误作奕。奕，奕叶累世。"

（九）"韵法直图"、"韵法横图"采用图表的方式帮助读者辨别四声、掌握反切，深入浅出，简单明了，使人一目了然。这种办法应是借鉴了等韵学的方法。

二、《正字通》的内容（据三畏堂本《正字通》）

《正字通》收字 33790 个，正文 12 卷，以子、丑、寅、卯等十二地支标目，每卷又分上、中、下三部分。正文前面列有张贞生、黎元宽作的序，全书的凡例、廖纶玑撰写的十二字头和十二字头引、全书引证的书目、全书总目、转引《字汇》旧本首卷等内容。《正字通》和《字汇》一样将凡例单独列出，共 10 条，但是篇幅较长，说解更细致完备，几乎每条都涉及《字汇》的疏漏，并提出补正方法。十二字头和十二字头引是国书十二字母，系满族文字。这是由于当时政治形势，为讨好满族统治者，有学习满语的需要。《正字通》还将编写时所参考的书目列出，以备参阅，这是字书的首创，已具后世书目参考文献的雏形。转引《字汇》旧本首卷的内容包括运笔、从古、遵时、古今通用、检字、辨似、醒误等，详见上文《字汇》部分。

第五节 《字汇》和《正字通》的成就和不足

一、《字汇》的优点和不足

（一）《字汇》的优点

《字汇》在明末清初非常流行，甚至受到平民百姓的欢迎。朱彝尊在《重刊〈玉篇〉序》中说："小学之不讲，俗书繁兴，三家村夫子挟梅膺祚之《字汇》、张自烈之《正字通》，以为兔园册，问奇字者归焉，可为齿冷目张也。"可以说《字汇》的出现使字书编纂前进了一大步，它比以往字书查检方便，解释通俗，内容丰富，实用性强，富有革新精神，在中国辞书编纂史上有较大影响。邹酆在《〈字汇〉在字典编纂法上的创新》一文中总结了四个方面：

1. 正俗兼收重在通俗

《字汇》在凡例中建立了其"正俗兼收"的收字原则，"字宗《正韵》，已得其概，而增以《说文》，参以《韵会》，皆本经史通俗用者，若《篇海》所辑怪僻之字，悉芟不录。"不仅纠正了"重正轻俗"的传统偏见，而且反对收过于冷僻的怪字。

2. 义项模式初步建立

《字汇》使以字义为中心的形音义项体系的定型化。在释音上灵活运用并发展了反切加直音的注音方式。在释义方面，把重点放在通俗阐释上。它创造了反映多音字的义项模式，即按照不同的音切分列不同义项，并用"○"分开。又进一步完善了义项体制，使之成为三证（字韵书证、文献书证、注疏书证）配合、释证统一的定型模式。

3. 部首归类更趋合理

《字汇》确立了两大部首改革原则：一是建部原则，即以形联义，形义结合，在形义不能兼顾时，论其形不论其义；二是部首序列与部首内属字序列原则，即一律按字的楷书笔画多少依次排列，确立了笔画排字法。这是《字汇》对后世字书的突出贡献。字书的部首数目从《说文》的 540 部，到《玉篇》的 542 部，到《篇海》的 517 部，而《字汇》将其简化为 214 部。这一部首体系，一直沿用三百多年，影响深远。

4. 设立附录提高效用

从《字汇》开始，才将字典的正文和附录结合起来，大大提高了字书的实用性，便于读者快速入门，掌握其使用方法。这一方法为后世字书所继承，提高了字典工具书的使用价值。

（二）《字汇》的不足

尽管《字汇》取得不少成就，但是也存在一些不足之处。

1.《字汇》征引书证，不详注篇名，所引前人成说未注出处，不便于后人查检。

2. 收字较多漏录。清人吴仕臣作《字汇补》一书，增补《字汇》未收单字 12371，另补音义 5525 条，可见它漏录之字颇多。

3. 韵法直图和韵法横图中所体现音韵系统的不一致。如："八，布八切"，这是用本字切本字，实属缺漏。正文中，"东""冬"同音，都是"德红切"，而在韵法直图和韵法横图中，"东"属"公韵"，"合口"，"冬"属"弓韵"，"撮口"，这不仅不能做到相印证，而且造出不必要的混乱①。

4. 说解多有错误。字形之误：如糸部四画下的"紎"当为"紤"字之误。

---

① 参见王健庵：《梅膺祚和他的〈字汇〉》，《江淮论坛》，1980 年第 1 期，第 118 页。

5. 注释多直接引用旧说，未加辨析，多有承袭谬说之处。如寸部："射，射弓。……《说文》：'弓弩发于身而中于远，故从身。又寸，法度也，亦手也。'"矢部："躲，即射字，矢发于身而中于远，故从矢从身。"

二、《正字通》的优点和不足

（一）《正字通》的优点①

1. "阙者增之，误者正之"

张自烈在《正字通·凡例》的第一条中指出：

虑四方沉湎《字汇》日久，不仍存旧说，彼此是非必不著，故部画次第如旧，缺者增之，误者正之，未可与各坊翻刻同日语。

可以看出著者的主要目的是"补正《字汇》"，这也是张氏用力之处，取得较大成就。

在"阙者增之"方面，《凡例》第三条云："旧注经、史、子、集类，剪裁上下文，苟非博览全书，何由考信，今据本文增续首尾，连贯文辞。"主要有三方面的补充：一是广收各异体字，比《字汇》新增数百字（新增大字头360个，注文中增加异体字形119个）。二是在《字汇》义项简略处增添书证，使之更丰满，更有说服力。如：

〔畸〕

坚溪切，音鸡。畸零；又，残田。　　　　　　　　　　　　　（《字汇》）

古兮切，音鸡。《说文》："残田也。"井田为正，零田不可并者为畸，地势多邪曲。井田取正方，则田必有畸零。画井者必计零以足，其数未可拘也。通作"奇"。凡数之零余者皆曰畸。　　　　　　　　　　　　（《正字通》）

三是增补了不少新义，方言义，尤其是俗语义。如：

〔胖〕……方言谓体肥曰胖，读若棒。

〔怎〕……俗字，今人用为语助辞，犹言如何也。程朱语录中屡用之，如："未必知怎生是"、"怎生非此信于人者也"、"既自信，怎生夺亦不得"。……今俗读争上声，……河南读怎如櫃。

在"误者正之"方面，《凡例》第二条云："旧本有字画伪省者，有非古文以为古文、非俗字以为俗字者，有字同训异、字异训同者，有前后注重复、

---

①　参见王海霞：《正字通研究》，内蒙古师范大学硕士学位论文，2005 年。

自矛盾者，其间援证失伦，真赝错互，……《字汇》伪误者与《正韵》同，详见各部本注。"

2. 广征博引，资料丰富

主要表现为引用书目范围的扩大和内容的扩充。《凡例》第三条说："据经概从马（融）、郑（玄）、王（肃）、赵（岐）、程（颐）、朱（熹）、蔡（沉）、陈（淳）诸家传注，粗通大义。"《凡例》第十条又说："搜阅释道两藏，凡《法华》、《楞严》诸经及历代禅宗语录，择可存者附本注。……医方杂技诸家，如《灵枢》、《素问》、《物理论》、《本草纲目》、《齐民要术》、《四民月令》、《月令广义》、《事物原始名义考》、《桂海虞衡志》、《函史物性志》、《物理小识》并辑采增，附补旧本未备云。"

3. 互见作注，实用便捷

《凡例》第四条说："各部同一物而分二字，如……蓓蕾之属，旧注前后两见者，今删其复重，曰附见某注；部虽分而字相通，如口言、走足……瓦缶之属，旧注彼此杂见者，今覈其异同曰互见某注。"如："朿，……别见后术字注。丆，……别详工部左、口部右二注"。

4.《正字通》的编纂有较强的规范意识

首先是对于其他字书尤其是《字汇》所载或民间采用的形、音、义，认为不正确的，能力斥其非。全书有关"旧本（旧注）"或"俗作"如何如何，加以"非""并非"的断语之处，比比皆是。如："丈，……俗加点作丈，尤非。"其次是对民间的俗体、俗音、俗义，也常加以承认。如"女部'嬭'字，《字汇》但云：'囊海切，音乃。乳也又乳母。'《正字通》则加：'俗读乃，改作奶。'"虽未为"奶"专立字头，却是首见奶字形体的字书，走出了接纳"奶"为规范字的第一步。

（二）《正字通》的不足①

《正字通》尽管取得不少成就，但是也存在一些不足之处。

1. 过于繁冗

号称"字学之渊薮，艺苑之津梁"的《康熙字典》"上谕"中曾说："增《字汇》之阙遗，删《正字通》之繁冗"。《四库全书总目·卷四三·经部小学类存目一》也曾指出："征引繁芜，颇多舛驳"。可见后世对《正字通》过于繁复，早有批评。《正字通》的征引广博，确实留下不少宝贵资料，对研究

———————————

① 参见王海霞：《正字通研究》，内蒙古师范大学硕士学位论文，2005 年。

文字学、文献学的确有许多帮助。但是对于一般读者来说，它的确过于繁琐，说解动辄百字以上，不便于查阅，也有悖于字典释义简明扼要的原则。

2. 出处不清

《正字通》在征引书证或引用旧说时，多少吸取了《字汇》的教训，但是并不彻底。比如有时引用既有书名又载篇名，便于查验；有的就只有书名或人名，很难进行验证。如："止，……《庄子·德充符篇》：'唯止能止众止。'《史·酷吏传》：'盗寇不为衰止。'"又"漏，……又杜甫《九日寄岑参诗》：'安得诛云师，畴能补天漏。'"又"歇，……《左传》：'未获所归，难未歇也。'谢灵运诗：'芳草亦未歇。'唐·刘瑶诗：'草歇芳草耿耿。'宋·苏轼诗：'春事阑珊芳草歇。'"

3. 疏于考证

尽管《正字通》在考订方面下不少功夫，如在《凡例》中曾说："《字汇》误者，则曰旧本旧注误。《经典释文》……诸书误者，则曰某书某说误……"而且在该书中考订之处比比皆是，但是也有著者失漏之处。如："宀"部"宓"字注"孟康《汉书》古文注'宓，今伏字'"，考此语出《颜氏家训·书证篇》，原文为"宓，今伏。惟别作宓"。颜氏引此，力辨作"宓"，非是，加"山"作"密"，尤非。《正字通》不考《汉书》，也不细阅颜氏原文，至少亦为疏略，引用书证，不知溯源。[①]

4. 引用有误

《正字通》所引篇名、书名，极多错误。如"人"部"以"字注"《诗·卫风》'何其久也，必有以也'"，应为《邶风》。又如"人"部"倚"字注"《韩信传》'百姓罢极怨望，容容无所倚'"，其实不是出自《汉书·韩信传》，而是《史记·淮阴侯列传》。

第六节　《字汇》和《正字通》的研究概况

一、《字汇》的研究概况

《字汇》在我国字书史上占据十分重要的地位，奠定了以后字典编纂的基本模式。邹酆说："其问世也可说是我国大型字典编纂正式进入成熟阶段的标

---

① 参见王海霞：《正字通研究》，内蒙古师范大学硕士学位论文，2005 年。

志。"① 但是学界对其研究十分匮乏，专著几乎没有，只是一些字典、词典和文字学史论著简要涉及，论文也仅有十多篇。这些论著主要进行了以下几个方面研究：

一是全面研究《字汇》的，主要是内蒙古师范大学哈达的硕士论文《〈字汇〉研究》（2004 年）一文。全文共分五个部分，分别对《字汇》的作者及成书、体例及释文、术语系统、部首的改革及其取得的成就和不足作了详细的研究。

二是对《字汇》进行一般评介的，钱剑夫《中国古代字典辞典概论》，曹先擢、杨润陆《古代辞书讲话》，刘叶秋《中国字典史略》等都辟专节对其进行评述。

三是对《字汇》进行专题性研究的，较早的有王健奄《梅膺祚和他的〈字汇〉》、邹酆《〈字汇〉在字典编纂法上的创新》、张涌泉《论梅膺祚的〈字汇〉》。以上诸文在《字汇》的编纂体例上着墨较多。此外，河北大学陈英杰的硕士论文《〈字汇〉字形整理之研究》一文，共分四章，主要探讨梅氏的正字理论和正字实践。

总之，像《字汇》这类在中国字书编纂史上占有极重要地位的字书，就目前对其的研究现状来说，是十分薄弱的，需要更多学者对其进行更为细致深入地研究。

二、《正字通》的研究概况

学界对《正字通》的研究，大致有以下几个方面：

一是对《正字通》作者的考辨。关于《正字通》的作者，学界一直存在两种观点：以丁峰《〈正字通〉著者是廖文英》和胡迎建《〈正字通〉著作者应为廖文英》为代表的论文，据《芑山文集·赠廖季子序》认为其作者当是廖文英；而以喻剑庚《张自烈和〈正字通〉》、日本学者古屋昭弘《〈正字通〉版本及作者考》、董琨《〈正字通〉一书及其作者》为代表的论文，通过详细的考证论述，认为其作者应是张自烈。

二是对《正字通》版本的考证。《正字通》出现了不少版本，学界有不少学者撰文对此进行论述，较具代表性的有古屋昭弘在《〈正字通〉版本及作者考》中提出了白鹿书院本。喻庚剑在《张自烈和〈正字通〉》一文中指出，南昌大学图书馆所藏弘文书院刊本是康熙初年刊刻的。董琨在《〈正字通〉一书

---

① 邹酆：《字汇在字典编纂法上的创新》，《辞书研究》，1983 年第 5 期。

及其作者》一文中指出，三畏堂重梓本和芥子园重镌本都是康熙十年（1671）左右出现的版本。萧惠兰在《张自烈著〈正字通〉新证》一文中提出了带巴楼本。详见上文第二节。

三是对《正字通》本体的研究。内容和体例方面，早在清代就有学者对其进行研究，如清徐文靖《正字通略记》（一共四卷，收录于他的《管城硕记》）对《正字通》进行补阙和正误。还有清胡宗绪《正字通芟误》一书。今人张民权在《清代前期古音学研究》一书中对《正字通》在处理古韵方面的特点进行了总结。张涌泉《〈正字通〉对〈字汇〉的匡正及存在的问题》一文，说明了《正字通》一方面纠正了《字汇》的一些谬误，另一方面也存在着误认正字、承讹袭谬、辨析欠当、正字不明等问题。内蒙古师范大学王海霞的硕士论文《〈正字通〉研究》一文，对《正字通》进行了较全面系统的研究，分别从著者、编纂目的、收字、版本、体例、释文等方面论述，并与《字汇》作比较，同时总结了《正字通》所取得的成就和存在的不足，为全面认识《正字通》提供了丰富的材料。

四是对《正字通》进行一般性介绍的。如林玉山的《中国辞书编纂史略》一书，简要提到《正字通》，主要是认为它一依《字汇》，虽对《字汇》有一定程度的改进，但自身又存在诸多不足；最后肯定了它对《康熙字典》的贡献。刘叶秋的《中国字典史略》一书，先提到著者，刘氏认同张自烈的观点；接着谈到《正字通》对《字汇》改进的六个方面，并举例论证；同时也提到《正字通》存在的不足和产生的影响等。此外，还有曹先擢、杨润陆合著的《古代词书讲话》等。

总之，《正字通》一书保存了丰富的材料，但是《康熙字典》的出现，使其黯然失色，现在多数人已不知此书，所以对其研究还不够深入，需要学界给予更多的关注。

思考与练习

1. 《字汇》在说解体例上比较完备，请结合具体实例，试论它在注音、释义和释形方面的特点。

2. 《字汇》在我国字书编纂史上占有重要地位，试结合以往字书，讨论它作出的独特贡献。

3. 关于《正字通》的作者历来有争论，请搜集相关资料，谈谈你的看法。

4. 《正字通》上承《字汇》下启《康熙字典》，试讨论它上承下启的具体体现是什么？

第六章

《康熙字典》

第一节 《康熙字典》作者及版本

一、《康熙字典》的作者

《康熙字典》是张玉书、陈廷敬等三十人，于康熙四十九年（公元1710年）奉清圣祖（玄烨）之诏开始编撰的，前后经过六年，至康熙五十五年（公元1716年）成书。这是中国现存的第一部官修的字典。

关于《康熙字典》的作者，有总阅官2人：张玉书、陈廷敬；纂修官共27人：凌绍雯、史夔、周起渭、王景曾、梅之珩、蒋廷锡、陈璋、汪灝、励廷仪、陈邦彦、张逸少、潘从律、朱启昆、赵熊诏、薄有德、吴世泰、陈壮履、列师恕、万经、涂天相、俞梅、刘巗、王云锦、贾国维、缪沅、蒋涟、刘灏；纂修兼校刊官1人：陈世倌。

这部皇皇巨著，收字达47000多字，是当时收字最多的字典。引证古书，内容丰富，体例详备，是我国字书编纂史上又一里程碑。

二、《康熙字典》的版本

《康熙字典》的祖本为殿刻铜版桃花纸精印本，传世不多，为粹芬楼所藏，共48大本，计4000册。除清刻本外，还有上海鸿宝斋的石印本，其书眉上有篆体字；上海世界书局曾对原刻本整理，新增检字索引、篆字谱、字典考证、中外形势全图，1936年缩片影印，装成一大册出版；商务印书馆铜版印本，书后附有王引之的《康熙字典考证》；上海同文书局有影印本，后中华书局据以制成锌版印刷出版，兼有篆文和《康熙字典考证》，1958年利用存版复印，1982年重印，是现在最通行、使用最方便的版本。

第二节 《康熙字典》体例

一、部首的体例

《康熙字典》凡例中说："《说文》《玉篇》分部最为精密,《字汇》《正字通》悉从今体,改并成书,总在便于检阅。今仍依《正字通》次第分部,间有偏旁虽似而指事各殊者,如'罴'字向收日部,今载火部;'霴'字向收隶部,今载雨部;'颍、颖、颕、颖'四字向收页部,今分载火、水、禾、木四部。庶检阅既便,而义有指归,不失古人制字之意。"这段话有三层意思:其一,称赞《说文》《玉篇》的分部细致精密,而《字汇》《正字通》是从楷书字体入手去归并分部,方便查检,所以部首从后者。其二,虽然总体上依据《正字通》,但是又对其作部分调整,并举例证之。其三,指出归并部首的原则:据义归部。

依据《字汇》和《正字通》,《康熙字典》也是214部,按笔画多少为顺序,分别编入子、丑、寅、卯等十二集,共分36卷,统摄全书47000多字。在正文总目中,把一些部首变体并列为一部,以减省部首,便于查阅,如"扌"和"手"同部;"犭"和"犬"同部;"亻"和"人"同部等。

二、说解的体例

本书总体例大致是:正字——古文——注音——释义——释形,"按语"和"注"穿插其中。下面具体说明:

（一）注音体例

注音是反切和直音并用,偶尔也用叶音。《康熙字典》的典型特点是"切音释义",即每注一音,接着释义;再注一音,再释义……。这种体例彻底改进了《玉篇》和《龙龛手鉴》的某某、某某二切,某某、某某、某某三切的注音模式,使音义不再混淆,某义跟某音一目了然。《康熙字典》采用的反切也与以往字书不同,它为了纠正"音韵诸书俱用翻切,人各异见,不可强同"的弊病,采用了比较符合古汉语音韵实际的编纂原则:"今一依《唐韵》、《广韵》、《集韵》、《韵会》、《正韵》为主,同则合见,异则分载;此数书中所无,则参以《玉篇》、《类篇》、《五音集韵》等书;又或韵书所无,而经汉老庄诸书音释所有者,犹为近古,悉行采入……"这种采用韵书或其他字书的反切给字注音的方式是《康熙字典》的首创,也较科学。

1. 单音字

这类字的注音较简单，通常是反切注音，如：

宀，《广韵》武延切；《集韵》弥延切，并音绵。……

宕，《广韵》徒浪切；《集韵》《韵会》大浪切，并音盪。……

偶尔也有用直音注释的，如：

弲，《海篇》音局，勇貌。

2. 多音字

诸音的排列顺序在《凡例》中也明确指出："字兼数音，先详考《唐韵》《广韵》《集韵》《韵会》《正韵》之正音，作某某读。次列转音，如正音是平声则上去入依次挨列；正音是上声，则平去入依次挨列。再次列以叶音，则一字数音，庶无挂漏。"如：

宛，《唐韵》《正韵》於阮切；《韵会》委远切，并音琬。……又平声，《玉篇》《集韵》《类篇》并於袁切，音鸳。……又去声，於愿切，音苑。……又入声，纡勿切，音鬱。

（二）释形的体例

在释形上有两大部分组成：一是古文，通常在正字下面，做出标示；二是异体字、重文、俗体、通假字、篆文、籀文和对讹误的纠正，这部分有的穿插在注释中，有的附于注末。

1. 古文

《凡例》中提到了对古文的一些处理原则："集内所载古文，除《说文》、《玉篇》、《广韵》、《集韵》、《韵会》诸书外，兼采经史音释及凡子集字书。于本字下复照古文之偏旁、笔画，分载各部各画，详注所出何书，便于考证。"说明了古文的出处和对古文的编排，其实《康熙字典》古文的编排大致有三种形式：

（1）"本字——古文——罗列古文诸字"如：

定，古文，㝎……

守，古文，㝯、㝱……

（2）"本字，《某书》古文某字"如：

宨，《玉篇》古文罔字，注见网部三画。

形，《说文》古文丹字，注详丿部三画；《字汇》讹作形，非，今改正。

（3）"本字，《某书》某古作'本字'"如：

浦，《集韵》補古作浦，注详衣部七画。
穷，《集韵》贫古作穷，注详贝部四画。

2. 其他诸体

《凡例》第八条对此也有说明："……字或通用，则云又某韵书与某字通，再引书传一条，以为证据；字或相同，则云又某韵书与某字同，亦引一条书传以实之；其他如或作某书作某，俱以此例；至有两字通用，则首一条云与某通，次一条加一'又'字于上；或有通至数字者并以此例。"可以看出该类通假字和异体字的体例：先说与某同或通，再引书传来证明，若不止一个通假字或异体字，就分次第罗列。

《凡例》第九条又云："集内有'或作某书作某者'，有'与某字通'、'与某字同'者，'或通'、'或同'各有分辨，'或作者'显属二字，偶尔假借也，如《礼·祭法》：'厉山氏之有天下也'，则烈或作厉；《左传》：'晋侯见钟仪问其族曰泠人也'，则伶或作泠。书作者，形体虽异，本属一字也，如花作華，馗作逵等类，条分缕析，各引经史音释为证。"这一条是对术语的解释。下面分类解释：

（1）异体字，采用的术语一般是"与某同""同某"或"某某同"。如：

墫，《正字通》与樽同。
墩，与境同。《淮南子·地形训》：察水陆肥墩高下之宜。
墧，同墙。
壇，同疆。《史记·晋世家》：出壇乃免。
宣，……瑄宣同。

（2）通假字，一般用"与某通"或"通作某"表示。如：

增，……又与層通……又与曾通。
橙，……橙与橙通。
宇，……通作宇。

（3）在《凡例》最后一条中提到了对篆籀文的处理：为了不混淆视听，只收录那些"精确者"，不能确定者一并删除；凡收录该类字的，一般用"籀文作某"、"籀文某字"、"篆作某"、"隶作某"等。如：

宇，……又籀文作寓。

宋，篆作审。

宜，宜隶作宜。

普，《说文》作晋，日无色也，……今隶作普。

（三）释义的体例

关于释义的体例，《凡例》第七条提到："字有正音，先载正义，再于一音之下，详引经史数条，以为证据，其或音同义异，则于每音之下，分列训义；其或音异义同，则于训义之后，又云某韵书作某切义同。庶几引据确切，展卷了然。"这是总的体例，并不详尽，下面根据具体例子详细说明。如：

根，《唐韵》《集韵》《韵会》《正韵》并古痕切，音跟，a《说文》：木株也。《左传隐六年》：农夫之去草绝其本根勿使能植。b［空格］又《广韵》：根柢也。老子《道德经》：重为轻根。《管子·地行篇》：地者，万物之本原，诸生之根菀。c［空格］又《博雅》：始也。d［空格］又天根，氐星也。《左传桓十四年》：天根见而水涸。e［空格］又金根，车名。《后汉·舆服志》：天子车金根。f［空格］又门之铺首铜镮曰仓琅根。《前汉·五行志》：木名仓琅根。g［空格］又竹根，杯名。晋·庾信《报惠酒诗》：山杯捧竹根。h［空格］又云根，山名。宋孝武《登作乐山诗》：积水溺云根。i［空格］又姓。《姓苑》：周人根牟子善著书。j［空格］又叶经天切，音坚。《三略军谶》：侵入下民，国内讙喧，臣蔽不言，是谓乱根。

偄，《玉篇》《篇海》并则前切，音煎。偄，进也。［空格］又《篇海》《类篇》子浅切，音翦，义同。

从上两例可以看出，基本上是音义并行，书证紧随其后的。若音同义异，就在一音之下，罗列义项，如"根"例第一个音下罗列了9个义项，而除第三个义项外，每个义项下都有书证。若音异义同，就会在释义之后，又用"某韵书作某切义同"，如"偄"例。且义项之间和注音之间均有空格隔开。字义多引用古籍中的用例和古人对字义的注释来训释，字义的排列顺序大致是先本义，后列其他义项，如上例先引用《说文》的注释来作为第一个义项，后排其他的注释。此外，《康熙字典》不仅是字典，同时还具有词典的性质。如上例，不只注释字的意义，还解释词的意义，"天根"、"金根"、"仓琅根"、"云根"、"竹根"。关于书证的排列顺序，《凡例》中有说明，大致次序是经、史、子、杂书，在经史之中仍依年代先后为序。所引书籍除引工具书之外，还引用了经传诗词文赋等，从秦汉古籍，直到唐宋元明诸家著作无所不引。所引书证均载"某书某篇"，补充了《正字通》的不足。

第三节　《康熙字典》的内容

全书内容可分为两部分：各种附录和正文。正文前的附录有：《康熙字典》部首索引、康熙帝作的序、上谕、凡例、编纂组成员名单、等韵、总目、检字、辨似；正文后的附录有：补遗、备考和王引之的《康熙字典考证》。

第一部分：各种附录。"部首检索"是按照部首笔画多少为顺序，一到十七画，分别列入十二地支，共十二集，各集又分为上中下三卷，每卷又分别标有页码，每卷均从第一页标起，如子集子上卷页码为：第一页到第十六页；子集子中卷页码为：第一页到第三十二页；子集子下卷页码为：第一页到第四十五页。这样查检起来十分方便，比如要查"力"部，可以直接定位到子集子下卷二十四页。

御制《康熙字典·序》是康熙皇帝亲自为该书作的序，从语言学史的角度阐明了编写这部字典的必要性和编纂的基本原则。上谕，命令陈廷敬等编写字典，并指出本朝曾编订一部分书籍，唯少字书，又指出"《字汇》失之简略，《正字通》涉于泛滥，兼之各方风土不同，南北音声各异"，提出编写目标是"今欲详略得中，归于至当，增《字汇》之阙遗，删《正字通》之繁冗，勒为成书，垂示永久……"。

"凡例"共18条，主要说明处理字音、字形、字义的原则，指出《字汇》和《正字通》等的不足，加以修正和改进，还涉及到书中用到的术语、古文、书证的排列、增字、辨伪等问题，十分详细。读懂凡例，就能很轻松地使用这部字典。"编纂组成员名单"，详细列出各成员的姓名、官职和在此次编写活动中的任务（有总阅官、纂修官、纂修兼校刊官等）。"等韵"是介绍有关音韵知识的，有"字母切韵要法"、"四声等韵图"、"切字样法"、"检篇海部首捷法"、"检篇卷数法"、"等韵切音指南"等。"总目"是字典正文的总目录，字典将214个部首按照笔画多少为序，共十七画，分列入子丑寅卯辰巳午未申酉戌亥十二集中，每集再分上中下三卷，各部首按笔画依次归在某集之中。"检字"首先对一些部首变体进行说明，如"凡从亻者属人部"，"凡从牜者属牛部"；然后按笔画顺序，排列那些不易辨认的字（相当于现在字典的难检字），且每字之下注明其所在部首，如"瓦"在五画，下注部首；"夙"在六画，下注夕部。"辨似"是收录那些形体笔画相似而音义明显不同的字，以区别之，有"二字相似"、"三字相似"、"四字相似"、"五字相似"的字。如"刃"和"刅"二字，"刃"下注"忍，去声，锋刃"，"刅"下注"与创同，伤也"。这样两者虽然形体相似，但是音义各不相同，不同之处一目了然。

"补遗"的收字标准是"凡有音义，可入正集，而未经增入者"。包括"补遗总目"和"补遗正文"两部分。"补遗总目"是"补遗"的总目录，基本和正文前面的"总目"相近，也分十二集，只是不再细分为上中下三卷。"补遗正文"，是具体补入的字。"备考"的收字标准是"凡无可考据，有音无义，或音义全无者"，即生僻字。包括"备考总目"和"备考正文"两部分。"备考总目"同"补遗总目"，"备考正文"是按笔画收入的备考之字。

另外，中华书局版《康熙字典》还附有清人王引之的《康熙字典考证》。该部分由"考证目录"和"考证正文"组成。"考证目录"按正文顺序分为三十六卷，每卷下注明页码，然后罗列该卷中的部首，如子集上卷下注第一页，后列出"一部"、"丨部"、"丶部"、"丿部"、"乙部"、"亅部"、"二部"、"亠部"。"考证正文"，每卷前面有"字典子集上考证"字样，以统领该卷中各部首及诸字，同时每部又注明笔画数目，如"亠部"：" [四画]，交，扬子《方言》袊之谓交，谨照原文改衿谓之交。"

第二部分：正文。这是字典的主体部分，该部分放在体例部分一并说明，详见上文。

第四节　《康熙字典》的成就与不足①

一、《康熙字典》的成就

《康熙字典》成书于公元 1716 年，与我国第一部字书《说文解字》已相距 1600 余年。此时的编纂者拥有得天独厚的条件，有大量的书籍可供参阅，仅康熙帝作的序中提到的经典的书籍就有多种，如《说文》、《玉篇》、《广韵》、《集韵》、《洪武正韵》、《韵会》等，不仅如此，还援引经史百子以及汉晋唐宋元明以来诗人文士所述，而且还可以借鉴历代字书的编纂经验，再加上当时文人学士的集体智慧，所以《康熙字典》成为我国古代字书的集大成之

---

① 参见李东宾：《康熙字典研究》，内蒙古师范大学硕士学位论文，2006 年。

作。它成书后流传甚广，取代了《字汇》和《正字通》，是我国古代辞书编纂史上的一座高峰。

第一，首次明确提出"字典"的概念，并简明阐述其功能。虽然我国字书编纂已有一千多年的历史，但一直没有提到"字典"这个概念，大多以字书称之。"字典"的概念萌芽于《字汇》，它认为"字典"当是"字学的准的"。而正式提出用"字典"来命名字书的当是《康熙字典》，它认为字典记录语言应"善兼美具"，要合乎"典常而不易"要求，要具有语言示范性；其功能是"昭同文之治，俾承学稽古者，得以备知文字之源流，而官府吏民亦有所遵守焉"，也就是既要成为传承文明的载体，又要成为官府吏民和后学遵守的典范。

第二，内容丰富，体例完备。首先，内容上，正文前后均有附录，如凡例、等韵、总目、检字、辨似、补遗、备考等，分工明确，安排细致，创例审慎。而且《康熙字典》收字多达47000多字，是《说文》的五倍多，《玉篇》的两倍多，《类篇》的一倍多，是我国古代收字最多的字书。对流行的异体字并行收入，注重正体，略编异体，详略得当，取舍得体。归部上基本沿用《字汇》和《正字通》，亦分214部，并对其不当者进行改进。正文前面有总目一卷，按笔画多少分列于十二集、三十六卷中。要查阅某字，可先定部首在某集某卷中，找到该部后，可按该字除部首之外的笔画数来查找，十分便捷。如，要查"家"字，先定部首"宀"为三画，在总目中可定位在寅集上卷"宀"部，然后在正文找到寅集上卷"宀"部，再在"宀"部七画中查找，很快便可查到。同时《康熙字典》还考虑到那些不易确定部首之字，均编入"检字"一卷，便于查找，考虑十分周到。

其次，体例上，在正文前面设有《凡例》一卷，详举该书的体例，这是《康熙字典》的一大创举，为后世字书所承继。《康熙字典》较重视注音，在正文前面附有"等韵"一卷，详细地介绍了音韵方面的知识。正文注音采用反切和直音相结合的方法，首创罗列各经典韵书的切音为一字注音的体例，并按时代先后排列，不仅使各种韵书得以整理，而且描述了语音随时代变迁的发展脉络，为后人研究语音提供了丰富的语音材料。

在释义上，继承了《玉篇》以后字书随音释义的传统，上文已提到。《康熙字典》较重视寻求本义与引申义之间的关系，其顺序是先本义后引申义，作者注重《说文》。它不仅解释字义，有时还解释词义，按照字、词义的时代发展顺序来罗列义项，注意梳理词义的发展脉络。更重要的是几乎每一个义项后面都有书证或例证，尽量做到"言而有征"。这些书证十分丰富，且有严格的编排顺序：先经，次史，次子，次杂书，而经史中又以年代顺序排列。多而不乱，繁而不冗。《康熙字典》还对那些音义相同的字进行了特殊的处理，为了避免再出现《正字通》的繁冗、重复，它"于音义相同之字，止云注见某字，不载音义，庶几详略得宜，不眩心目"。这样处理既可以避免重复累赘，又可以节省编排功夫和节约纸张。这一编纂体例为后世字典所继承。

在析形上，首先依据《说文》，同时对《说文》的错误之处也作出纠正，如对"甲"字等十大天干的说解上。其次重视对形近字的辨析，不仅在正文前面列有"辨似"一卷，列举大量形近字，专一辨析字形，而且正文部分又有严格的体例来广收各种字体，通常是字头之下，罗列该字古文形体，然后在释义过程中广收籀文、篆文、异体、俗体、古今字、通假字等，运用大量的术语来进行字体分类，如"籀作"、"篆作"、"同"、"通"、"或作"、"又作"、"俗作"、"今作"、"亦作"、"一作"等。通过对诸体的收列，既给我们勾勒了字形的演变过程，又收入了大量当下流行的俗体以致讹体，展示了字形的全貌。

第三，辨讹釐正。汉字发展到清朝，经历了甲骨文、金文、籀文、小篆、隶书、楷书等形体变化，再加上唐五代至宋，俗体、异体盛行，还有汉字本身的特点，点画之间，相距甚远，如"广"与"厂"，"甲"与"申"等等；所以在流传的过程中很容易出现错误，若不更正，以讹传讹，徒淆心目。《康熙字典》在这方面作了大量考证辨伪的工作，编纂者在这方面态度较为审慎，对于那些"凡无可考据，有音无义或音义全无者，为作备考一卷"；对考据典确者，则于正文中作出说明，或是直接指出，如"欐，《正字通》欐伪字"，或是用按语标出，如"烙，……按《字汇》《正字通》俱云又音格，当因阁有格音而误也，无意义，伪文不必从"。《康熙字典》将这些也列入正文，成为正文的有机组成部分。

二、《康熙字典》的不足

尽管《康熙字典》取得不小成就，但是由于编纂时间仓促，需要整理的材料繁多，历时跨度大等原因，难免会出现不足和错误之处。主要表现在以下几个方面：

第一，自乱其例。《凡例》第九条指出："集内有或作某书作某者，有与某字通、与某字同者，或通或同，各有分辨，……书作某者，形体虽异，本属一字也，如花作华，馗作逵等类，条分缕析，各引经史音释为证。"正文中处理方法与凡例并不一致。如"花，……花字与华并用""馗……与逵同""逵……《说文》本作馗"，可见《康熙字典》亦有其自相矛盾的地方。

第二，引书、注音等错误较多。清人王引之奉旨校订《康熙字典》，作《〈康熙字典〉考证》指出其引证错误之处多达 2588 条；日本人渡部温著有《〈康熙字典〉考异正误》，查出错误 4700 多个；今人王力著有《〈康熙字典〉音读订误》，指出《康熙字典》在音读上存在着八种错误，达 5900 多条。

第三，由于时代局限，认识不足，大量运用叶音注音。叶音指为了押韵可以临时改变读音的一种注音方法，是不科学的，应当予以否定。早在明代陈第就曾批判过叶音法。

第五节　《康熙字典》的研究概况

《康熙字典》作为我国古代字书的集大成之作，又是官修字书，成书后很快取代了《字汇》和《正字通》，影响也更为深远，但学界对其研究仍显薄弱，专著几乎没有，论文也仅有数十篇，大致有以下几个方面的研究：

一是对《康熙字典》进行全面研究的，有内蒙古师范大学李东宾的硕士论文《〈康熙字典〉研究》。该文先对其进行简要介绍，然后详细地研究其体例和释文及术语，又对其收字、排检系统和说解系统进行论述，最后评价其成就和存在的不足。

二是对《康熙字典》进行一般性介绍的，如曹先擢、杨润陆合著的《古代词书讲话》、林玉山的《中国辞书编纂史略》、刘叶秋的《中国字典史略》、周大璞的《训诂学初稿》以及罗先安的《〈康熙字典〉简述》。

三是对《康熙字典》进行专题性研究的，刘鹤云的《论〈康熙字典〉的历史贡献》、丰逢奉的《〈康熙字典〉编纂理论初探》、黄孝德的《从〈康熙字典〉到〈汉语大字典〉》、韩林华的《〈康熙字典〉的编辑成就》等文章多是论述《康熙字典》的编纂理论和编纂成就及其贡献的。陈宜民的《〈康熙字典〉的异体字及其整理》、胡金贤的《〈康熙字典〉关于处理异体、通假字术语的运用》主要就《康熙字典》的异体字等方面的问题进行论述。其他的论文还有李新魁的《〈康熙字典〉的两种韵图》、李青梅的《从〈康熙字典〉字的归部看汉字的归部原则》。

四是对《康熙字典》进行刊误性质的研究，除上文王引之、渡部温、王力的著述外，还有戴超的《〈康熙字典〉和〈中华大字典〉在释义和书证方面存在的问题》、罗伟国的《商务版〈康熙字典〉四角号码索引有误》、李知文的《〈康熙字典〉疏误补正辑要》等。

思考与练习

1.《康熙字典》是依《字汇》和《正字通》为蓝本编纂而成的，尽管如此，《康熙字典》问世后，就取代了后两者，请分析其中的原因。

2.《康熙字典》是我国古代官修字书的集大成之作，体制完备，是否达到了"体制醇确"的目的，请结合实例试论述之。

3.《康熙字典》这样的宝库，我们应该如何辨证地认识它？

主要参考文献：

[1]【清】张玉书. 康熙字典 [M]. 北京：中华书局，1958.

[2] 周祖谟. 问学集 [M]. 北京：中华书局，1966.

[3] 王力. 汉语史稿 [M]. 北京：中华书局，1980.

[4]【梁】顾野王. 宋本《玉篇》[M]. 北京：中国书店，1983.

[5] 刘叶秋. 中国字典史略 [M]. 北京：中华书局，1983.

[6] 胡朴安. 中国文字学史 [M]. 北京：中国书店，1983.

[7]【宋】司马光等. 类篇 [M]. 北京：中华书局，1984.

[8]【梁】顾野王. 原本玉篇残卷 [M]. 北京：中华书局，1985.

[9] 周大璞. 训诂学初稿 [M]. 武汉：武汉大学出版社，1987.

[10] 孔仲温.《类篇》研究 [M]. 台湾：台湾学生书局，1987.

[11] 蒋善国. 说文解字讲稿 [M]. 北京：语文出版社，1988.

[12] 曹先擢、杨润陆. 古代词书讲话 [M]. 上海：上海教育出版社，1990.

[13] 孙钧锡. 中国汉字学史 [M]. 北京：学苑出版社，1991.

[14] 林玉山. 中国辞书编纂史略 [M]. 郑州：中州古籍出版社，1992.

[15] 蒋礼鸿. 类篇考索 [M]. 济南：山东教育出版社，1996.

[16]【明】张自烈. 正字通 [M]. 北京：中国工人出版社，1996.

[17] 古屋昭弘.《字汇》与明代吴方音 [M]. 北京：商务印书馆，1998.

[18]【辽】释行均. 龙龛手鉴 [M]. 北京：北京图书馆出版社，2003.

[19]【汉】许慎. 说文解字 [M]. 北京：中华书局，2008.

[20] 李慧贤.《玉篇》研究 [D]. 内蒙古师范大学硕士学位论文，2003.

[21] 甄燕.《类篇》研究 [D]. 内蒙古师范大学硕士学位论文，2004.

[22] 哈达.《字汇》研究 [D]. 内蒙古师范大学硕士学位论文，2004.

[23] 纪海燕.《玉篇》研究 [D]. 山东师范大学硕士学位论文，2005.

[24] 王海霞.《正字通》研究 [D]. 内蒙古师范大学硕士学位论文, 2005.

[25] 周若虹. 原本《玉篇》残卷野王案语研究 [D]. 暨南大学硕士学位论文, 2006.

[26] 赵青. 原本《玉篇》与宋本《玉篇》释义比较研究 [D]. 南京师范大学硕士学位论文, 2006.

[27] 李东宾.《康熙字典》研究 [D]. 内蒙古师范大学硕士学位论文, 2006.

[28] 张煦. 玉篇原帙卷数部第叙说 [J]. 山东大学文史丛刊, 1934, (1).

[29] 郑师许.《玉篇》研究, [J]. 学术世界, 1935, 第1卷44期.

[30] 郭在贻.《说文段注与汉语词汇研究》[J]. 社会科学战线, 1978, (3).

[31] 王健庵. 梅膺祚和他的《字汇》[J]. 江淮论坛, 1980, (1).

[32] 李新魁.《康熙字典》的两种韵图 [J]. 辞书研究, 1980, (1).

[33] 赵诚.《说文解字》的形和义》[J]. 语言研究, 1981, (1).

[34] 黄孝德.《玉篇》的成就及其版本系统 [J]. 辞书研究, 1983, (2).

[35] 邹酆.《字汇》在字典编纂法上的创新 [J]. 辞书研究, 1983, (5).

[36] 潘重规.《龙龛手鉴》其引用古文之研究 [J]. 敦煌学 (第17辑), 1984, (1).

[37] 周国光. 略谈《龙龛手鉴》[J]. 辞书研究, 1984, (5).

[38] 胡旭民、李伟国. 原本《玉篇》的发现和传抄的时代 [J]. 辞书研究, 1984, (6).

[39] 刍邑. 原本《玉篇》的编纂成就与《宋本》的比较研究 [J]. 辞书研究, 1988, (6).

[40] 钱剑夫.《试论《说文解字》和纬书的关系》[J]. 古汉语研究, 1989, (2).

[41 李先华. 清代以前《说文解字》流传与研究述略 [J]. 安徽师大学报, 1989, (2).

[42] 路广正. 顾野王《玉篇》对许慎《说文解字》的继承与发展 [J]. 文史哲, 1990, (4).

[43] 陈宜民.《康熙字典》的异体字及其整理 [J]. 四川师范学院学报, 1991, (1).

[44] 王箕裘.《类篇》在中国辞书史上的地位 [J]. 辞书研究, 1991, (2).

[45] 马重奇.《类篇》方言考——兼评张慎仪《方言别录》所辑唐宋方言 [J]. 语言研究, 1993, (1).

[46] 常耀华.《玉篇》版本源流考述 [J]. 平顶山师专学报 (社会科学), 1994, (1)

[47] 古屋昭弘.《正字通》版本及作者考 [J]. 中国语文, 1995, (4).

[58] 李国英.《说文解字》研究的现代意义 [J]. 古汉语研究, 1995, (4).

[49] 罗会同.《说文解字》的流传和校订 [J].宝鸡文理学院学报,1997,(1).

[50] 李青梅.从《康熙字典》字的归部看汉字的归部原则 [J].语文建设,1997,(2).

[51] 苏铁戈.《说文解字》的版本与注本 [J].古籍整理研究学刊,1997,(4).

[52] 余炳毛.试论原本《玉篇》的构成 [J].陕西师范大学学报（哲学社会科学版）,1998,(3).

[53] 陈建裕.《玉篇》部首说略 [J].阴山学刊,1999,(1)

[54] 张涌泉.论梅膺祚的《字汇》[J].中国语文,1999,(6).

[55] 龙国富.第一部音序检字法字书——论《龙龛手镜》的编排体例 [J].湘潭师范学院学报,1999,(5).

[56] 王贵元.《说文解字》版本考述 [J].古籍整理研究学刊,1999,(6).

[57] 班吉庆.建国50年来的《说文解字》研究 [J].扬州大学学报,2000,(5).

[58] 曾昭聪.原本《玉篇》中的语源研究 [J].黔南民族师范学院学报,2001,(1).

[59] 张卫东.论《龙龛手镜》音系及其性质 [J].语言学论丛,2001,(3).

[60] 郑贤章.《龙龛手镜》阙失论 [J].古汉语研究,2001,(4).

[61] 王平.《说文解字》中的宇宙天文思想 [J].北方论丛,2002,(2).

[62] 张民权.张自烈《正字通》原本考正及其古音注释研究 [J].古籍整理研究学刊,2002,(5).

[63] 高永安.《字汇》音切的来源 [J].南阳师范学院学报,2003,(1).

[64] 朱葆华.《玉篇》写作及成书年代考 [J].中国海洋大学学报（社会科学版）,2003,(4).

[65] 冯玉涛.《说文解字》的流传与版本 [J].图书馆理论与实践,2004,(4).

[66] 张涌泉.《正字通》对《字汇》的匡正及存在的问题 [J].中国语文,2005,(4).

[67] 吕文科.《玉篇》版本源流及释义略说 [J].甘肃广播电视大学学报,2006,(1).

[68] 瞿继勇.《康熙字典》与《说文解字》部首归并的对比分析 [J].内江师范学院学报,2006,(3).

[69] 蔡英杰.《说文》对天干地支的说解刍议 [J].河南科技大学学报,2007,(1).

[70] 刘彩霞.《字汇》释字体例对现代字典的影响 [J].阴山学刊,2007,(4).

[71] 赵春兰、张浴秋.《应县木塔辽代秘藏》与《龙龛手镜》俗字比较研究 [J].通化师范学院学报,2007,(5).

[72] 赵永明,赵成富.《龙龛手鉴》在辞书编纂史上的贡献 [J].淮北煤炭师范学院学报（哲学社会科学版）2007,(6).

[73] 王海霞.《正字通》注音和释义研究 [J]. 内蒙古电大学刊, 2007, (8).

[74] 何茹.《玉篇》与《类篇》的比较研究 [J]. 牡丹江教育学院学报, 2008, (3).

[75] 何茹.《玉篇》与《类篇》的比较研究 [J]. 牡丹江教育学院学报, 2008, (3).

[76] 苏芃. 原本《玉篇》残卷国内影印本述评 [J]. 中国典籍与文化, 2008, (4).

[77] 韩小荆.《可洪音义》与《龙龛手镜》研究 [J]. 湖北大学学报, 2008, (5).

[78] 徐金娟. 梅膺祚的《字汇》与明代的汉字规范 [J]. 湖北广播电视大学学报, 2008, (6).

[79] 邵敏. 徐铉、徐锴整理.《说文解字》之异同 [J]. 吉林省教育学院学报, 2008, (7).

[80] 杨小卫、姜永超.《类篇》按韵编次编排特色探析 [J]. 广西社会科学, 2009, (7).

第二编

音韵学文献

引　论

一、汉语音韵学的兴起

音韵学在中国传统语言文字学中可以算得上是一支显学，特别是到了清代，著名的学者中很少有不谈音韵学的。不过真正对汉语的语音作系统的分析和研究，大概只能从南北朝算起。在这之前，只有一些零星的讨论语音的材料。人们对汉语语音的研究，可以说，最早是从对汉字的注音开始的。尽管汉字中早就出现了假借和形声这类表音的成分，不过汉字基本上还是属于表意体系的文字，字音并不能直接通过字形来显现，而且古人重文轻语，对语音的研究并不重视。随着语音的发展变化，大部分汉字的读音已不能直接从字形上看出来。因此，给汉字注音就成了汉代的经学家注经的一个重要内容。汉代的经学家常用的注音方法有"读如某""读若某"或"音某"等。

但"读若""读如"和"直音"这类注音方法都有缺陷。"读若""读如"有时并不能准确地表示读音，而且用这两个术语时常常是用来说明假借字的。汉末出现了反切注音法，开始对汉字字音有了较为准确的注音和了解。四声的发现标志着对汉字字音有了更深入的认识和分析，而韵书的产生、字母的发明和韵图的制作，则是汉语音韵学走向成熟的体现。

二、汉语音韵学的分类

传统的汉语音韵学分为今音学、古音学和等韵学三类，现代学者又分出近音学或称北音学，共为四类。音韵学上的今音学是相对于古音学来说的。古代学者称先秦两汉为"古"，隋唐为"今"，今音学的研究对象主要以《切韵》

《广韵》等韵书为主，并以当时诗文押韵材料为证，参照梵汉对音、日语汉音等中外译音来研究当时的语音。此外唐代形成的格律诗的押韵以《切韵》一系韵书为标准，这种诗体也称为"今体诗"，并与"古体诗"相对，故称隋唐时期的语音学为今音学；古音学主要以《诗经》《楚辞》等上古韵文、《说文解字》的谐声系统以及假借、异文等材料为研究对象，探讨其中所反映出来的先秦两汉的语音面貌。等韵学发端于字母的创制和等韵图的编排，等韵图以三十六字母和四等两呼相配合，将韵书反切之音分列于各图，本为分析反切和方便练音而作，后来的等韵学也包括对发音原理和等韵门法的探讨。今人又将《中原音韵》及后出之反映近代语音面貌的韵书析为近音学或北音学。近音学主要研究元代的《中原音韵》及后出之《洪武正韵》《韵略易通》《五方元音》等反映近代语音面貌的韵书，因为这些韵书反映的主要是北方话的语音系统，所以也称为北音学。

如果按汉语语音发展史来分，可以将汉语的语音分为上古音、中古音和近代音三个时期。今音学是研究隋唐时期的汉语语音，相当于语音史上的中古音。古音学研究先秦两汉时期的语音，即语音史上的上古音。北音学研究元明清时期的语音，则为语音史上的近代音。

三、汉语音韵学的文献

本编将按照今音学、等韵学、古音学和近音学四类分别介绍音韵学文献，同时另立一章介绍韵书产生之前的语音研究。学科分类只是为研究方便而设，分类并不等于分家，音韵学各分类间之密切关系是不言而喻的。如等韵学即与今音学、古音学和近音学密不可分，研究上古音和近代音亦须有中古音知识为基础。像第一章介绍的《经典释文》，虽然从产生的时代来看，出现在韵书之后，可以归之于今音学。但书中所录的很多音切是汉魏六朝的经学家的读音，反映的是从上古到中古的语音变化。另有不少借假异文的材料，则与上古音有非常紧密的关系。故《四库全书总目提要》云：

韵书为小学之一类，而一类之中又自分三类。日今韵、日古韵、日等韵也。本各自一家之学，至金而等韵合于今韵（韩道昭《五音集韵》始以等韵颠倒今韵之字纽），至南宋而古韵亦合于今韵（吴棫《韵补》始以古韵分隶今韵，又注今韵某部古通某部之类），至国朝而等韵又合于古韵（如刘凝、熊士伯诸书），三类遂相率而不能分。今但通以时代次之。

其中"至今""至南宋""至国朝"的说法并不完全对，但谓"三类遂相牵而不能分"则是有道理的。

音韵学的文献可谓汗牛充栋，李新魁、麦耘所著《韵学古籍述要》所录文献有 500 多种。作为语言学、文献学专业的学生了解其中重要的音韵学文献是有必要，本编的介绍希望能有助于对汉语音韵学文献的了解。

第一章

韵书产生以前的语音研究

第一节 汉字注音方法的演进

研究汉语传统语言学的学科过去称为小学，而小学又是附着于经学的。这是因为过去研究文字、音韵和训诂都是为读经服务的。汉代开始"罢黜百家，独尊儒术"，把《诗》、《书》、《易》、《礼》、《春秋》奉为"经"书，设立"五经博士"，于是研究经书成为风尚。汉代出了很多有名的经学家，他们在给经书作注解时，往往会对其中一些文字的形、音、义作解释。这就是传统"小学"产生的基础。给汉字注音是经学家注经的一个重要内容，常用的注音方法有读若、直音和反切。

一、读若法

较早的汉字注音方法常用"X 读若 X"来表示，"读若"也可以说成"读如"。"如"和"若"都是"像"的意思，不过这个"像"到底是读音完全相同还是只是音近，就很难说了。如：

（1）鼾：卧息也，从鼻干声。读若汗。（《说文解字·鼻部》）

（2）公如大夫入，主人降，宾、介降，众宾皆降，复初位。（《仪礼·乡饮酒礼》）郑玄注：如，读若今之若。

（3）其虚其邪？既亟只且！（《诗·北风》）郑玄注：邪读如徐。言今在位之人，其故威仪虚徐宽仁者。

（4）起居竟信其志。（《礼记·儒行》）郑玄注：信读如屈伸之伸，假借字也。

上列诸例中"读若"和"读如"前后的字，在《广韵》音系中都不同音，在东汉时大概也不会同音。从注释的目的来看，除了第（1）例外，其他几例都是为了说明假借字或解释意义的。不过这些注释毕竟含有注音的成分在里面，我们可以从中了解到当时的语音面貌。

除了"读如"和"读若"外，汉代还有用"长言"、"短言"、"急气"、"缓气"、"内言"、"外言"等来描写读音的。这些方法也称为"譬况法"。比如：

（1）《春秋》伐者为客，伐者为主。（《公羊传·庄公二十八年》）东汉·何休注：伐人者为客，读伐长言之，齐人语也；见伐者为主，读伐短言之，齐人语也。

（2）其地宜黍，多旄犀。（《淮南子·地形训》）东汉高诱注：旄读近绸缪之缪，急气言乃得之。

（3）蛟龙水居。（《淮南子·原道训》）高诱注：蛟读人情性交易之交，缓气言乃得耳。

（4）崔杼之子相与私閧。（《吕氏春秋·慎行》）高诱注：閧，斗也。閧读近鸿，缓气言之。

（5）曷为或言而，或言乃？乃难乎而也。（《公羊传·宣公八年》）东汉何休注：言乃者，内而深；言而者，外而浅。

这些术语使用得并不多，其准确含义今天我们已很难确定，作为语音研究的材料价值也不大。

二、直音法

东汉以后出现更多的注音方法是直音法，就是找一个同音字来注音，方法是"甲音乙"。比如：

（1）良尝闲从容步游下邳圯上。（《汉书·张良传》）唐·颜师古注引东汉服虔注曰：圯音颐，楚人谓桥曰圯。

（2）高祖为人，隆准而龙颜。（《汉书·高帝纪》）注引东汉·服虔：准音拙。

（3）客曰："夥，涉之为王沉沉者！"（《汉书·陈胜项籍传》）唐·颜师古注引东汉应劭曰：夥音祸。

（4）辜、辟、戾，辜也。皆刑罪。（《尔雅·释诂》）郭璞注：辜音孤。辜音罪。

直音法比起"读若法"和"譬况法"是一个进步，通过直音能知道被注字的准确读音，所以这种注音方法直到现在仍然有人使用。但这种注音法也有明显的不足：最大的问题是如果一个音节找不到同音字，直音法就没有用处。陈澧的《切韵考》卷六说："然或无同音之字，则其法穷；虽有同音之字，而隐僻难识，则其法又穷。"比如《广韵》中的"把、打、能、走"等字都没有同音字，用直音法就没法为它们注音。有时尽管有同音字，但同音字较少或多为生僻难认的字，直音法也就起不到应有的注音作用。如《广韵》平声戈韵的"於靴切"有"胆䑋"两字，都是难认的字。用这两个字来互相注音，就等于没注。又如《广韵》上声肿韵的"而陇切"有"宂宂稬㮇氄㮃輮忪骹捄輯撨"等12个字，同音字虽然很多，但除"宂"（即今之"冗"）字外，也都是难认的字，用以注音的效果就打了折扣。

第二节　反切注音法

为了补救读若、直音等注音方法的不足，东汉末年，出现了一种更为科学的注音方法——反切法。反切是用两个汉字给一个汉字注音，被注音的字叫作被切字，用来注音的第一个字叫做反切上字，第二个字叫做反切下字。反切的注音就是用反切上字表示被切字的声母，反切下字表示被切字的韵母和声调，通过反切上下字的拼合来注被切字的读音。

过去认为汉末的孙炎创制了反切。据《颜氏家训·音辞篇》说："孙叔然创《尔雅音义》，是汉末人独知反语。至于魏世，此事大行。"孙叔然即孙炎，叔然为其字，是郑玄的学生。他的《尔雅音义》已失传，唐陆德明《经典释文》引有孙炎的一些反切。如：

（1）胎，天才反；孙炎大才反。（《经典释文·尔雅音义·卷一》）

（2）圮，孙房美反。岸毁也。（《经典释文·尔雅音义·卷一》）

但章太炎和吴承仕都认为孙炎之前的服虔、应劭已开始用反切。吴承仕《经典释文序录疏证》说："寻颜师古注《汉书》，引服虔、应劭反语，不下十数事。服虔、应劭皆卒于建安中，与郑玄同时。是汉末已行反语，大体与颜氏所述相符。至谓创自叔然，殆非实情。"如：

（1）楚战士无不一当十，呼声动天地。诸侯军人人惴恐。（《汉书·陈胜项籍传》）唐·颜师古注引东汉服虔曰："惴音章瑞反。"

（2）辰曰："是我迋吾兄也。"（《汉书·五行志》）唐·颜师古注引东汉应劭曰："迁音君狂［反］。"

反切注音法避免了用生僻字注音。从理论上说，凡跟被切字的声母相同的字，都可以用做反切上字；凡跟被切字的韵母和声调相同的字，都可以用作反切下字。这样就有很多常用字可以用来给汉字注音。据统计，《广韵》中的反切上字有 476 个，反切下字有 1181 个，绝大多数都为常用字。这样也带来了另一个问题，这就是同一个声母可以用多个反切上字来表示，同一个韵母也可用多个反切下字来表示，这么多反切上字和反切下字到底代表了多少个声母和多少个韵母就很难确定。

反切不仅是注音方法的一个进步，而且在语音分析上也是个巨大的进步。反切的产生，标志着对汉语音节做进一步的分析，把一个音节分成声和韵两个部分。

当然，反切注音法也不能克服由于字音变化带来的注音不准的问题，前代的反切不一定能拼出后代的正确读音。如上引《经典释文·尔雅音义》中孙炎的"房美反"，被切字"圮"如果按照上字取声、下字取韵和调的方法，将拼出 fei 的音，而"圮"字今天普通话的读音是 pi。

反切的发明有两方面的原因。一是在汉代以前，人们已经能够不自觉地将两个字的音读成一个音了，以至于形成了"合音词"。宋代沈括的《梦溪笔谈》说："古语已有二声合为一字者，如不可为叵、何不为盍、如是为尔、而已为耳、之乎为诸之类。"二是在东汉末随着佛教的传入，佛教文献大多是用梵文等拼音文字写成的，学者们在翻译佛经的时候，有的地方需要音译，要用汉字去对译梵文字母，这就促使人们去分析汉字的音节，最终发现汉字的一个音节可以分析为两个部分，即后来称为声母的部分和韵母加声调的部分。

第三节　四声的发现

在汉语语音学的发展过程中，四声的发现也有着极其重要的意义。字音有声调的区别，是汉语的一个特点。通常把声调的发现归功于沈约。南北朝齐梁时期，沈约、周颙等一批文学家察觉到汉语有声调，并且发现声调的类别有四个，他们称之为"四声"，并分别命名为"平、上、去、入"。提倡在诗文创作中调和四声，避免八病，创"四声八病"之说，对古体诗向律诗的转变起了重要作用。《南史·陆厥传》说：

时盛为文章，吴兴沈约、陈郡谢朓、琅邪王融，以气类相推毂，汝南周颙善识声韵。约等文皆用宫商，将平上去入四声，以此制韵，有平头、上尾、蜂腰、鹤膝。五字之中，音韵悉异，两句之内，角徵不同，不可增减。世呼为"永明体"。

"永明"是齐武帝的年号（公元 483～493 年），"永明体"在文学史上的评价并不高，文学家认为永明体过于注重形式，而忽略了内容。所谓形式，就是沈约等人有意识地把声调的知识运用到他们的诗歌创作中去，让平声字和仄声（上去入）字交替出现，读起来抑扬顿挫，更好听。《南史·沈约传》说：

（约）又撰《四声谱》，以为"在昔词人累千载而不悟，而独得胸衿，穷其妙旨"。自谓"入神之作"。武帝雅不好焉，尝问周舍曰："何谓四声？"舍曰："天子圣哲是也。"然帝竟不甚遵用约也。

这段话说明，在汉语的声调刚刚被人们认识的时候，只有少数人掌握了它的知识并能加以运用。

上古汉语是否有四声的差别及上古汉语声调的性质如何，现在还有争论。但有一点是可以确定的，就是《诗经》中的押韵基本上是四声分开押的，因此不同调类的字的读音差别，早在《诗经》时代已经存在。那么，何以要等到沈约的时代四声才被发现？将汉语的音节分为声、韵、调三个部分，必须将调从声、韵母中抽象出来，使声调独立成为一个调位。但在实际发音中，声调是不能脱离声、韵母特别是韵母而单独存在的。《切韵》时期人们主要用反切来分析语音，一个字通常只能分析为声母和韵母两部分。而声调是附着在韵母上的，在反切中无法独立表现出来，只能跟韵母放在一起来分析。因此，当时大多数人所了解的四声之差别，与其说是调类有异，毋宁说是韵部有别。《切韵》将入声与平上去三声相配，然入声与其他三声的韵尾并不相同，说明当时人们还没有意识到调类与韵类的性质有什么本质上的区别。可见对于四声之间的内在联系，当时人们的认识并不都是很清楚的。《南史·沈约传》上记载的武帝即梁武帝，史书上说他长于文学和乐律，尚且对四声不甚了了，一般人的情况也就可想而知了。

由此看来，当时沈约发现了四声的存在，并且以平上去入来命名，确实具有重大意义。因为四声的发现，意味着对汉语音节的分析已经由反切的声、韵两分法发展到析为声、韵、调三部分的三分法。而以平上去入为四声命名，表明沈约等人对声调主要是由音高变化而构成这一性质已有一定的认识。有学者认为从音节中离析出声调作为一个独立的语音要素和功能单位，是今天所谓非线性音系学的滥觞。

四声的发现标志着对汉语音节的分析由声、韵两分到声、韵、调三分的发展，说明当时人们对汉语音节的认识有了新的发展。也为后来韵书的产生奠定了基础。

第四节　沈重及其"协韵说"

由于语音的变化，先秦诗歌的押韵字到了南北朝时期有一些读起来已经不和谐了。当时的学者没有认识到语音是会发展变化的，他们对此感到困惑。南朝的学者沈重用"协句"来解释这种现象，后来也称为"叶韵说"。所谓"协韵说"，就是认为先秦诗人押韵时，可以临时改变一个字的读音来求得押韵的和谐。如：

（1）燕燕于飞，差池其羽。之子于归，远送于野。瞻望弗及，泣涕如雨。（《诗经·邶风·燕燕》）隋·陆德明《经典释文·毛诗音义》引梁沈重注："沈云：'协句，宜时预反。'"

（2）燕燕于飞，上下其音。之子于归，远送于南。瞻望弗及，实劳我心。（《诗经·邶风·燕燕》）隋·陆德明《经典释文·毛诗音义》引梁沈重注："沈云：'协句，宜音乃林反。'"

例（1）《诗经·邶风·燕燕》的第一章，押韵字分别是"羽""野""雨"，今天"羽"和"雨"的韵母是 ü，仍然押韵，但"野"的韵母是 ie，与另两字不押韵了。在南北朝时，"野"就和"羽""雨"的韵腹就已不一样，念起来不和谐了。于是沈重就给"野"字注音，认为该读"时预反"，这样韵母也是 ẓ，就跟"羽""雨"押韵了。其实在先秦，"野"字和"羽"、"雨"的韵母本来相同，押韵是很和谐的。例（2）是此诗的第三章，押韵字是"音""南""心"，今天"音"和"心"的韵母是 in，但"南"的韵母是 an，也不押韵了。早在南北朝，"南"就和"音""心"的韵腹不一样了，沈重同样注音为"乃林反"，折合成今天音就是 nin，这样一来"南"和"音""心"也押韵了。其实在先秦，"南"字和"音""心"的韵腹韵尾都相同的，互相押韵也没有问题。"叶韵说"一度很盛行，直到今天仍有人用"叶韵"来解释《诗经》中今天念起来不押韵的字。清代孔广森对此有批评，他说：

自沈氏释《诗》，颜氏注《汉书》，多有"合韵""音某"，至吴才老大畅叶音之说，而作《韵补》。要其谬有三。一者，若"庆"之读"羌"，"皮"之读"婆，此今音讹，古音正，而不得谓之"叶"；二者，古人未有平声，仄声之名，一东，三肿之目，苟声相近皆可同用，而不必谓之"叶"；三者，凡字必有一定之部类，岂容望文改读，漫无纪理？以至《行露》"家"字，二章音"谷"，三章音"公"；"于嗟乎驺虞"，首章"五加反"，次章"五红反"，抑重可嗤已！（清孔广森《诗声类·卷一》）

"叶韵说"的错误就在于不了解《诗经》时代的语音本与后代不同，以后代之读音去强求古代语音的和谐，当然会有种种误会。

第五节　陆德明及其《经典释文》

《经典释文》（以下简称为《释文》）三十卷，唐代陆德明撰。陆德明新旧《唐书·儒学传》都有传，名元朗，德明为其字，苏州吴（今江苏吴县）人。生于梁元帝承圣年间（552），卒于唐贞观年间（约630年）。历仕陈、隋，以文学知名。在陈曾任始兴王国左常侍，迁国子助教。入隋，擢为秘书学士，后亦授国子助教。唐初辟为秦王府文学馆学士，贞观初，拜国子博士，封吴县男。除《释文》外，还著有《老子疏》和《易疏》。吴承仕、黄焯认为《释文》作于南朝陈后主至德元年（583年），并且在隋灭陈（589年）以前已经完成。最近也有学者推断"《经典释文》成书年代应为隋大业三年以后唐建国以前"。

一、《经典释文》的版本

《释文》现存有清代徐乾学的《通志堂经解》刻本（有中华书局影印本）和卢文弨抱经堂刻本。黄焯的《经典释文汇校》，以通志堂经解本《经典释文》为底本，与北图所藏宋刻本对勘，旁及唐石经、写本及清儒、今人之校，为集历代异本校语大成之作。台北学海出版社1988年出版黄坤尧、邓仕梁的《新校索引经典释文》，在黄焯所校基础上，参考宋刻、卢刻、四部丛刊影宋刻诸经所附《释文》音义、敦煌唐写本诸经音义残卷、日本京都大学影唐写本《礼记音义》残卷等，对《释文》前后抵牾矛盾之处酌加弥定，其中尤注意反切用字，取径与黄焯汇校略异。

二、《经典释文》的体例

《释文》主要是为先秦的经典注音释义的。全书共三十卷，除《序録》一卷外，计有《周易》一卷，《古文尚书》二卷，《毛诗》三卷，《周礼》二卷，《仪礼》一卷，《礼记》四卷，《春秋左氏》六卷，《公羊》一卷，《谷梁》一卷，《孝经》一卷，《论语》一卷，《老子》一卷，《庄子》三卷，《尔雅》二卷。《释文》除了对以上十四种先秦古书的原文作注释外，也给注文加注音义。《经典释文》只是一个总称，其余各书的释文都以"音义"标目，如《尚书音义》、《毛诗音义》等。在《序録》中，陆氏对其书的编排条例作了说明，各书先标明篇章，然后摘取字词，标明音义，遇到必须分别的才录全句。惟有《孝经》是当时"童蒙始学"之书，《老子》则"众本多乖"，所以这两卷是"特标全句"的。

三、《经典释文》的内容

《释文》一般都归入传统的音义书一类。周祖谟先生认为音义书是"专指解释字的读音和意义的书。古人为通读某一部书而摘举其中的单字或单词而注出其读音和字义，这是中国古书中特有的一种体制。根据记载，汉魏之际就有了这种书。……这种书在传统'小学'著作中独成一类，与字书、韵书、训诂书体例不同，所以一般称为'音义书'，或称'书音'"（《中国大百科全书·语言文字卷》）。黄坤尧先生的《音义综论》一文对音义书的产生和发展以及音义的性质和特点作过详细讨论。他说："音义之学，以标注读音为主。或注出罕见难识之字，审定音切；或考镜语音的源流变化，指出古今方言、众家师说不同的读音；此外，注音在于明义，必须揭示句意，分析句读，辨明假借改读，审定版本异文等；然而更重要的，当时学者往往借注音建立严密的异读系统，虽然复音词在语言中日渐盛行，但还得利用不同的读音处理传统文献中单音词的语义区别，音义不同，使人听起来不相混淆，这是文字发展落后于语言的时候权宜应变的手段，而异读系统也使我们认识到古人的语法观念及语义结构。"

《释文》虽然是音义命名，但今本《释文》中释义的内容已很少，大部分内容为音注。据考证，这是因为其中有不少释义的内容被后人删除了。

《释文》的音注方法以反切为主，但也有大量的直音，此外就是以"如字"音来表示与其他读法的区别。也有一些地方用了"附近之近""拯救之拯"或"读曰"等其他注音方法。据万献初统计，《释文》各类音注的情况如下：

音切类目	音	反切	如字	某某之某	其他	实音切小计
标注次数	18671	48238	3035	621	238	70803
所占比例	26.4	68.1	4.3	0.9	0.3	100

据万献初《经典释文音切类目研究》的统计，《释文》中共有 7371 个字头 58190 字次被注了 78519 次音切记录。

《释文》的大部分音切都是用来注音的，但也有不少音切虽然用的是音注的形式，但实际上与读音并无关系或无直接联系，而是与字形或字义有关的。也就是说，是以注音的形式来释义或辨形的。还有一些是用来指明假借或异文的。大致有以下几类情况：

（一）以音注来分辨字形差别的。如：

1. 己氏，音纪；又音祀。《左传二》242 十八 a①
2. 柹貌，孚废反；又侧几反。《诗经中》75 十 b
3. 曰记，上音越；一音人实反。《尚书下》48 七 b

上举例 1 的两个音注是分辨"己""巳"二字的字形的。例 2 应是分辨"柿""柿"两字的字形的。例 3 则是分辨"曰""日"两字的字形的。

（二）以音注来改字的。如：

1. 逡道，音囷；又音巡。《左传六》301 二十一 a
2. 四享，四依注音三。《仪礼》153 二十一 b
3. 度西，音宅。古文与度字相似，因此而误。《周礼上》113 十二 a

例 1《释文》本为杜预注中提到的县名"逡遒"注音的。"逡"字注为"音峻，又七伦反"。"遒"在这里"又音巡"的意思，显然是认为"逡遒"又可读为连绵词"逡巡"。例 2《仪礼》郑玄的原注说"四当为三"，所以《释文》的音注显然是改字的。例 3《释文》已明确说明"度"字是古文"庹"字之误。

（三）以音注来释义的。如：

1. 玄端，音冕。《礼记一》175 二十八 a

---

① 本书所引《经典释文》原文，引文出处篇名后的阿拉伯数字和汉字数字分别表示《释文》中华书局 1983 年影印本的页码和通志堂原刻本各卷中的页码，字母 a 和 b 分别表示通志堂刻本的右页和左页。下同。

2. 敦弓，音雕，画弓也。注及下同。徐又都雷反。《诗经下》94 九 a

3. 有菀，音郁，茂也。徐又于阮反。《诗经中》80 二十 a

例1的"端"字一般解释为礼服，这里用"音冕"，实际指的是"端"字这里表示的是"冕"义。例2的"敦"字并无"雕"的读音，陆德明怕读者误解，又特别注明"画弓也"，"雕"字是释义之文就很清楚了。例3"音郁"后加注"茂也"，也说明"郁"是释义的。

（四）以注音表示假借的。如：

1. 剥枣，普卜反，击也。注同。《诗经中》73 六 a

2. 子盖，依注音盍，户腊反，下同。何不也。《礼记一》167 十二 b

3. 果，鲁火反。注蠃同。《周礼上》123 三十一 b

例1的"剥"字《释文》共出现十次音注，其他九次分别作"邦角反"、"布角反"或"北角反"，只有这一次用了"普卜反"，而且注明"击"也，"普卜反"是说"剥"为"攴"字之假借。例2注文已说得很清楚了，"盖"是"盍"的假借字。例3《周礼》原文"东龟曰果属"，郑玄注引杜子春说"读果为蠃"，可见"果"是"蠃"字之假借。

（五）以注音（通常是用又音的形式）表示异文的。如：

1. 示于，之豉反。又如字。本或作寘。《周礼下》132 十三 b

2. 未辑，音集；又七入反。本亦作集。《左传二》235 四 b

3. 毒螫，失石反；何呼洛反。《诗经上》59 十三 a

4. 兀者，五忽反；又音界。李云：刖足曰兀。案篆书兀介字相似。《庄子上》368 十七 a

例1"示"字无"之豉反"之音，而"寘"字才音"之豉反"。例2从后面"本亦作集"可以看出"音集"并不只是注音的。例3"呼洛反"一音表示"螫"又作"蠚"，《广韵》"蠚，呵各反"。《释文·诗经中》有"螫虫，音释。本又作蠚，呼莫反"（88 三十五 b）一条可证。例4"又音界"显然是表示"兀"字又有作"介"的。

以上音切中前三种情况都只是形式上的注音，实际上与字形或字义有关，假借虽然也是文字现象，但假借的原则是"依声托事"，假借字与语音密切相关，应纳入音切研究的范围。异文的情况比较复杂：有些异文显然有语音上的关系，如"辑"与"集"，有些异文没有语音关系，如"兀"与"介"。因

96

此，对异文必须分别处理。

四、《经典释文》的影响

《释文》写作的年代与《切韵》差不多同时，又是陆德明独立完成的，所以可以跟《切韵》互为参照，作为研究中古音系的重要材料。《释文》在对经典的注释中，广泛采撷了前人的音注和释义，涉及汉魏六朝时期230余家的音注材料，保存了大量唐以前传注家对经典文字的音义材料。这些音注材料很多今已失传，《释文》不仅有助于我们了解《切韵》以前的语音情况，而且对上古音向中古音的转变分合之轨迹的研究也有重要意义。《释文》中还有大量异读，分析整理这些异读，有助于了解异读之间的语音关系和异读的作用。此外，《释文》在文字学、训诂学、古汉语语法、文献学等方面的研究价值也值得注意。

思考和练习

（1）为什么汉语语音的研究是从注音开始的？

（2）反切注音法与直音注音法相比，有什么优点？

（3）在反切注音法发明时，当时学者们是否已经清楚地了解了汉语的声母系统和韵母系统？为什么？

（4）"叶韵说"是否有道理，为什么？

（5）简述《经典释文》在音韵学及语言学上的价值？

第二章

今音学文献——《切韵》系韵书

今音学的发端可以韵书的产生为标志。韵书是按照韵类不同分韵编排的同音字字典，原本具有辨析和规范字音的作用，在科举时代也作为作诗押韵的标准或选取押韵字的参考书。

因为有了反切的发明，人们就可以给所有的汉字准确地注音了。这无疑会加深人们对字音的认识。曹述敬认为："汉魏以后，篆书、古文变为隶书、草书，字形变化很大，谐声字的声旁渐渐不能准确表达字音，这样，文字的正确读音便无一定的标准，不但写作韵文发生困难，人们的社会交际也多障碍。这就要求有规定文字正确读音的韵书出现。"（见《中国大百科全书·语言文字卷》"韵书"条）随着四声的发现，文学中追求声律之美成为风气，这些因素都为韵书的创制准备了条件。更重要的是，从先秦两汉到南北朝，汉语的语音也已经发生了巨大的变化。于是，别四声、分韵类、逐字注音的韵书就应运而生了。这一时期的学者们纷纷编写韵书。据史书书记载，我国最早出现的韵书是三国时李登写的《声类》，第二部是晋朝吕静写的《韵集》，但这两部书都已亡佚。到了南北朝时期，出现的韵书更多了，其中较有名的有李概的《音谱》、夏侯咏《四声韵略》、杜台卿《韵略》等。这些韵书编写较早，当时人们对汉语语音的认识还比较粗疏，所以这一时期的韵书都有缺陷，当后代有了编得更好的韵书以后，这些韵书就逐渐失传了，今天我们只能在一些古代文献中看到对它们的零星引用。

第一节　陆法言及其《切韵》

现存最早的韵书是隋朝陆法言编著的《切韵》。陆法言名词，法言是他的字。陆法言在《切韵·序》中提到，隋文帝开皇（公元 581 ~ 600 年）初年，法言父亲陆爽的好朋友刘臻、萧该、颜之推、魏彦渊、卢思道、李若、辛德源、薛道衡等八人到陆法言家宴饮。席间论及语音，八人对以往韵书的分韵得失和审音不当多有批评，并指出了各地方音与他们心目中的标准音之间的差距。这八个人都是当时很有名的文人和学者，也都身兼朝廷要职。他们认为，写诗押韵，不妨宽缓；但分析语音，则须细微。魏彦渊让陆法言记下讨论的要点，并说："我辈数人，定则定矣。"所谓"定"，就是要定下当时的标准音。陆法言在这次聚会十几年后，才有了时间编写这本韵书，他根据聚会时讨论的纲要，参考前代韵书，剖析毫厘，去粗取精，于隋文帝仁寿元年（公元601年）完成了《切韵》。

一、《切韵》的版本和序

正是因为《切韵》的巨大影响，《切韵》的修订本也就层出不穷。由于后代的《切韵》修订本更加详尽，被读书人认为是更好的《切韵》本子，《切韵》的原本反而逐渐失传，以至我们今天能看到的只是《切韵》原本的一些残页。周祖谟编的《唐五代韵书集存》收有《切韵》的残卷共六种，其中四种是残叶，二种为断片。

《切韵》的序言在后代各类《切韵》的修订本中完整的保留下来了。其序言说：

昔开皇初，有仪同刘臻等八人，同诣法言门宿。夜永酒阑，论及音韵。以古今声调既自有别，诸家取舍亦复不同，吴楚则时伤清浅，燕赵则多涉重浊，秦陇则去声为入，梁益则平声似去。又支章移切、脂旨夷切、鱼语居切、虞遇俱切，共为一韵，先苏前切、仙相然切、尤于求切、侯胡沟切，俱论是切。欲广文路，自可清浊皆通；若赏知音，即须轻重有异。吕静《韵集》、夏侯咏《韵略》、阳休之《韵略》、周思言《音韵》、李季节《音谱》、杜台卿《韵略》等，各有乖互，江东取韵，与河北复殊。因论南北是非，古今通塞，欲更据选精切，除削舒缓。萧、颜多所决定。魏著作谓法言曰："向来论难，疑处悉尽，何不随口记之？我辈数人，定则定矣。"法言即烛下握笔，略记纲纪。博问英辩，殆得精华。于是更涉余学，兼从薄宦，十数年间，不遑修集。今反初服，私训诸弟子，凡有文藻，即须明声韵。屏居山野，交游阻绝，疑惑之所，质问无从。亡者则生死路殊，空怀可作之叹；存者则贵贱礼隔，以报绝交之旨。遂取诸家音韵、古今字书，以前所记者，定之为《切韵》五卷。剖析毫厘，分别黍累，何烦泣玉，未得悬金。藏之名山，昔怪马迁之言大；持以盖酱，今叹扬雄之口吃。非是小子专辄，乃述群贤遗意。宁敢施行人世，直欲不

出户庭。于时岁次辛酉，大隋仁寿元年也

从这段序言可以看出，《切韵》编制的目的是为了辨别语音上的轻重之别，其分别语音的差别是参考了前代诸家的韵书和字书。他们通过"论南北是非"和"古今通塞"，以便"捃选精切，除削舒缓"，来确定正音的标准和原则。

二、《切韵》的体例和内容

根据残卷和前人的一些记载，可以知道《切韵》的体例大致如下：

①以平上去入四声分卷。

②平声有 54 韵，上声 51 韵，去声 56 韵，入声 32 韵，共 193 韵。

③所收字数在 12000 个左右。

《切韵》原本的详细情况虽然没法知道，但可以肯定其内容与后代韵书应该相差不会很大。因为后来《切韵》的诸多修订本所作的修订的主要是增字和加注，目的在于增加《切韵》的字典功用。根据残卷和后出修订本的情况可以知道《切韵》的内容。

《切韵》是按声调的不同来分卷，也就是说四声是《切韵》分类的最大框架。在当时的人们看来，声调的差别远比韵的差别要大，调不同的字是不能在一起押韵的。声调相同的字，则按照韵的不同来归类，上文提到，一共归为193 韵。与后来的《广韵》相比，少了 13 韵，分别是：

平声：戈谆桓　　上声：果准缓俨　　去声：过稕换酽　　入声：术末

从一些残卷可以看到，《切韵》的各个韵已经有了"东冬钟江"之类的标目，后来也叫做"韵目"。有的残卷的韵目已经有了编号，有些残卷虽然韵目没编号，但其排列先后已跟后来修订本的顺序一样。从其这些韵的排列次序来看，各韵的排列顺序是有一定规则的，大致是按照韵尾相同、主要元音相近的原则来排列。比如"东冬钟江"、"支脂之微"、"鱼虞模"等，后人也称之为"以类相从"。但入声的一部分韵的顺序出现了紊乱，次序与相应的平上去声各韵不完全相配。《切韵》虽然按四声来分卷，但从韵的排列次序和韵目选字可以看出，四声之间是可以相配的。从韵数和未乱的韵次上也可以看出入声韵跟阳声韵相配，不配阴声韵。《切韵》的韵目用字是颇费心思的，从中可以看到两个明显的特点：一是凡"音类相从"的韵多用同纽之字作韵目。如"东冬、支脂之、鱼虞"等。二是凡"四声相配"之韵也多以同纽之字作韵目。如"江讲绛觉、真轸震质"之类。这种现象可以称为"同纽原则"。"同纽原则"还贯彻在另外两种情况的韵类中。一是韵尾不同而主元音相同的韵，如"严元、寒豪"之类。一是主元音不同而韵尾相同的韵，如"痕寒、豪侯"之类。"同纽原则"对帮助人们了解"音类相从"的现象和理解"四声相配"的原理具有重要作用。

《切韵》各韵之内的字再按同音关系分成各个小类，这种小类后来通称为"小韵"，每个小韵相当于一个同音字组。小韵的第一个字也叫做小韵首字，在首字下用反切注出其读音，本小韵的其他字除又音外就不再注音。小韵首字的反切后标有数字，表示本小韵所收的字数。字的训释大都极为简略，常用字往往不加注释。注文中各项内容的次序一般是：训释，反切，又音，字数。反切和字数只标于小韵首字之下；又音则只属于所注之字，与同小韵内的其他字的读音无关。小韵的排列是任意的，没有一定的顺序。

三、《切韵》的影响

由于参与《切韵》纲要讨论的八位学者都有较高的社会地位和影响力，而陆法言也具有很高的分辨字音的能力，加上其严谨的写作态度，《切韵》问世后，便得到了读书人的认同，很快风行于世。唐赵璘《因话録》中就说"《切韵》是寻常文书，何不置之几案旋看也。"由于《切韵》体制完备，分韵最为精密，在各种韵书中取得了权威地位。唐代封演《封氏闻见记》称其是"为文楷式"。《切韵》一出，其他韵书就逐渐湮没无闻了。随着科举考试制度的建立，诗文押韵需要有一个可以让应试的士子们共同遵守的语音规范。到了唐代，《切韵》就成了科举考试时写诗押韵的官定韵书。学者们虽不断修订《切韵》，增添字数，补充注释，细分韵类，但都没有更改《切韵》的语音系统。《切韵》的体制和框架也一直为后来的官修韵书所遵守。《切韵》的韵目不仅一直为后代诗韵所用，而且词曲的韵书以及上古韵部的名称也都借用《切韵》的韵目。《切韵》也是我们了解中古音系的主要材料，是我国韵书史上划时代的产物。

四、《切韵》的修订本

《切韵》的编写重在审音，因此收字并不全面，词义解释也很简略。另外，还有少数归韵和释义方面的错误。唐代的读书人把《切韵》作为科举考试用书，当然希望它不仅能够用来辨明音韵，还希望它能够用来查阅词义。于是，有不少学者为《切韵》增字加注进行修订。其中比较著名的有王仁煦的《刊谬补缺切韵》，大约成书于唐中宗神龙二年（公元 706 年），分为 195 韵。

孙愐的《唐韵》，成书于唐玄宗开元年间（公元 713～741 年），在《切韵》的基础上增收 3500 字，分韵也为 195。《唐韵》对字义的解释比较详尽，在唐代成为最权威的韵书。但《唐韵》后来也亡佚了，今天我们只能看到它的残卷，它的反切被宋代校订《说文解字》的徐铉录到了《说文解字》的每个字头下面。李舟的《切韵》，今佚。宋陈彭年、邱雍等修了《广韵》，宋丁度等修了《集韵》。这些韵书虽然在分韵的多寡、韵目用字的选择、所收的字数和注解上有一些差别，但在语音的系统上没有多大的出入，都可以看作同一个系统的韵书。

上述修订本对《切韵》的修改主要是纠正错误的反切用字，增收一些用字，增加对字的训释等。值得一提的是李舟的《切韵》，他对《切韵》的韵目次序进行了调整，这是其他《切韵》增注本所没做的，他对《切韵》韵序的调整使得《切韵》"音类相从"和"四声相配"的原则得到了更好的体现，被后人认可，对后代韵书有很大影响。

（一）王仁昫及其《刊谬补缺切韵》

以上所列的各种《切韵》增注本大多已经散佚，只零星的见于各种典籍的记载中，因此真正流传于世、能见的版本不多。在众多的《切韵》增注本中，王仁昫《刊谬补缺切韵》是现今所能见到的保存最为完整最接近《切韵》原貌的韵书。由于是王仁昫所作，所以又被称为《王韵》。王仁昫的事迹史书无记载，由《刊谬补缺切韵·序》下题"朝议郎行衢州信安县尉字德温新撰定"字样可以推知，王仁昫字德温，曾任衢州信安县尉。关于王仁昫著书的年代，周祖谟在《王仁昫切韵著作年代释疑》中提到三种看法："第一种说法认为王仁昫书作于唐太宗贞观年间，这种说法见于厉鼎煃《读故宫本王仁昫刊谬缺切韵书后》和蒋经邦《敦煌本王仁昫刊谬补缺切跋》。""第二种说法认为王韵编纂的时代较晚，大概是唐武后时代的书，这种说法见于陆志韦先生的《唐五代韵书跋》。""第三种说法认为王韵作于中宗神龙二年（公元 706 年）。这种说法见于故宫博物院所影印的宋跋本王韵唐兰先生的跋语。"周祖谟先生也从避讳字和序文两个方面作了详细的论析，认为第三种说法更可信。

（二）《刊谬补缺切韵》的版本

《王韵》散佚了差不多一千年，近百年来才陆续发现了三种唐写本，分别出自敦煌石室和故宫内府。根据发现年代的先后，我们通常把它们称作《王一》、《王二》和《王三》。

《王一》出自敦煌千佛洞藏书室，上世纪初被法国人伯希和买去，故又被称为敦煌本王韵。1934 年，刘半农从巴黎国民图书馆抄录敦煌本王韵残卷（馆藏 P2011），收入《敦煌掇琐》。后魏建功、罗常培又将其收录于《十韵汇编》。但刘抄本错误较多，姜亮夫先生在巴黎重新摹写后收入他的《瀛涯敦煌韵辑》中。敦煌本之后，又发现了两种故宫藏本：《王二》和《王三》，它们的抄写年代比《王一》稍晚。

《王二》是上世纪二十年代罗振玉、王国维等在清室整理书籍时发现的，曾经唐兰手写，后由延光室摄影流传，在三本中最早刊行于世，简称内府本。书末附有明项子京的跋语，因此又称项跋本。卷首书名下题"朝议郎行衢州信安县尉王仁昫撰"，次行题"前德州司户参军长孙讷言注""承奉郎行江夏县主簿裴务齐正字"，故也被称为裴务齐正字本《刊谬补缺切韵》。全书是一个凑合本，系统混杂，与《切韵》系统大异，并且有很多残缺。

《王三》1947 年 12 月 10 日由北平故宫博物院以《唐人写本王仁昫刊谬补缺切韵》名出版影印。原书《石渠宝笈初编》将其称为《唐吴彩鸾书唐韵》。卷首有王自序和陆法言序，并题"朝议郎行衢州信安县尉王仁昫字德温新撰定"，卷末有明洪武间宋濂跋语，故又被称为宋跋本《王韵》。与其他两种《王韵》相比，它是流传至今的唯一完整无缺的版本，因此学术价值最高。

周祖谟的《唐五代韵书集存》收录了《王一》、《王二》、《王三》三种本子，1982 年由中华书局出版。

（三）《刊谬补缺切韵》的体例

王仁昫《刊谬补缺切韵》序中曰："谨依《切韵》增加，亦各随韵注训"，可知《王韵》并没有更改《切韵》的体例，韵字的反切和纽次几乎完全相同。《王韵》平声为两卷，上声、去声、入声各一卷，共五卷。分为一百九十五韵，比《切韵》多出两韵，分别是上声的"广"和去声的"严"。其中平声 54（平声韵目一连到底，不分上下）、上声 52、去声 57、入声 32。韵的排列顺序已据李舟《切韵》作了调整。王仁昫对《切韵》的刊、补在书中有说明的，经唐兰先生统计，共有十三处。如增加的"广"和"严"两个韵，在所增的韵目下小注云："陆无此韵目，失。"

《刊谬补缺切韵》序题下有小注说："刊谬者，谓正讹谬。补缺者，谓加字及训。"可以看出王仁昫对《切韵》的增订主要是给韵字纠正错误的训释，增加被释的字以及给原来没有训释的字增加义训。王仁昫在序中又说："旧本墨写，新加朱书，兼本阙训，亦用朱写。"可以知道《王韵》是以《切韵》为底本来增字加注，并以红黑两种颜色加以区别。

（四）《刊谬补缺切韵》的内容

《王韵》与《切韵》相比最大的特点是在收字数量上有了很大的增加，增加的字数约为 6000 个左右，比陆韵（11500 字左右）增加了百分之五十，约收 18000 字左右。据李荣先生《切韵音系》统计，陆书有 3406 个小韵，王书有 3617 个小韵，增加了 211 个。

三种《王韵》有个共同的特点，就是在韵目下都注出吕、夏侯、阳、李、杜五家的异同。这些小注是了解魏晋南北朝至隋朝的韵书分韵异同的重要材料，对我们研究上古晚期及中古语音有重要的学术价值。综合三种《王韵》的韵目小注，共得 67 处，其中平声 17 处，上声和去声各 20 处，入声 10 处。下面是平声韵目小注的内容：

二冬	阳与钟江同，吕、夏侯别，今依吕、夏侯。
六脂	吕、夏侯与之微大乱杂。阳、李、杜别。今依阳、李、杜。
十四皆	吕、阳与齐同，夏侯、杜别，今依夏侯、杜。
十五灰	夏侯、阳、杜与咍同，吕别，今依吕。
十七真	吕与文同，夏侯、阳、杜别，今依夏侯、阳。
十八臻	吕、阳、杜与真同，夏侯别，今依夏侯。
二十殷	阳，杜与文同，夏侯与臻同，今并别。
二十一元	阳、夏侯、杜与魂同，吕别，今依吕。
二十二魂	吕、阳、夏侯与痕同，今别。
二十五删	李与山同，吕、夏侯、阳别，今依吕、夏侯、阳。
二十六山	阳与先仙同，夏侯、杜别，今依夏侯、杜。
二十七先	夏侯、阳、杜与仙同，吕别，今依吕。
三十一肴	阳与萧宵同，夏侯、杜别，今依夏侯、杜。
三十六谈	吕与衔同，阳，夏侯别，今依阳、夏侯。
三十七阳	吕、杜与唐同，夏侯别，今依夏侯。
四十三尤	夏侯、杜与侯同，吕别，今依吕。
五十一咸	李与衔同，夏侯别，今依夏侯。

《王韵》的三个版本虽然都称为《刊谬补缺切韵》，但其中《王二》与其他两个版本的差别较大。据周祖谟先生考证，具体表现在以下几方面：

1. 韵目的名称和次第多与《王一》、《王三》不同，且某些字的归部与《王一》、《王三》、陆韵不同。

2. 各卷体例不一致。

3. 全书各韵小纽收字与《王一》、《王三》各不相同。

4. 反切、注释与《王一》、《王三》并不全同。

另外其他两个版本有陆序和王序，此本没有陆序，但有长孙讷言的序。王国维认为它是王仁昫用长孙注和裴务齐注重修的版本。周祖谟先生以为此本是"一个汇合长孙笺和王仁昫《刊谬补缺切韵》兼及其他家韵书的本子"。《唐五代韵书集存》将其与《王一》、《王三》分开，另立为一类，称为裴务齐正字本《刊谬补缺切韵》。

（五）《刊谬补缺切韵》的影响

《王韵》是现今能见到的距离《切韵》原本较近的增补本，在唐代流传较广。由于《切韵》已佚，《王韵》就成了了解《切韵》原貌的最重要的材料，是《广韵》之外研究中古语音的重要材料。李荣的《切韵音系》和邵荣芬的《切韵研究》所依据的韵书就是《王三》。

第二节　《广韵》

现存韵书中最早最完整且较容易见到的就是《广韵》。唐代虽有《切韵》的各种修订本，并且有官修的韵书《唐韵》，但是到了宋代，人们对《切韵》和《唐韵》并不满足，继续对《切韵》进行修订。这一次由学者陈彭年、邱雍等人奉皇帝之命进行。宋真宗景德四年（公元 1007 年），修订本问世，仍称《切韵》，第二年即宋真宗大中祥符元年（公元 1008 年），改名为《大宋重修广韵》，简称为《广韵》。"广韵"就是"增广《切韵》"的意思。《广韵》收字比《唐韵》又多出 1 万多个，达到 26000 多个，注释文字达到 19 万多。因此，《广韵》一出，人们认为它是最好的《切韵》本子，原本《切韵》于是逐渐失传。

由于《切韵》原本失传，《刊谬补缺切韵》只是一个校订本，且流传不广，《广韵》就成了今天我们能够看到的最早最完整的韵书。又由于《广韵》继承了《切韵》的语音系统，《广韵》就成了后人考订隋唐时期语音的最主要的材料，也是研究中古音的核心材料。而中古音是我们上推上古音，下究近古音的桥梁。因此，《广韵》实际上成了音韵学的经典著作。

一、《广韵》的版本

《广韵》的版本较多，可以分为详本和略本两大类。略本的字数和注解较少，常见的略本有：《古逸丛书》覆元泰定本、小学汇函明内府本。详本中现在较多的是泽存堂本。清初，张士俊据汲古阁毛氏所藏宋本和徐元文所藏宋本校订重刊。周祖谟的《广韵校本》即以张士俊泽存堂本为底本。不过周祖谟认为张氏刻书有校改，并不完全确当。此本有 1982 年中国书店以 1934 年来薰阁印本为底本的影印本，较易见到。余廼永 1974 年由台北联贯出版社出版了《互注校正宋本广韵》，1993 年由香港中文大学出版《新校本》，2000 年由上海辞书出版社出版了《新校互注宋本广韵》（增订本），亦以张氏泽存堂本为底本。此外清末黎庶昌《古逸丛书》刻本，取杨守敬在日本访得的宋宁宗年间本，参照泽存堂本，作了校勘，也较好。1936 年中华书局将此本收入《四部备要》。此外还有涵芬楼影印黎氏覆宋刊本也较好，《四部丛刊》影印南宋间所刻巾箱本，1982 年上海古籍出版社影印的南宋黄三八郎书铺所刻的《巨宋广韵》，也都很有参考价值。江苏教育出版社的《宋本广韵》，以大宋本之巾箱本为底本，残缺处补以张氏泽存堂本，最大程度还原了宋本的面貌，此书特殊之处在于，配以《韵镜》和《七音略》，韵书韵图合二为一的做法，更适合比较阅读，使用起来也更为方便。

二、《广韵》的体例

《广韵》的基本体例仍与《切韵》差不多，按四声分卷，平声因字多，分为两卷，分别称为上平声和下平声，共 5 卷。《广韵》分 206 韵，比《切韵》多了 13 韵，但语音系统是一样的。比起《切韵》，《广韵》上声多了广（虞掩反），去声多了严（鱼淹反）这两个韵目，另外寒桓分韵、真谆分韵、歌戈分韵，上去入类推，则多了十一个韵目，总共多了十三个韵目，因此变为 206韵。虽然韵目增加了，但实际上韵类是一样的。因为《切韵》中寒桓等虽然不分韵，但反切还是把这两类不同的韵母分开的。206 韵中，平声 57 韵，上声 55 韵，去声 60 韵，入声 34 韵。平声中上平声 28 韵，下平声 29 韵。《广韵》的韵目排列更加符合音理，因而更加合理。

一韵之内，仍按同音关系分为若干小韵，小韵的排列还是没有一定的顺序。但每个小韵之间用圆圈隔开，以便于区分不同的同音字组。小韵首字的注释形式是先训释，次注反切，如果字有又音，就再注又音，最后标字数。同韵内小韵之间的语音差别有的是声纽的不同，有些则是介音的不同。比如"麻"韵中的"巴、瓜、邪" 3 个小韵，介音并不相同。206 韵如果就韵类来看，共有 300 多类。

张氏泽存堂本《广韵》共有 3874 个小韵。各个韵内的小韵数差别很大，最多的一个韵是"支"韵，共有 57 个小韵，最少的韵是"凡"韵，只有 2 个小韵。但从小韵数来看，有几个韵不仅因为小韵数少，而且字数也少，《广韵》就把它们合并到其他韵里了。如"冬"韵的上声，也只有 2 个小韵，并且只有"湩鶫𪁪"3 字，《广韵》将其附于"肿"韵内，只在"湩"字下注"此是冬字上声"。《广韵》每个小韵的字数也差别很大，最多的一个小韵有 87 个字，最少的小韵只有 1 个字。

三、《广韵》的内容

我们前面已经说过《广韵》的音韵系统和《切韵》的音韵系统是一致的。展开来说，就是其声、韵、调系统一致。如何得出其声、韵、调系统来，除了声调系统比较容易看出，其他两类则很难看出。清代学者陈澧《切韵考》中提出了反切系联法，使我们能够看清楚《切韵》抑或《广韵》的类别来。反切系联法，简单来说，就是将反切上字系联起来得出声类，反切下字系联起来得出韵类。这里我们必须要区分两个层面的概念：声类、韵类为一个层面，而声母、韵母为另一个层面。声、韵类是反切上下字的分类，和声母、韵母有一定的差别。在《切韵》中声类与介音有关，但声母却与介音无关。譬如虽然通过系联得出古类和居类两类，但它们是介音的不同，而非声母的不同。因此还要根据互补原则合并为一类，合并以后就得到《切韵》、《广韵》的声母；韵类包括声调，但韵母不包括声调，所以系联出的韵类再除去声调因素，方可得到韵母。由此可见，《切韵》、《广韵》音韵系统的得出，必须分两步走：第一步，先根据反切系联法等方法定出声类、韵类；第二步，在声类的基础上根据对立互补原则合并得出声母，在韵类的基础上除去声调得出韵母。

（一）声类系统与声母系统

求得声类的基本方法即陈澧提出的反切系联法，再辅以一定的审音法、统计法，就可以得出比较正确的声类了。陈澧的系联法分为基本条例、分析条例和补充条例。

基本条例，切语上字与所切之字为双声，则切语上字同用者、互用者、递用者，声必同类。例如：

冬，都宗切——当，都郎切（同用，冬当都为一类）；
当，都郎切——都，当孤切（互用，都当为一类）；
冬，都宗切——都，当孤切（递用，冬都当为一类）；

分析条例，其两切语下字同类者，则上字必不同类。例如：

彤，徒冬切——冬，都宗切（反切下字冬和宗韵同类，所以反切上字徒和都声不同类）

补充条例，一字两音者互注反切，其同一音之两切语上字，声必同类。

平声冻，德红切，又都贡切——去声冻，多贡切，又音东。（德红切＝东，都贡切＝多贡切，所以都和多同类）

陈澧运用系联法考订《切韵》为40声类：帮滂並明、非敷奉、端透定泥、知澈澄娘、精清从心邪、章昌船书禅、庄初崇山、见溪群疑影喻于晓匣、来日。陈澧系联声类分为基本条例、分析条例和补充条例。陈澧第一次用系联法考订了《切韵》的声类，这在方法论上是极其成功的，此方法也成为后来学者研究反切、确定音系的基本方法。陈澧第一次打破了对三十六字母的迷信，从中考订出照组可分为章、庄两类，喻三可从喻母中析出。周祖谟得出《广韵》声类为51类，目前已成为学界定论。下面是《广韵》的51声类，我们以洪细作标注，说明一二四等和三等的分类趋势；每类代表字皆是此声类最常用的反切上字；唇音第二类括号内的轻唇音字是为了说明此分类中既包括轻唇字（合口三等）也包括重唇字（开口三等）。

唇音：博、普、蒲、莫【洪】；必（方）、披（芳）、皮（符）、弥（武）【细】

舌头音：都、他、徒、奴

舌上音：陟、丑、直、女

齿头音：作、仓、昨、苏【洪】；子、七、疾、息、徐【细】

正齿音：庄、初、崇、生【洪】；章、昌、神、书、市【细】

牙音：古、苦、五【洪】；居、丘、渠、鱼【细】

喉音：乌、呼、胡【洪】；於、许、于、以【细】

半舌：卢【洪】；力【细】

半齿：而

广韵之声类，依反切上字分组，当为51，以音位而论，当为36。李荣《切韵音系》将声类合并为36声母：帮滂并明、端透定泥、知澈澄、精清从心邪、庄初崇生俟、章昌船书常、日、见溪群疑晓匣影喻。

（二）韵类系统与韵母系统

求得韵类的方法，依旧是反切系联法，具体如下：

基本条例：切语下字与所切之字为叠韵，则切语下字同用者、互用者、递用者，声必同类也。例如：

东，德红切——公，古红切（同用）

公，古红切——红，户公切（互用）

东，德红切——红，户公切（递用）

分析条例：反切上字同类者，反切下字必不同类。例如：

瞢，莫中切——蒙，莫红切（反切上字同类，韵必不同类，所以中和红不同类）

补充条例：根据"四声相承"，切语下字既不系联，而相承之韵又分类，乃据以定其分类。否则，虽不系联，实同类耳。

根据系联，各家韵类的数目分歧比较大：陈澧：311 类；周祖谟：324 类；黄侃：335 类；李荣：334 类；邵荣芬 326 类；白涤洲：290 类，高本汉：290 类。白涤洲和高本汉的韵类中没有考虑到重纽，因此所得的韵类相对较少；陈澧虽然考虑到重纽，但是又滥用了补充条例，主观地将一些韵类合并；剩下几家仍然存在分歧，是因为反切下字本身比较复杂，存在用字偶疏、开合依附于反切上字、异韵借用、韵末增韵等复杂的情况。这些情况仅用系联法无法得以解决，只得借助于《韵镜》、《七音略》等韵图来厘定韵类，也就是周祖谟先生所说的"以上所举，皆可由等韵图订其缺失"。因此，韵类在 320 类到 330 类之间应该是比较合理的。

上面我们提到很多先生的韵类为 290 个，是忽视了"重纽"。何谓"重纽"？"纽"，是指声纽或小纽，"重"就是重复的意思。"重纽"就是在支、脂、祭、真、仙、宵、侵、盐等八个韵的唇音和牙喉音中出现了"重复的声纽"。譬如"支韵"，如果不考虑重纽，它有开口三等和合口三等两个韵类，那么每个韵类中，一个声纽只能出现一次，但是在唇音和牙喉音中却出现了两次。比如帮母，开口中就有卑和陂两个小韵，"卑"和"陂"都属于帮母字，这就是"重纽"。在韵图中，因为"重纽"的韵类同、声纽也同，比如"卑"和"陂"都是支韵开口三等帮母，所以它们得挤到一个格子中间。但是等韵学家又为了体现它们的区别，就只好把"卑"一类挤到四等的空格里了，因此就有了"重纽三等"和"重纽四等"的说法。像现在的《方言调查字表》则仍然把它们放在一个格子里，但是中间加上间隔圆点以示区分。如果不考虑重纽，"支韵"只有开合两类，如果考虑重纽，就有四类了。这样，韵类就大大增加了。为什么有些先生"无视"重纽呢？这是因为韵书中重纽的反切还有牵连，有的可以系联在一起。只是在韵图中，两类界限比较分明。而且，因为目前对重纽的拟音，尚有众多分歧，所以一些学者就先将"重纽"搁置了。

韵类和韵母都包括介音、主要元音和韵尾，但韵类包括声调，韵母不包括声调。所以韵母比韵类要少。不考虑重纽，韵母有 140 多个，考虑重纽的话，则将近 160 个。

（三）《广韵》韵的独用与同用

《广韵》分韵细密，从分辨语音的是非来说，分韵那么精细是必要的。但唐宋时代《广韵》的一个重要功能是作为作诗押韵的依据。士子要一一记住某些字在哪个韵，这是很麻烦的。特别是到了宋代，实际语音已经有了较大的变化。所以在《广韵》目录的某些韵目下，注有"同用""独用"的字样。这是对于写诗用韵的规定，"独用"是指该韵的字必须单独押韵，"某同用"是指该韵字可以和某韵字合为一个韵来使用。唐代封演的《闻见记》载："而先仙删山之类，属文之士，苦其苛细。国初许敬宗等详议，以其韵窄，奏合而用之。"许敬宗在唐高宗时任礼部尚书，当时科举考试由礼部掌管。《广韵》的"独用"、"同用"的小注应该就是那次奏请合并的结果。今本《广韵》独用、同用的标示有少数不准确之处，清代学者戴震对此作过专门研究，下面是戴震编写的《考定〈广韵〉独用同用四声表》：

上平声	上声	去声	入声
一东独用	一董独用	一送独用	一屋独用
二冬锺同用	①	二宋用同用	二沃烛同用
三锺	二肿独用	三用	三烛
四江独用	三讲独用	四绛独用	四觉独用
五支脂之同用	四纸旨止同用	五寘至志同用	
六脂	五旨	六至	
七之	六止	七志	
八微独用	七尾独用	八未独用	
九鱼独用	八语独用	九御独用	
十虞模同用	九麌姥同用	十遇暮同用	
十一模	十姥	十一暮	
十二齐独用	十一荠独用	十二霁祭同用	

续表

上平声	上声	去声	入声
	十三祭		
	十四泰独用		
十三佳皆同用	十二蟹骇同用	十五卦怪夬同用	
十四皆	十三骇	十六怪	
	十七夬		
十五灰咍同用	十四贿海同用	十八队代同用	
十六咍	十五海	十九代	
	二十废独用		
十七真谆臻同用	十六轸准同用	二十一震稕同用	五质术栉同用
十八谆	十七准	二十二稕	六术
十九臻	②	③	七栉
二十文独用	十八吻独用	二十三问独用	八物独用
二十一欣独用	十九隐独用	二十四焮独用	九迄独用
二十二元魂痕同用	二十阮混很同用	二十五愿恩恨同用	十月没同用
二十三魂	二十一混	二十六恩	十一没
二十四痕	二十二很	二十七恨	④
二十五寒桓同用	二十三旱缓同用	二十八翰换同用	十二曷末同用
二十六桓	二十四缓	二十九换	十三末
二十七删山同用	二十五潸产同用	三十谏裥同用	十四辖黠同用
二十八山	二十六产	三十一裥	十五黠
下平声			
一先仙同用	二十七铣狝同用	三十二霰线同用	十六屑薛同用
二仙	二十八狝	三十三线	十七薛
三萧宵同用	二十九筱小同用	三十四啸笑同用	
四宵	三十小	三十五笑	
五肴独用	三十一巧独用	三十六效独用	
六豪独用	三十二皓独用	三十七号独用	
七歌戈同用	三十三哿果同用	三十八个过同用	
八戈	三十四果	三十九过	

续表

上平声	上声	去声	入声
九麻独用	三十五马独用	四十祃独用	
十阳唐同用	三十六养荡同用	四十一漾宕同用	十八药铎同用
十一唐	三十七荡	四十二宕	十九铎
十二庚耕清同用	三十八梗耿静同用	四十三映净劲同用	二十陌麦昔同用
十三耕	三十九耿	四十四净	二十一麦
十四清	四十静	四十五劲	二十二昔
十五青独用	四十一迥独用	四十六径独用	二十三锡独用
十六蒸登同用	四十二拯等同用	四十七证嶝同用	二十四职德同用
十七登	四十三等	四十八嶝	二十五德
十八尤侯幽同用	四十四有厚黝同用	四十九宥候幼同用	
十九侯	四十五厚	五十候	
二十幽	四十六黝	五十一幼	
二十一侵独用	四十七寝独用	五十二沁独用	二十六缉
二十二覃谈同用	四十八感敢同用	五十三勘阚同用	二十七合盍同用
二十三谈	四十九敢	五十四阚	二十八盍
二十四盐添同用	五十琰忝同用	五十五艳㮇同用	二十九叶帖同用
二十五添	五十一忝	五十六㮇	三十帖
二十六咸衔同用	五十二豏槛同用	五十七陷鉴同用	三十一洽狎同用
二十七衔	五十三槛	五十八鉴	三十二狎
二十八严凡同用	五十四俨范同用	五十九酽梵同用	三十三业乏同用
二十九凡	五十五范	六十梵	三十四乏

注释：

①冬韵的上声字少，只有2个小韵"湩鶐朣"三字，《广韵》将其附在肿韵。

②臻韵的上声字少，只有2个小韵"齽莘龀"三字，《广韵》将其附在隐韵。

③今本《广韵》臻韵无去声，戴震认为"龀"字有去声一读，应该在焮韵。但今本《广韵》焮韵中并无"龀"字，只是在上声"龀"字下注"又初靳切"，"靳"为去声字。

④痕韵入声字少，仅有麧小韵共五字，被《广韵》编者附到了没韵。

根据《广韵》的独用、同用的规定，合并后的韵数是 117 个。南宋时期，民间和官方又进一步简化了《广韵》的韵数，形成了 106 或 107 韵的系统，这就是后来被当作诗韵的《平水韵》系列韵书的系统。

据《广韵》前的说明自称，全书共收26194字，注解是191692字。所以，《广韵》与《切韵》最大的不同实际上是收字更多，注释更详细。比如《切韵》东字下并没有注解，《王韵》的注释是"木方也"，而《广韵》的注释增加为"春方也。说文曰：动也，从日在木中"云云，共224字。因此，《广韵》不仅是作诗押韵的工具，而且兼有字典和审订字音的作用。

四、《广韵》的影响

正是因为《广韵》继承了《切韵》的语音系统，在保留中古语音的早期面貌上有重要影响。《切韵》残页、《唐韵》残卷、《刊谬补缺切韵》等都是在清末民初才发现的，清代的学者看不到这些文献，因此清代的音韵学家都把《广韵》视作《切韵》或《唐韵》来加以研究的，比如顾炎武《唐韵正》、陈澧《切韵考》分析的材料都是《广韵》。他们一般把这三种韵书当成一回事。如顾炎武的《唐韵正》、陈澧的《切韵考》，他们所说的《切韵》《唐韵》实际上就是《广韵》。《广韵》是中国第一部官修的韵书，又是宋代的官韵，加上其收字全面，注释详尽，分韵精细，在《切韵》残卷和《王韵》发现之前，《广韵》实际上成了考订中古语音的最主要的材料。

第三节　《集韵》

《集韵》是继《广韵》之后又一部官修的大型韵书。据《集韵》卷首的"韵例"记载，宋仁宗景祐四年（1037），即《广韵》颁行后31年，宋祁、郑戬上书建言，谓："彭年、雍所定多用旧文，繁略失当。"于是仁宗下诏命宋祁、郑戬会同贾昌朝、王洙、丁度、李淑等人，以增益加广为本，重修《广韵》一书。书成于仁宗宝元二年（1039），诏名曰《集韵》。

一、《集韵》的版本

《集韵》现有三个宋刻本：一是北京图书馆所藏，为南宋孝宗时期（1163~1189）湖南地区的刻本。1984年中华书局将其收入《古逸丛书三编》影印出版。二是日本宫内省图书寮即现在的书陵部藏本，为南宋孝宗淳熙十四年（1187）田世卿陕西安康金州军刻本。三是原为翁同龢家藏书中的南宋明州刻本，现为上海图书馆所藏。元、明两代《集韵》流传不广。清代康熙年间，朱彝尊得到毛氏汲古阁的一个影宋抄本，朱委托曹寅刻于扬州使院，在康熙四十五年（1706）九月刻成，曹寅别号"楝亭"，故此本世称"楝亭本《集韵》"。此本在清代影响很大，现有1983年中国书店的影印本。

二、《集韵》的体例

据《集韵》的"韵例"，《集韵》共收字53525个，比《广韵》增加27331字。因为收字多了一倍，将《广韵》的五卷分为十卷。在大的体例上，《集韵》与其他《切韵》系韵书是大同小异。分韵与《广韵》相同，为206韵，韵的排列顺序和韵目用字也与《广韵》基本相同，只是个别韵的排列顺序作了调整。如《广韵》的二十八韵"严"，《集韵》将其升为二十六韵，相应地将"咸""衔"两韵降为二十七和二十八。韵目用字上的修改如将"肴"改为"爻"，"添"改为"沾"。小韵的训释顺序是先注反切，次释义，再标字数，与《广韵》先释义，后注反切，再标字数不同，但这种顺序在《王韵》已是这样。

《集韵》对同韵内小韵的排列顺序也做了一些改变，已经考虑到将发音部位相同的字排列在一起。如《广韵》东韵前10个小韵的排列顺序分别是"东同中虫终忡崇嵩戎弓"，《集韵》改为"东通同笼蓬蒙樕忽爱丛"。可以看出《集韵》是按照"端透定来、并明、心清精从"这样的顺序来排列的。但仍有一些字的顺序是乱的。此外《集韵》韵目下所注"独用""同用"的内容也与《广韵》有一些不同。

三、《集韵》的内容

《集韵》与《广韵》相比，在收字、注音和释义上都有修改，下面分别作些介绍。

收字上有了很大增加。《集韵》自称收字五万多，但就字头来说，其实并没有那么多。因为《集韵》是韵书，字的排列会依读音不同而分列，如果一个字有几个不同的又音，就会列在不同的韵内，按出现次数统计的话，就会算作几个字。《集韵》中大约有三分之一的字有异读，少的是二三个读音，多的有五六个甚至七八个读音，最多的"苴"字收有13个读音。有人按字头为单位来统计，《集韵》实际收字为32281个。《集韵》收又读字尽管很多，但字头下却不标注又切，不便于使用者检索，降低了其使用的价值。另外《集韵》收的异体字较多，其韵例称"凡古文见经史诸书可辨识者取之"。例如"中"字下又收了古文"㞢"和籀文"𠁩"。"雷"字有"靁䨓䨐霳䨄靁䨮"等共8

个异体。"箕"字共收 9 个异体。

　　《广韵》的反切大多是因袭前代韵书的。《集韵》的注音从语音系统上看，与前代韵书差别不大，但所用的反切用字有了较大的修改。以第一韵的东韵为例，《广韵》共收有 34 个小韵，《集韵》对这些小韵的切语只有"忡穷"2 个小韵是延用《广韵》的，其余的 32 个都做了修改。如"东"由"德红切"改为"都笼切"，"同"由"徒红切"改为"徒东切"。从语音的发展演变看，《集韵》在做反切修改时考虑到了语音的变化。最明显的表现是将《广韵》的重唇和轻唇互切的字以及舌头跟舌上的互切的所谓类隔切，都改为了音和切。此外《广韵》四等反切上字同一二等为一类，而《集韵》四等有分立的倾向。这说明，四等的读音可能已经滋生出 i 介音了。《集韵》的二等字，《广韵》原来用一二四等做反切上字，《集韵》中大多改为用三等字做反切上字。这说明二等的读音可能也部分地发生了变化，也有滋生出 i 介音的可能了。《集韵》船禅两母的反切上字已相混，这些都应该是当时实际语音的反映。另一方面，在反切用字上已考虑到使反切上字与被切字同声调，使反切下字与被切字同开合和洪细。《集韵》语音系统的另一个特点是增加了不少小韵。仍以东韵为例，《集韵》增加了"徥，朴蒙切"、"殻，火宫切"、"硧，於宫切"、"雊，蚩工切"、"虹，戆公切"共 5 个小韵。这些新增的音节，往往是据典籍中前经师的音切而加的。但新增的小韵中有不少与另一个小韵同音，也称为重出小韵。如钟韵新增"蓬，蒲恭切"小韵，此音与"逢，符容切"小韵同音。在语音的采录方面，《集韵》采取了"凡经典字有数读，先儒传授，各欲名家，今并论著，以萃群说"的方法，对古籍中的反切切语基本上全部收录，使得本来各自有着自己结构、内容、性质和特点的不同语音体系融合到了一起。所以《集韵》体现出来的是双重性质，即在传统形式不变的情况下，尽可能地和当时的语音协调一致，内容上存留下了大量的原始音切，具有浓重的沉积特色，它的性质应该是保守加革新的综合的读书音系统。今天利用这部韵书也应从两方面着手：一是通过与《广韵》小韵的表层比较，以了解当时语音的实际情况；二是通过深层的对又音的研究，探寻汉语从上古到中古的演变规律。

　　《集韵》对字义的解释多引前代字书或训诂书，其"韵例"云："凡字训悉本许慎《说文》，慎所不载则引他书为解。"除《说文》外，《集韵》释义所引的还有《尔雅》《方言》《广雅》等书。其中有些是现在失传的，如《埤仓》《字林》。与《广韵》相比，《集韵》的释义要简单一些。如《广韵》

"东"字的注释有 224 字，《集韵》只有 23 字。

四、《集韵》的影响

《集韵》在中国音韵学史上的地位远不及《广韵》，一方面是因为文卷繁重、刊刻不易，且内容庞杂、检阅不便等原因，使其难于流行。另一方面，由于《礼部韵略》和《平水韵》等韵书的出现，士子们更喜欢使用这些收字少并且归并了同用韵的韵书，使得《集韵》的影响远低于《广韵》。到了清代，学者开始逐渐认识到《集韵》在文献学和音韵学上的价值。

第四节 《礼部韵略》及《平水韵》

在《集韵》编写的同时，宋仁宗景祐四年（公元 1037 年），丁度等人奉命编写了《礼部韵略》。作为用韵范本，《礼部韵略》规定了当时实际已不能分辨的可以通用的韵，把《广韵》的 206 韵归并为 108 个。《礼部韵略》以科举考试为诉求，在仍保持《广韵》206 韵系统及"独用"、"同用"规范的情况下，仅收字 9590 个，大受士子欢迎。到了南宋时期，金人王文郁于金哀宗正大六年（公元 1229 年）编写了《平水新刊韵略》，分韵 106 个。平水是当时的地名，在今山西省临汾市，王文郁作过平水书记。宋理宗淳佑十二年（公元 1252 年），平水人刘渊编写了《壬子新刊礼部韵略》，分韵 107 个。后来，人们把分韵 106 或 107 的韵书统称为《平水韵》，因此《平水韵》并非某一本韵书的名称，而是一类韵书的名称。《平水韵》成为南宋以后写近体诗押韵的标准韵书，又被称为"诗韵"，它的用韵规范直到现代还被人们遵守。

由于《平水韵》不是对某一时期汉语语音的实际情况的描写，所以它在汉语语音史上的地位并不高，不过我们可以从《平水韵》大致窥见南宋时期汉语韵母与隋唐时期的差异。

平水韵 106 韵韵目表（括号中是合并前的 206 韵韵目）

上平声				
一东(东)	二冬(冬钟)	三江(江)	四支(支脂之)	五微(微)
六鱼(鱼)	七虞(虞模)	八齐(齐)	九佳(佳皆)	十灰(灰咍)
十一真(真谆臻)	十二文(文欣)	十三元(元魂痕)	十四寒(寒桓)	十五删(删山)

(二)下平声

一先(先仙)	二萧(萧宵)	三肴(肴)	四豪(豪)	五歌(歌戈)
六麻(麻)	七阳(阳唐)	八庚(庚耕清)	九青(青)	十蒸(蒸登)
十一尤(尤侯幽)	十二侵(侵)	十三覃(覃谈)	十四盐(盐添)	十五咸(咸衔严凡)

(三)上声

一董(董)	二肿(肿)	三讲(讲)	四纸(纸旨止)	五尾(尾)
六语(语)	七麌(麌姥)	八荠(荠)	九蟹(蟹骇)	十贿(贿海)
十一轸(轸准)	十二吻(吻隐)	十三阮(阮混痕)	十四旱(旱缓)	十五潸(潸产)
十六铣(铣狝)	十七筱(筱小)	十八巧(巧)	十九皓(皓)	二十哿(哿果)
二十一马(马)	二十二养(养荡)	二十三梗(梗耿静)	二十四迥(迥拯等)	二十五有(有厚黝)
二十六寝(寝)	二十七感(感敢)	二十八琰(琰忝俨)	二十九豏(豏槛范)	

(四)去声

一送(送)	二宋(宋用)	三绛(绛)	四寘(寘至志)	五未(未)
六御(御)	七遇(遇暮)	八霁(霁祭)	九泰(泰)	十卦(卦怪夬)
十一队(队代废)	十二震(震稕)	十三问(问焮)	十四愿(愿恩恨)	十五翰(翰换)
十六谏(谏裥)	十七霰(霰线)	十八啸(啸笑)	十九效(效)	二十号(号)
二十一个(个过)	二十二祃(祃)	二十三漾(漾宕)	二十四映(映净劲)	二十五径(径证嶝)
二十六宥(宥候幼)	二十七沁(沁)	二十八勘(勘阚)	二十九艳(艳㮇)	三十陷(陷鉴梵)

(五)入声

一屋(屋)	二沃(沃烛)	三觉(觉)	四质(质术栉)	五物(物迄)
六月(月没)	七曷(曷末)	八黠(黠鎋)	九屑(屑薛)	十药(药铎)
十一陌(陌麦昔)	十二锡(锡)	十三职(职德)	十四缉(缉)	十五合(合盍)
十六叶(叶帖)	十七洽(洽狎业乏)			

思考和练习

(1)《切韵》比起前代韵书来有哪些优点?

(2)《切韵》的修订本有哪些,它们与《切韵》有哪些差别?

(3)《王一》、《王二》、《王三》分别是什么意思?这三者之间有什么差别?

(4)简述《广韵》的分韵情况和在语音史上的价值。

(5)《集韵》和《广韵》有哪些异同?

第三章

等韵学文献

第一节　三十六字母

　　等韵学这个名称是由等韵图得来的，说到等韵图必须先说字母的发明。因为等韵图的编制是以字母为经、声调和韵为纬、配合等的概念来制作的。没有字母的发明，就不可能有韵图的编制。

　　在中国学者的心中，声母的概念应该是随着反切的发明就产生了，反切上字就表示了被切字的声母。尽管有了这一概念，可是人们还没有一个专门的术语来称呼它。由于同一个声母可以用多个反切上字来表示，比如"圭"和"瓌"的声母都是 k，在《刊谬补缺切韵》中，前者的切上字是"古"，后者的切上字却是"公"。当时的人们要表达声母这个概念，往往要借助于"双声"这样的说法来表示。加之韵书是按韵编排，本为供人写诗押韵作参考，押韵并不用管声母的读音。因此韵书也就不必标出声母之类别。所以在反切发明以后有 600 年左右的时间，人们并没有归纳出汉语声母的类别和数目。

　　一直到唐朝晚期，中国学者才根据梵文的辅音，对汉语的声母进行分析归纳，然后用汉字来给声母一一命名，这些声母的代表字就叫字母。传统音韵学中所说的字母即指三十六字母。今天我们能够看到的最早的字母是守温制定的"三十字母"。守温是唐朝末年的一个和尚，在敦煌文献中，保存着他的一些关于音韵学的残页，被称之为《守温韵学残卷》，现藏巴黎国家图书馆。其中三十字母的内容如下：

　　　唇音　　　　不芳並明

　　　舌音　　　　端透定泥是舌头音

　　　　　　　　　知彻澄日是舌上音

　　　牙音　　　　见君溪群来疑等字是也

齿音	精清从是齿头音
	审穿禅照是正齿音
喉音	心邪晓是喉中音，清
	匣喻影亦是喉中音，浊

从今天的眼光来看，守温将"来"母归到牙音、"心邪"母归到喉音、"见君"同列等安排都有问题。但字母表至少有两点贡献。一是将数百个反切上字所代表的声母类别加以归类，一类声母只用一个汉字来表示，使得纷繁的反切上字变得简单而有系统了，这对把握当时的声母系统是极有价值的。二是将字母按发音部位分为五类，以唇、舌、牙、齿、喉命名，反映了当时人们对声母发音部位的认识，也为后来韵图的编制奠定了基础。

宋朝有人在守温三十字母的基础上，增补"非敷奉微"和"床娘"六母，并将"不芳"改为"帮滂"，成为现在的三十六字母。同时对各字母的发音部位、发音方法作了调整，形成了传统音韵学中用来表示声母的典型的代表字。分别是：

重唇音	帮滂并明
轻唇音	非敷奉微
舌头音	端透定泥
舌上音	知彻澄娘
齿头音	精清从心邪
正齿音	照穿床审禅
牙　音	见溪群疑
喉　音	影晓匣喻
半舌音	来
半齿音	日

这套字母不是出自于对《切韵》系韵书声母的归纳，而是出自于对唐宋之际汉语声母的实际描写，因此它反映了晚唐北宋时期汉语标准音的声母系统。与守温三十字母不同的是，这套字母在声母的发音部位和发音方法方面的分析都很正确，这说明当时的语音学家们已经有了很好的分析辅音音质的能力。后来的学者们把三十六字母用于编制韵图，《七音略》和《切韵指掌图》都采用了这套字母。

这三十六个字母后来成了古代汉语声母的标准代表字，今天的学者在给唐宋以外的声母系统命名时，仍然尽可能采用这些字，以显示汉语声母发展的源流。

第二节　等韵图的编制和《韵镜》

韵图是一种仿照印度的悉昙章（siddham）而编制的声、韵、调的拼合图。因为韵图中以"等"的概念来区分韵类，所以也叫等韵图。悉昙是梵文的识字发音的入门读本，包括字母、拼读、连音规矩等等。汉族和尚学了它，得到分析语音的能力和术语。他们也利用这些知识分析汉语语音，编制出韵图。在韵图中，声母的发音部位和发音方法、韵母的唇型圆展、韵母的开口度大小、声调的类别都很好地表现了出来。因此，韵图的编制是在古人对汉语语音声、韵、调诸方面有了相当精细的分析之后才得以进行的。在《守温韵学残卷》中，我们已经能够看到守温对声母发音部位及发音方法、韵母唇型圆展和等、声调类别的分析，因此，韵图的编制应该从唐代就开始了。但是今天我们能够看到的最早的韵图是宋人的《韵镜》，其作者已经不可考。宋人编制的韵图很多，今天能够看到的除《韵镜》外，还有郑樵的《七音略》、祝泌的《皇极经世解起数诀》，以及作者不可考的《四声等子》和《切韵指掌图》等。前三种韵图都是依据《广韵》的语音系统编制的，后两种韵图则根据宋代实际语音的情况，对《广韵》韵母系统进行了归并。

韵图的编制从宋代兴盛起来，一直延续到清代。明清时期人们编制韵图就多不受《切韵》语音系统的束缚，而按照各时期实际语音的情况来编制了。由于韵图对汉语语音系统的各方面作了精细的分析，韵图也是研究中古音和近古音的重要材料。专门研究各时期的韵图的学问是音韵学的一个分支学科，叫"等韵学"。

《韵镜》的作者已不可考，制作年代应在北宋初或五代。南宋张麟之《韵镜序》作于绍兴三十一年（1161），该书原名叫《指微韵镜》。南宋郑樵《通志·七音略序》说："臣初得《七音韵鉴》，一唱而三叹！"张麟之《韵镜序》又说："旧以翼祖讳'敬'，故为《韵鉴》。今迁祧庙，复从本名。"从这些说法来看，这部书的祖本可能叫《韵镜》，前头也许有"七音"一类字样。因书名犯了宋太祖赵匡胤祖父赵敬的讳，所以改字。赵匡胤一即位就追奉高祖以下尊号。由此看《韵镜》成书可能在五代。但是也不可能比敦煌所出的署名南梁汉比丘守温的三十字母卷子更早，因为《韵镜》里已经用了三十六字母。

一、《韵镜》的版本

《韵镜》于宋代流入日本，但在很长一段时间内中国并不流行。清末黎庶昌（1837~1897）从日本得到一个本子，后面有日本人宣贤作的跋语，署享禄元年（1528）。实际上应是永禄七年（1564）的翻刻本。黎庶昌以此本刻入《古逸丛书》，这才得以重新流行。此本今有李新魁先生的校证，1982 年由中华书局出版。享禄本在日本还有一个宽永十八年（1627）重刊本，宽永本日本有 1930 年松雪堂复制本和 1936 年文求堂复制本两种。北京大学 1934 年影印出版过一种《韵镜》，依据的是松雪堂复制本。

二、《韵镜》的体例

《韵镜》的体例可以用张麟之在《韵镜》"卷首识语"中的一段话来说明：

> 反切之要，莫妙于此，不出四十三转，而天下无遗音。其制以韵书，自一东以下，各集四声，列为定位，实以《广韵》、《玉篇》之字，配以五音清浊之属，其端又在于横呼。虽未能立谈以竟，若按字求音，如镜映物，随在现形。

《韵镜》的主要部分是图表，共分 43 个图。每个图右边标有"内（外）转第××开（合）"字样（见下列《韵镜》内转第一开图），"转"是声韵辗转相拼的意思，所以一图也叫一转。"内外转"是韵图的特殊术语，有真二等是外转，没有则是内转。标明内转的有二十一图，标明外转的有二十二个图。至于为何要按"有无真二等"来分内外转，有的学者认为仅仅是"等韵门法"。所谓"等韵门法"是指为了调和韵图和韵书的矛盾的方法。还有的学者认为反映了语音的分别，有真二等的主要元音为 a 类，无真二等的主要元音为 ə 或 u、o 等。目前尚无定论。其次标明开合。"开合"分三类，或"开"、或"合"、或"开合"。标明"开合"的有以下几个图：第二图（冬钟韵）、第三图（江韵）、第四图（支韵开口）以及十二图（模韵）。因为按照韵图体例，一个图非开即合，何以有这模棱两可的说法？李新魁先生认为是《韵镜》在流传过程中出现的讹误。他认为有的韵在流传过程中既有合口又有开口，因此时人将其改作"开合"。知道了"内外转"和"开合"，我们就知道所谓"内转第一开"，就是指没有真二等字的开口第一个图。韵目用 206 韵，标在图的左边。《韵镜》的基本体制是按横行列声母，纵行列声调和韵等的方法来表现音节的声、韵、调的配合。

《韵镜》的第一行横列声母，但并没有标出三十六字母，而是以"唇、舌、牙、齿、喉"和"半舌、半齿"分别列出七音。七音是按声母的发音部位分的。在七音内又各按"清、次清、浊、清浊"等发音方法分列不同的声母。《韵镜》里将三十六字母分为二十三列排列。这二十三列所示七音及清浊标识与三十六字母的关系可用下表来表示：

齿音舌		喉 音			齿 音				牙 音			舌 音				唇 音			
清 清			清			次			清 次			清 次				清 次			
浊 浊		浊浊清清			浊清浊清清				浊浊清清			浊浊清清				浊浊清清			
日来		喻匣晓影			禅审床穿照 邪心从清精				疑群溪见			泥定透端 娘澄彻知				明并滂帮 微敷奉非			

上表"唇音"这一列里，就包含了重唇音"帮滂并明"和轻唇音"非敷奉微"共八个声母。其余依次类推。"舌音齿"应该分别读为"舌音"和"齿音"，这一列里是半舌音来母和半齿音日母，它们都是次浊音，所以《韵镜》都表示为"清浊"。

《韵镜》的纵列首先分为四大格，按平、上、去、入列四个声调的韵，入声韵与阳声韵相配。每个声调内又分四行，按一、二、三、四等分列不同等的字。图的纵横相交处就列声、韵、调拼合所得的字，通常就是韵书中有反切注音的小韵首字。如果声、韵、调相拼,在韵书中并没有这个音节的字,《韵镜》中就以圆圈代替,表示有音无字。当然也可能是汉语的音节结构中不允许有这样的声韵配合。《韵镜》中每个图有的只列韵书中的一个韵系。如第一图的"东"韵系(韵书中四声相配的几个韵可以称为一个韵系)。有的图列有两个、三个或四个韵系。如第二图列有"冬钟"两个韵系,第二十三图列有"寒删仙先"四个韵系。《韵镜》的另一个原则是韵母的开合不同则分列不同的图。如"脂"韵有开口和合口两类韵母,《韵镜》分列第七开和第八合两个图。

三、《韵镜》的内容

《韵镜》中以横别声类,纵分声调和韵类。韵图的另一个重要的概念就是等。《韵镜》的每个声调内都有四行,每一行就代表一个等。四行从上到下依次是一等、二等、三等和四等。等的概念,既用来区别韵母的不同,有时也用以表示声类的不同。在上图中,东韵的大部分字列在一等和三等。这是为了分辨东韵中两类不同的韵母的,放在一等的字没有 i 介音,放在三等的字则有 i 介音。由于《韵镜》的声母只排了 23 列,三十六字母中有 13 个字母是与其他字母排在同一列的。这样等也被用来区别声母。按《韵镜》的规定,唇音中的"非敷奉微"这四个声母只能列在三等。舌音中的"端透定泥"这四个声母只能列在一、四等,"知彻澄娘"这四个声母只能列在二、三等。齿音中的"精清从心"这四个声母只能列在一、四等,"邪"母只能列在四等,"照穿床审禅"这五个声母只能列二、三等。上图中东韵的"嵩"字列在四等,就是因为这个字属"心"母字。

《韵镜》是为了分析《广韵》等韵书的反切而编制的,而《广韵》反映的是隋唐时期的语音系统,《韵镜》的声母系统却采用了宋代的三十六字母来表示,隋唐时期的声母情况与宋代并不一致,韵图的作者为了弥补这种矛盾,也通过等的不同来反映韵书中的声类与三十六字母的差别。这主要反映在"照穿床审"和"喻"这几个声母上。按《广韵》的反切上字来分,"照穿床审"这四个声母实际上还要分为两类,一类后代学者称为"庄初崇生",另一类被称为"章昌船书"。《韵镜》的编者就规定,把"庄初崇生"这四个声母的字都放到二等的位置上,而把"章昌船书"这四个声母的字都放在三等的位置上。所以有些书上也把"庄初崇生"这几个声母叫做"照二组",把"章昌船书"这几个声母叫做"照三组"。这也是上图中为什么要把"崇"字列在二等的原因。"喻"母在《广韵》的反切中也要分为两类,一类后来的学者称为"于"母或"云"母，另一类后代学者称为"以"母或"余"母。《韵镜》将属"于"母的字都列在三等，属"以"母的字都列在四等，所以也有学者把"于"母叫做"喻三"，把"以"母叫做"喻四"。上图中屋韵"喻"母位置上的"囿育"两字分别放在三等和四等，就是这个原因。

《韵镜》虽是表现《广韵》一系韵书的反切的，但据李新魁统计，永禄本《韵镜》所列的3695个字中，有470多处与《广韵》不合，其中小韵首字不合者，多与《礼部韵略》相合。所以他认为《韵镜》不是据《广韵》而作的，很可能是据《礼部韵略》的前身《景德韵略》而作。

四、《韵镜》的影响及研究

《韵镜》通过图表的形式来反映韵书的反切系统，是汉语语音分析的一大进步，对帮助掌握反切很有用处。劳乃宣《等韵一得》说："古人反切，……而必以等韵为之阶梯也。"韵图不仅表现了音节的声、韵、调之间的配合关系，而且能较好地反映语音系统的结构。《韵镜》是等韵学的开创之作，等韵学与古音学、今音学为传统音韵学的三个分支，《韵镜》是汉语等韵学和中古音研究的的重要资料。《韵镜》中等的概念以及开、合和内、外转的名称都成了后代等韵学中的重要概念。

《韵镜》自刊刻以后不久，便在我国本土湮没不存，但是在日本却广为流传，并且形成了经久不衰的"《韵镜》热"。《韵镜》研究者众多且研究成果丰硕，日本学者对《韵镜》的版本沿革、校订修正、体例阐述、性质探讨等各方面都有深入的研究。具体情况可参看李无未的《日本学者的〈韵镜〉研究》。自清末，黎庶昌才将《韵镜》引入国内，《韵镜》开始引起了国人的关注。

校注类著作有：龙宇纯的《韵镜校注》、李新魁的《韵镜校正》和杨军的《韵镜校笺》。《韵镜校注》是中国第一部对《韵镜》进行校勘的著作，作于1959年，校勘的底本是永禄本《韵镜》。该书比勘作者所见《韵镜》各本异同，并参考《广韵》等韵书进行校注。《韵镜校正》也是以永禄本为底本，参校宽永本《韵镜》以及《广韵》和《集韵》等韵书，再结合当时中日已有的《韵镜》研究成果校正讹夺。《韵镜校笺》则据日本流传的版本，对《韵镜》列字异同与正误等作出考辨，对日本各时期产生的"层累"进行了剥除，为《韵镜》提供了一个精校本。

通论性著作有：李新魁《韵镜研究》和孔仲温《韵镜研究》。李新魁的《韵镜研究》是我国研究《韵镜》较早的文章，它主要阐述了"内外转"和

"开合"，并将《韵镜》所列字同《广韵》、《集韵》小韵首字进行了比较。得出以下四点结论：1.《韵镜》的分韵、列字均明显地看出《广韵》对它的影响，它不会作于《广韵》之前；2.《韵镜》不会根据《广韵》而作，因为它的列字有相当多的数量与"广韵"不合；3.《韵境》所据的韵书必与《广韵》甚为接近，《韵镜》成节以后可能再依据《广韵》某一种本子校定过；4.《韵镜》与《集韵》有一定的关系，当然，它也不会是据《集韵》所作的韵图。李新魁先生对《广韵》和《集韵》的比较结果是可信的，但是进一步推论《韵镜》撰作的年代，可能还是有些风险。台湾学者孔仲温的《韵镜研究》则是对《韵镜》进行全面研究的一部著作，作者对《韵镜》的源流、《韵镜》的撰述年代、《韵镜》在历史上的流转情况、《韵镜》的内容以及《韵镜》的音系都有比较详细的介绍和研究。

第三节　郑樵及其《七音略》

《七音略》和《韵镜》一样，同为现存最早的韵图。南宋郑樵（1104～1162）撰，原是《通志》的第36卷。《通志》完成于绍兴三十一年（1161），《七音略》应在此时或稍前完成。原序说："臣初得《七音韵鉴》，一唱而三叹！胡僧有此妙义，而儒者未之闻。"《通志·六书略·论华梵》说："切韵之学，自汉以前，人皆不识，实自西域流入中土，所以韵图之类，释子多能言之。"又说："观今《七音韵鉴》出自西域。"由此推知，郑樵《七音略》是依据《七音韵鉴》修订而成，《七音韵鉴》最早可能叫《韵镜》。虽然《韵镜》、《七音韵鉴》、《七音略》之间有继承关系，但《七音略》在体制和列字上还是有很多不同。

一、《七音略》的版本

《七音略》的版本主要有元至治二年（1322）刊本，北平图书馆曾于1935年影印。2003年上海辞书出版社发版了杨军的《七音略校注》，即将此本为底本作校注。另外有清代乾隆年间的武英殿本和民国时期中华书局的《四部备要》本。

二、《七音略》的体例

《七音略》也分四十三图，与《韵镜》一样。但有三个图的排列顺序与《韵镜》不同：《七音略》的三十一、三十二、三十三图是"覃咸盐添谈衔严凡"八韵，在三十四图"唐阳"韵之前。《韵镜》将这八韵排在三十八图"侵"韵后四十二图"登蒸"韵前。另外《韵镜》将"废"韵寄于"微"韵入声的位置，《七音略》则放在"佳"韵入声的位置。《七音略》各图的格式与《韵镜》大致相同，但在具体的标识上与《韵镜》有不同。《七音略》右边第一栏仍标"内、外转"和"图次"，但不标"开、合"，而标了"平、上、去、入"四个调名。在左边第一栏，《七音略》标注了"重中重"、"重中轻"、"轻中重"或"轻中轻"的字样，其中第一个字为"重"的，相当于《韵镜》的开口，第一个字为"轻"的，相当于《韵镜》的合口。后一个"重"或"轻"的含义目前还不是很清楚。少数标识下还有"内重"或"内轻"的小字。《七音略》的声母用三十六字母表示，也分为 23 列，但不标"清浊"。声母的排列顺序与《韵镜》一样，但不标"唇、舌、牙、齿、喉"，而是代之以"羽、徵、角、商、宫"。

三、《七音略》的内容

《七音略》的入声韵也与阳声韵相配，但"铎药"韵的开口字，既列在"唐阳"韵的入声，又列于"豪肴霄萧"韵的入声。这开了后代韵图入声兼配阴阳的先河，应该是当时一些入声韵的韵尾已经开始消失的反映。《七音略》的列字也与《韵镜》差不多，但据《集韵》增加了不少字。如东韵比《韵镜》多了"徿辀确毃"四字。除"辀"字外，其他三字的音韵地位都与《集韵》增加的小韵相合。而"辀"字则可能是《集韵》增加的小韵"雡"字之讹。

《七音略》在列字上有些已透露出宋代语音的信息。如外转二十五图上声皓韵定母位置已经列了"道"字，又在去声"号"韵定母位置上列了"道"字。"道"字在《王一》《王三》和《广韵》中都只有上声一读，并无去声之又音。去声此位应是"导"字，《韵镜》去声位正列"导"字。《集韵》"道"字虽有去声之又音，但小韵首字还是"导"字。《七音略》去声列"道"字，显然是分不出浊上和浊去的差别了。

四、《七音略》的影响

由于过去一直认为最早的韵图是司马光的《切韵指掌图》，所以《七音略》并不受到重视。加之《七音略》本收于《通志》中，《通志》旧归史书类，其中的《六书略》和《七音略》被认为非史书之正宗，当然也不被看重。《四库全书总目提要》说："至于《六书》《七音》，乃小学之支流，非史家之本义。矜奇炫博，泛滥及之，此于例为无所取矣。"直到《韵镜》被重新发现之后，《七音略》的价值才得到肯定，逐渐受到重视。

第四节　《切韵指掌图》

《切韵指掌图》旧题宋司马光（1019～1086）作，卷首宋人董南一的序也说"图盖先正温国司马文公所述也"。并载司马光自序一篇。《四库全书总目提要》认为"第光传家集中，下至《投壶新格》之类，无不具载，惟不载此书"，怀疑其作者为伪托。赵荫棠考证《切韵指掌图》的撰作年代应在淳熙三年（1176）到嘉泰三年（1203）之间，因为从司马光死后到嘉泰三年之前，凡著录家言及等韵者，象郑樵、沈括、张麟之、朱熹等人都没有提到此书，所以此书非司马光所作是可以确定的。

一、《切韵指掌图》的版本

《切韵指掌图》现有宋绍定三年（1230）本，此本有中华书局1986年影印本；瞿氏铁琴铜剑楼藏影宋写本，上海涵芬楼《四部丛刊续编》所收《切韵指掌图》据此本影印；永乐大典本，后收入《四库全书》，严式海加以刊印收入《音韵学丛书》；同文书局石印影宋本等。

二、《切韵指掌图》的体例

《切韵指掌图》在体例上与前代韵图有很大的不同，它将前代韵图的43图删并为20图，将韵书中不同韵的字合并在一起。打破了韵图按韵书小韵的反切来列字的原则，这是韵图格式的革新。各图前有一个二十图总目，在总目中标明了独韵和开合韵，独韵的名称是《切韵指掌图》最早提出来的。图的排列顺序是前六图列独韵，后十四图列开合韵，也打乱了《韵镜》《七音略》遵守《广韵》韵目次序的陈规。各图的最右栏只标图次和平上去入，不标"内外"和"转"等名称。《切韵指掌图》的左边一栏仍列《广韵》206韵的韵目，但因为只有20图，很多韵合并后放在一起。声母还用三十六字母，但不是象《七音略》那样排成二十三列，而是一字排开，分为三十六列排列。图的纵栏仍是先分平、上、去、入四声，每个声调内再分四行列一、二、三、四等的字。

三、《切韵指掌图》的内容

《切韵指掌图》虽然还没有用十六摄的名称，但已经有了摄的概念，因为它的二十图基本上是按照摄来合并不同的韵的。但是他又把蟹摄三、四等字与止摄的字排在一起，打破了摄的界限。从《切韵指掌图》所反映的语音现象来看，有不少学者认为它可能产生于《四声等子》之后。

《指掌图》对字音的安排已考虑到了当时的实际语音。这不仅反映在将《广韵》中相近的韵合并到一个图中，而且表现在将入声韵兼配阳声韵和阴声韵。如"德"韵字既配"登"韵，又配"痕魂"韵，还配"侯"韵和"支之"韵；"质"韵字既配"真"韵，又配"尤"韵和"支之"韵。《指掌图》列字上的革新还有一点也引起后代学者的注意，就是把止摄精组声母的三等的"兹雌慈思词"等字升列一等，这是近代汉语中舌尖元音韵母出现的重要证据。此外《指掌图》中有很多三、四等字混列的情况，这些都为后来的音韵学者通过《指掌图》研究当时的语音系统提供了材料。

四、《切韵指掌图》的影响

由于《切韵指掌图》旧题司马光作，而《韵镜》在国内曾一度失传，所以此书曾被当作最早的韵图。《四库全书总目提要》说："等韵之说，自后汉与佛经俱来。然《隋书》仅有十四音之说，而不明其例。华严四十二字母，亦自为梵音，不隶以中国之字。《玉篇》后载神珙二图，《广韵》后列一图不著名氏，均粗举大纲，不及缕举节目。其有成书传世者，惟光此书为最古。"因此此书在过去影响较大，流传较广。1915 年中华书局编的《中华大字典》曾将《切韵指掌图》附于卷首，可见其直到民国仍有影响。

第五节 《四声等子》

《四声等子》不著撰人姓名，其序文有"近以《龙龛手鉴》重校，类编于《大藏经》函帙之末，……遂以此附《龙龛》之后"等语，可以知道《四声等子》曾附于《龙龛手鉴》之后。《龙龛手鉴》作于辽统和十五年（997），因此《四声等子》当作于此之后。元代熊泽民的《切韵指南》"序"中说："古有《四声等子》，为流传之正宗"，可知《四声等子》在元代流传已久。赵荫棠和李新魁都认为其撰作年代应在北宋末期或南宋初期。

一、《四声等子》的版本

此书曾收入《四库全书》，但在清代流传并不广，伍崇曜将其选入《粤雅堂丛书》，于咸丰十一年（1861）刊刻印行。后姚觐元从杭州文澜阁抄出，收入《咫进斋丛书》刊行于世。民国时期，王云五等编《丛书集成初编》，即据咫进斋丛书本影印。台湾商务印书馆于1983年影印出版了文渊阁《四库全书》，北京商务印书馆于2005年影印出版了文津阁《四库全书》。目前《四声等子》可见的版本有文渊阁《四库全书》本、文津阁《四库全书》本、粤雅堂本、咫进斋本和《丛书集成》本等五种。

二、《四声等子》的体例

《四声等子》共分20图，以十六摄来统辖206韵。一摄的韵或列一图，或列两图。但江摄附于宕摄，假摄附于果摄，梗摄附于曾摄。每图的右边标有摄名、内外转和图次。但图次的数字与实际排列的顺序并不相应。如第一图是"通摄内一"，第二图是"效摄外五"，而"止摄内二"排在第九图和第十图。声母的排列与《七音略》类似，以三十六字母标目，排成二十三列。但五音的顺序与《七音略》稍有不同，将牙音与唇音的位置作了互换。喉音四母的顺序是"晓匣影喻"，也与《七音略》的"影晓匣喻"不同。《四声等子》列字的格式不是先分四声，而是先分四等，每等之内再分列平、上、去、入四声的字。

《四声等子》的出现是韵图进一步发展的结果，它开始按照实际语音，合并《韵镜》《七音略》等韵图。《四声等子》在等韵观念和韵图制作上，起着示范性的作用。它提出的"摄"为后世韵图所效法，而它的音韵系统，则可以给我们提供更多宋元时期实际语音的信息，可以填补《切韵》系韵书和《中原音韵》系韵书中间的语音历史，对于整个语音史的构建有重要的意义。

三、《四声等子》的内容

《韵镜》四十三个图，合并而为《四声等子》的二十图。其最大的特点在于首次以"摄"的概念和名称来统摄各韵。每个图首先注明它所属的"摄"，以及内外转情况，然后注轻重开合情况。如"蟹摄外二轻重俱等韵，合口呼"，说明蟹摄中有真二等，所以是外转，"轻重俱等"则说明在合口呼中已经产生了一些开口呼的小韵。《四声等子》图次的数字有不少与后出的《切韵指南》的图次顺序相同。所以钱曾《读书敏求记》以为此书即刘鉴所作之《切韵指南》，曾一经翻刻，特易其名。对此，《四库全书总目提要》已作辩析云："此书'曾'摄作'内八'，而《指南》作'内六'；'流'摄此书作'内六'，而《指南》作'内七'；'深'摄此书作'内七'，《指南》作'内八'；皆小有不同。"此外，《四声等子》附"江"于"宕"，并"梗"于

"曾","咸"摄只立一图,都与《切韵指南》不同。《四声等子》列字的另一个特点是将入声韵兼配阴声韵和阳声韵。除了效摄配有入声韵外,其他的止、遇、果、蟹几摄阴声韵也都配有入声韵。这些阴、阳两配的入声韵主要是收〔–k〕尾和〔–t〕尾的字,"咸"摄和"深"摄的入声并不与阴声韵相配。反映出当时入声〔–k〕尾和〔–t〕尾已开始消失,而〔–p〕尾仍然未变。

　　《四声等子》卷首列有九条门法,分别是"辨音和切字例"、"辨类隔切字例"、"辨广通偏狭例"、"辨内外转例"、"辨窠切门"、"辨振求门"、"辨正音凭切寄韵门法例"、"辨双声切字例"、"辨迭韵切字例"。这是为了帮助读者掌握韵图使用方法的条例。这些条例有的称为门,有的称为例,不一定是《四声等子》作者的创造。

四、《四声等子》的影响及研究

　　从熊泽民的"古有《四声等子》,为流传之正宗"这一说法来看,《四声等子》在元代就有了一定的影响。但明清两代此书流传并不广,也许是因其不著作者名姓,被作者名气更大的《切韵指掌图》掩盖了。唐作藩先生著有一篇《〈四声等子〉研究》的论文,详细比较了《等子》的五个版本的异同,并分摄讨论了《等子》每一摄的特点,并将《等子》与早期的韵图《韵镜》、《七音略》与同类的《切韵指南》、《切韵指掌图》相比较,然后归纳了《等子》的音韵系统。其研究成果为:(1)归纳《等子》为十九部,四十九个韵母,已经非常接近《中原音韵》的系统了。(2)支思韵尚未产生。(3)保留喻三和喻四的分别,入声韵兼承阴阳,保留失去意义的"重纽",体现了其保守性。可见《四声等子》也是"旧瓶装新酒",只是比起《集韵》来,它的时音成分更多。

第六节　刘鉴及其《切韵指南》

　　《切韵指南》的全称是《经史正音切韵指南》,成书于元至元二年(1336)。作者刘鉴,字士明。刘鉴的生平,史书无载。刘在自序中称自己为"关中刘鉴",熊泽民的序则称其"安西刘君"。安西辖境相当于今陕西中部一带。除《切韵指南》外,刘鉴还著有《经史动静字音》一卷,附于《切韵指南》后。

一、《切韵指南》的版本

　　《切韵指南》版本较多,大致可以分为三个类型。第一类可以明弘治九年

（1496）金台释子思宜重刊本为代表，包括明正德年间（1506～1522）金台衍法寺重刻本和万历五年（1577）圆通如彩重刊本。《碧琳琅馆丛书》本和《芋园丛书》本即以万历五年本为底本。这类本子比较接近原书。第二类可以明嘉靖刻本为代表，包括万历十七年和二十六年刻本，这类本子比第一类增加了一些字。第三类是清康熙二十五年（1686）天生院释恒远的重刻本，此本以万历二十六年本为底本，但改动的地方极多。

二、《切韵指南》的体例

《切韵指南》全书共分二十四图，以十六摄统辖之。其中"通、江、遇、效、流、深"六摄各立一图，"止、蟹、臻、山、果（假附于果）、宕、曾、梗"八摄各分为开合两图，"咸"摄也分为两图。《切韵指南》的体例与《四声等子》很接近，但两者还是有很多差别，上文已有介绍。此外，《切韵指南》在以下几方面也与《四声等子》不同：一、韵部标目不同。《等子》的"嘘、臻、栴、样、裥、敬"这6个韵目，《指南》作"虞、殷、迄、漾、谏、诤"。二、唇音字的开合安置不同。如止摄四等的"卑纰匕鼻寐必匹邲蜜"九字，《指南》列开口，《等子》则列合口。宕摄一等的"帮傍"二字，《指南》列合口，《等子》列开口。三、入声韵与阴声韵相配不同。而其他字的列位不同还有不少，此不赘述。

三、《切韵指南》的内容

刘鉴在《指南》自序中说其书"与韩氏《五音集韵》互为体用，诸韵字音皆由此韵而出"。韩氏《五音集韵》即指韩道昭的《改并五音集韵》。从列字来看，《指南》确实与《五音集韵》有依承关系。这里举一个字即可证明。《指南》通摄三等去声喻母位列有"趙"字，而其他韵图此位俱无字。"趙"字《王三》《巾箱本广韵》《集韵》均作千仲切，当在清母位，《韵镜》《七音略》《指掌图》正列于四等清母位。查《五音》"趙"字却标为喻母三等，作"于仲切"。《指南》"趙"字之地位与《五音》切语相合，据《五音》而列无疑。据统计，《指南》中有31字是《广韵》《集韵》未收，其他韵图也未列，而《指南》据《五音》所收字增加的。此外有18个字，《指南》的列位与其他韵书的反切不合，而与《五音》切语相合。

《指南》虽与《五音》"互为体用"，但两者从反映的语音系统来看，还是有很多不同之处。两书都对中古的韵部有归并，《五音》将206韵归为160韵，《指南》表面上也用了160韵目，但实际列字有些韵已经合并了。比如

"东冬"（以平赅上去入，下同）《五音》分为两韵，《指南》并为一图。在韵目栏将东冬并列，图内列字也相混。如"东通"是东韵字，而"䑏"是冬韵字；"秃独"是屋韵字，"辱"却是沃韵字。可见《指南》东冬两韵系实际上已合并。《五音》分立而《指南》合并的韵系除东冬外，还有鱼虞、脂微、泰队代、霁祭废、真殷、谆文、元仙、清青。如果按上去入四声统计，共合并了28个韵部，所以《指南》实际上只有132韵。这样一来，《五音》中共有351个小韵在《指南》中无法列出。这种归并，大概是受了《四声等子》的影响。

四、《切韵指南》的影响

《切韵指南》在过去影响较大，《四库全书总目提要》说"言等韵者，至今多称《切韵指南》"。清代李光地的《音韵阐微》则认为"按韵分音在于字母……其法出自梵僧，详析于宋郑樵《七音略》，而审定于元刘鉴《切韵指南》"。清代很多韵图不同程度地受有《切韵指南》的影响。就连《康熙字典》卷首的《等韵切音指南》，从格式到列字都与《切韵指南》极其相似。

思考和练习

（1）试将《广韵》东韵的34个小韵根据《韵镜》列字原则填入相应的位置。

（2）《七音略》与《韵镜》有哪些差别？

（3）《切韵指掌图》《四声等子》与《广韵》系韵书的关系是怎样的？

（4）《切韵指掌图》与《四声等子》在体例上有什么不同？

（5）《切韵指南》与《四声等子》有哪些差别？

第四章

古音学文献

第一节 吴棫及其《韵补》

吴棫（约1100～1154），字才老，南宋建安（今福建建瓯）人，他撰写的《韵补》一书可以看作是古音学研究的源头。徐蕆为《韵补》作的序称吴棫还著有《书裨传》、《诗补音》、《论语指掌》、《考异续解》、《楚辞释音》等书，但现在留传下来的只有《韵补》。

一、《韵补》的版本

《韵补》的版本较多，有清光绪九年（1883）邵武徐氏刊本、借月山房汇抄本、《连筠簃丛书》本。商务印书馆《丛书集成初编》所收即据《连筠簃丛书》本影印。上海古籍出版社1987年有影印《文渊阁四库全书》本。

二、《韵补》的体例

《韵补》体例表面上与《广韵》相似，但实质与《广韵》不同。全书分为5卷，以《广韵》206韵为框架，韵目大多据《广韵》，韵的排列顺序也依《广韵》。但凡某韵字古书上有和别的韵相押的，就在此韵的韵目下注"古通某"或"古转声通某"，不再收字。比如上平声"东冬钟江"四韵，只有一"东"下收字，二冬三锺四江只列韵目，不收字。二冬和三锺下注"古通东"，四江下注"古通阳，或转入东"。用这种方法，将那些他认为古韵可"通"或"转"的韵放在一个韵内。在一韵内又将古音相同的字，放在同一小韵，小韵之间也用圆圈隔开。小韵首字后注有反切。每字都有释义，并列出古代押韵的例子来证明其古音。《韵补》前列有所引韵文材料的书目，共50种。其中既有先秦的，也有汉魏六朝的，还有唐宋时代的，为后人所诟病。

三、《韵补》的内容

"通"和"转"是《韵补》分析古音的主要方法，归纳吴棫的"通"和"转"，可以将206韵分析为35个韵类，其中平声和上声各为9韵，去声11韵，入声6韵。下面列出其平声和入声的韵类（圆括号内是他注为与前面的韵"通"的，方括号内是他注为"转"的）：

1. 东（冬钟）［江］
2. 支（脂之微齐灰）［佳皆咍］
3. 鱼（虞模）
4. 真（谆臻殷痕庚耕清青蒸登侵）［文元魂］
5. 先（仙盐（沾）严（凡））［寒桓删（覃（谈）咸衔）山］
6. 萧（宵肴豪）
7. 歌（戈）［麻］
8. 阳（江唐）［庚耕清］
9. 尤（侯幽）
10. 屋（沃烛）［觉］
11. 质（术栉职（德）缉）［勿］（迄）
12. 月（屑（薛）陌（麦昔（锡））叶（帖）业）［没曷末黠］（辖）
13. 药（铄觉）
14. 合（盍）
15. 洽（狎乏）

上声的韵类与平声一样，去声的第五类和第七类又各分为两类，所以有11类。所谓"通"，大概是这些韵古代的读音相同。而注"转入某韵"的，大概是本来读音不同，但押韵时可以相通。从标目下的注来看还是分界清楚的，但实际收字有很多与所注通转并不相合。如"江"韵下注"古通阳或转入东"，但"江"字只收入"东"韵，"阳"韵并无"江"字。"钟"韵下注"古通东"，但"东"韵内并不收"钟"字，而是收在"阳"韵。又如"登"韵标注通"真"韵，但"登"字却收在"东"韵，又收在"阳"韵。

四、《韵补》的影响

吴棫已经认识到古音与《广韵》并不相同，并且用韵文材料来证明古音，这些都是有见地的。但其"通""转"之说，实际上并没突破"叶音说"的束缚。他对古韵的分析取材繁杂，所引书五十种中，下逮欧阳修、苏轼、苏辙诸作；且通转标注与实际收字多不相合，分部混乱，其结论多不可信。《四库全书简明目录》称"其书部分多谬误，引证尤为泛滥。然韵书始自齐梁，而古韵则自宋以前无专书，以椷此书为祖。将有其末，必求其本，故录之，以见后来之知讲古韵从此书始；后来之妄讲古韵，亦从此书始焉"，评价较为公允。

第二节　陈第及其《毛诗古音考》

陈第（1541～1617），字季立，号一斋，连江（今福建连江）人。著有《毛诗古音考》、《读诗拙言》、《屈宋古音义》等。《毛诗古音考》完成于万历三十四年（1606）。他在《毛诗古音考》自序中明确提出："盖时有古今，地有南北，字有更革，音有转移，亦势所必至。故以今之音读古之作，不免乖刺。而不入于是，悉委之叶，夫其果出于叶也？"对叶音说提出质疑。他的古今音变之说对清代古音学家有巨大影响，为清代古音学的发展奠定了基础。但是陈第只考证了单字的上古音，没有对上古音进行系统的研究。

一、《毛诗古音考》的版本

《毛诗古音考》有清乾隆二十七年（1762）徐氏重刊本，清嘉庆 10 年（1805）虞山张氏旷照阁刻本，《学津讨原》本据此本影印。此外有清光绪六年（1880）武昌张氏刻本、严氏《音韵学丛书》本。上海古籍出版社 1987 年有影印《文渊阁四库全书》本。

二、《毛诗古音考》的体例

全书共四卷，分别考证了 500 个字的古音。正文前有总目，列出全部考证之字，每字下注有陈氏所考的古音。大多用直音，少数字注声调或直音加声调。如"服"字注"音逼"，"乐"字注"音捞"；"怒"字注"上声"，"景"字"音养、上声"。也有个别字用反切注音。如"风"字注"孚金切"。在正文中每字后除了注音外，还有简要的说明。但正文最重要的是两部分，一是本证，一是旁证。本证中分别列出《诗经》中此字做韵脚的篇名和例句，旁证中则列出先秦其他古籍或汉魏南北朝的诗文例句。

三、《毛诗古音考》的内容

《毛诗古音考》将《诗经》和古代韵语中押韵不同于后代诗歌的字加以归纳，用大量的材料证实古音与今音不同，指出其语音变化。如"马"字，他举出了《诗经》、《楚辞》和汉代诗赋中共 18 个例子，说明其本与"楚、处、下、组、土、鼓"等字押韵。如《汉广》中"翘翘错薪，言刈其楚。之子于归，言秣其马。"《击鼓》中"爰居爰处，爰丧其马。"《九歌·国殇》"霾两轮兮絷四马，援玉枹兮击鸣鼓。"因此，他认为古代"马"字"音姥"。尽管其认为"马"字"音姥"的结论还有问题，但他的这种考证方法是对的，其大量例子也是可靠的。不过他没有进一步对上古音类加以分部。

四、《毛诗古音考》的影响

《毛诗古音考》对清代的古音研究有较大影响。江永《古韵标准》例言说："闽三山陈第季立著《毛诗古音考》，又有《屈宋古音义》。其最有功于《诗》者，谓'古无叶音'，《诗》之韵，即当时本音。"段玉裁《古十七部本音说》曰："三百篇音韵，自唐以下不能通，仅以为'协音'，以为'合韵'，以为'古人韵缓，不烦改字'而已。自有明三山陈第深识确论，信'古本音'与今音不同，如凤鸣高冈，而喁嗷之喙尽息也。"《四库全书总目提要》说："国朝顾炎武作《诗本音》，江永作《古韵标准》，以经证经，始廓清妄论。而开除先路，则此书实为首功。"陈第的古音研究确有开创之功。

第三节　顾炎武及其《音学五书》

顾炎武（1613～1682），原名绛，明亡后改为炎武，字宁人，号亭林，南直隶昆山（今江苏昆山）人。曾起兵抗清，明亡后累拒仕清，专事学问。他是清代朴学的开创者，在经学、史学、舆地学、音韵学等方面都卓有成就。他是第一个用科学的方法研究上古音、对上古韵类进行分部的学者，是清代古音学的奠基人。著有《音学五书》、《日知录》、《左传杜解补正》、《肇域志》等书。《音学五书》前有曹学佺作于崇祯十六年（1643）的序，而作于康熙十九年（1680 年）的顾氏后序云："予纂辑此书几三十年，所过山川亭障，无日不以自随。凡五易稿而手书者三矣。然久客荒壤，于古人之书多所未见。日西方莫，遂以付之梓人。故已登版而刊改者犹至数四。"可见顾氏对此书作过多次修订。

一、《音学五书》的版本

《音学五书》有清康熙十九年（1680）的符山堂刻本。光绪十一年（1885）观稼楼仿刻本，此本有中华书局 1982 年的影印本。此外还有潘耒

《亭林遗书》本和《万有文库》本。

二、《音学五书》的体例

《音学五书》分为《音论》、《诗本音》、《易音》、《唐韵正》和《古音表》五个部分。《音论》是总述其音韵学思想的，对一些重要问题提出自己的看法。《诗本音》列出《诗经》原文，在押韵字下一一注明《广韵》的韵部，凡于其所认定之古音不合者，则注"古音某"；并详考此字在《诗经》或其他古籍出现之次数，谓读音并同；又谓"后人混入某韵"或"后人误入某韵"。《易音》是考查《易经》中押韵字的古音的，体例与《诗本音》基本相同，但不录《易经》全文，只列有韵之文。《唐韵正》以《广韵》韵部为序，一一列出顾氏以为今音与古音不同之字，注云"古音某"，并引经传之文以证之。《古音表》分古音为 10 部，以表格形式列出其分部内容，每部按四声分列《广韵》韵目；对《广韵》某韵在上古应分为两部者标以"半"，并列常用字；对个别他韵当移入此韵之字，亦附列韵目下；入声除闭口韵外，都配阴声。

三、《音学五书》的内容

《音论》分三卷，共 15 篇，其中卷中 6 篇所论多与上古音有关。如《古人韵缓不烦改字》一篇反对宋人叶音改字之法。《古诗无叶音》中详引徐蕆、陈第等人之说，辨古音非叶。并认为古诗中间有与正音不合者，或出于方音之不同，然只占百中之一二。《近代入声之误》以韵书入声配阳声为误，认为古音入声当配阴声。

《诗本音》十卷和《易音》三卷，主要用材料证明其古音思想和古韵分部。

《唐韵正》二十卷，要以古音来纠正《唐韵》之误，以古今音变为标准，共收 2010 字。凡古音与今音同者不收，古音与今音不同者，则一一注明其古音并加以考证。顾氏将支韵一分为二，一半在第二"脂之微齐"等，一半在第六"歌戈麻"。将庚韵一分为二，一半在第七"阳唐"，一半在第八"耕清青"。这些看法是很有见地的。

《古音表》二卷。所分古韵如下表（举平以赅上去）：

第一　　东冬锺江

第二　　支半脂之微齐祭佳泰皆灰咍夬废尤半，质术栉昔半职物迄屑薛锡半月没曷末黠辖麦半德屋半

第三　　　鱼虞模麻半侯，屋半沃半烛觉半药半铎半陌麦半昔半

第四　　　真谆臻文殷元魂痕寒桓删山先仙

第五　　　萧宵肴豪尤半幽，屋半沃半觉半药半铎半锡半

第六　　　歌戈麻半支半

第七　　　阳唐庚半

第八　　　庚半耕清青

第九　　　蒸登

第十　　　侵覃谈盐添咸衔严凡，缉合盍叶怗洽狎业乏

这个分部还很粗疏，但其中第六、第七、第八和第九部的划分已基本成形，为后人认同。

四、《音学五书》的影响

《音学五书》对清代的古音研究有很大影响，它从理论和实践上彻底否定了叶韵说，奠定了古音学的基础，开拓了音韵学研究的新领域。《音学五书》在古音学上的贡献更多的是在方法论上。顾不为后代韵书所束缚，就古韵言古音，大胆离析《广韵》，替后人的研究奠定了基础。中古韵书是将入声字与阳声韵相配的，而《诗经》的入声字常与阴声韵字相押，所以顾将入声字归入阴声韵内。只有收－p尾的入声字仍归入收－m尾的阳声韵内。但顾的研究也有一个毛病，就是他认为后代韵书与古人用韵不合的地方都是后人错了，其《唐韵正》要依据先秦古韵来纠正《唐韵》的错误，这种复古的观念，实质上仍然否认了语音的变化。

第四节　江永及其《古韵标准》

江永（1681～1762），字慎修，安徽婺源（今江西婺源）人。博学多闻，著述宏富，是徽派朴学的创始人。他在礼学、天文、历算、音律等方面都有研究，尤以音韵研究成就最为卓著。音韵学方面的著作有《古韵标准》、《四声切韵表》、《音学辨微》等。他的音韵学说，对其弟子戴震有深刻影响，是清代古音学家中审音派的开创者。《古韵标准》是江永晚年的作品，戴震参定，成书于乾隆二十四年（1759）。

一、《古韵标准》的版本

《古韵标准》有清乾隆五十四年（1789）周氏竹西书屋本、《贷园丛书》

本和《粤雅堂丛书》本。1936 年《丛书集成》初编所收是据《贷园丛书》本影印。

二、《古韵标准》的体例

此书按平、上、去、入分为四卷，各卷按《广韵》韵目顺序排列韵部，其中平、上、去三声各分十三部，入声八部。每部之前先列《广韵》韵目，次列韵字。韵目中如有上古当分为两部者，在韵目前标以"分"以区别。如属他韵当入此部者，则标以"别收"。平声第二部下标：

韵目分五支	六脂	七之	八微
十二齐	十三佳	十四皆	十五灰
十六咍	分十八尤	别收二十三魂	别收八戈
别收去声八未	别收去声十六怪		

每部中先列"诗韵"，于韵字下分别注反切表示古音，并加注考证。对于《诗经》中不入韵之字，于诗韵后别列"补考"，以《楚辞》、群经韵文补《诗经》之未备，辨其古音归属。每部之末，附以总论，论述各部分合之理由。

此书卷首有《诗韵举例》一篇，自注云："韵本无例，《诗》用韵变动不居，众体不同则例生焉。不明体例将有误读韵者，故先举此以发其凡，自是而古韵可求，其非韵者亦不致强叶误读矣。"他归纳的《诗经》韵例有：连句韵、间句韵、一章一韵、一章易韵、隔韵、三句隔韵、四声通韵、三句见韵、四句见韵、五句见韵、隔数句遥韵、隔韵遥韵、隔章尾句遥韵、隔章章首遥韵、分应韵、交错韵、句中韵、叠句韵等。

三、《古韵标准》的内容

江永的古音十三部比顾氏的十部多了三部，分别是：鱼部中分出侯部，从真部中分出元部，侵部中分出谈部。他在《古韵标准》"例言"中认为顾的十部"离合处尚有未精，其分配入声多未当，此亦考古之功多，审音之功浅。"因此他常结合等韵学原理来分析古音。顾收 -n 尾的阳声韵只有一部，江依据语音的"洪细"原理，分为"真、元"两部。他在平声第四部"总论"中说：

自十七真至下平二仙，凡十四韵，说者皆云相通，愚独以为不然。真谆臻文殷与魂痕为一类，口敛而声细；元寒桓删山与仙为一类，口侈而声大，而先韵者界乎两类之间，一半从真谆，一半从元寒者也。《诗》中用韵本截然不紊。读者自紊之耳。

根据同样的道理，他把顾的"侵"部，分为"侵、谈"两部。另外他把顾的"鱼"部分为"鱼、侯"两部，"侯"部中的还有一些字是从顾的"萧"部分出的。他在平声第二部"总论"中说：

　　顾氏《唐韵正》五支韵注云，此韵当分为二：自支枝以下皆读如今音，所以俱引经文及楚辞，以明其与移蛇以下等字绝不相通，然后可分之各自为部耳。……衰字注云，以上字当与六脂七之通为一韵。凡从支、从氏、从是、从儿、从此、从卑、从虒、从尔、从知、从危之属皆入此。羲字注云，以上字当与七歌八戈通为一韵。凡从多、从为、从麻、从乖、从皮、从隋（去左阝）、从奇、从义、从罢、从离、从也、从差、从丽之属皆入此。案顾氏此说甚善，以字偏旁别声音，尤得要领。九麻十二庚十八尤皆用此例，析一韵为二，以辨古音之通否。愚谓十虞一先三萧五宥六豪皆当用此例。虞韵一支通鱼模，一支通尤侯；先韵一支通真文魂，一支通元寒仙；萧宥豪一支通宵．一支通尤侯。不犹支韵一支通脂之，一支通歌戈乎？

　　江永不仅用语音学原理去分析古音，并且认为顾炎武"以偏旁别声音，尤得要领"，便以此法来进一步离析《广韵》，这是他比顾氏高明之处。

四、《古韵标准》的影响

　　《古韵标准》在古音学上的贡献主要有两点：一是取材更为严密，以"诗韵"为主，"补韵"为辅，确立分部标准。《四库全书总目提要》说："永是书惟以《诗》三百篇为主，谓之'诗韵'，而以周、秦以下音之近古者附之，谓之'补韵'，视诸家界限较明。"二是以语音学原理来解释古音分部，离析《广韵》，分出"侯、元、谈"三部。此外《古韵标准》对《诗经》韵例的分析，有助于后人了解《诗经》押韵体例，更精确地分析《诗经》韵部。

第五节　段玉裁及其《六书音韵表》

　　段玉裁（1735～1815），字若膺，号茂堂，江苏金坛人。段玉裁是戴震的学生，两人都为清代有名的经学家，段氏尤精文字、音韵、训诂之学，著有《说文解字注》、《六书音韵表》、（"韵"字原作"均"，是"韵"的古字）《经韵楼集》、《诗经小学》等书。其《说文解字注》被认为是清代研究《说文解字》的四大家中最好的著作。《六书音韵表》前有段氏给戴震的信，谓此书始撰于乾隆丁亥年（1767），此后数易其稿至乙未年（1775）才写定。

一、《六书音韵表》的版本

《六书音韵表》现有清乾隆四十一年（1776）刻本、清道光九年（1829）广东学海堂刻的《皇清经解》本、民国时中华书局印的《四部备要》本。上海古籍出版社1995出版的《续修四库全书》经部第244册收有此书，据南京图书馆藏清乾隆四十一年富顺官廨刻本影印。而各种版本的《说文解字注》后都附有《六书音韵表》。

二、《六书音韵表》的体例

全书分别由五个表组成：表一"今韵古分十七部表"；表二"古十七部谐声表"；表三"古十七部合用分类表"；表四"诗经韵分十七部表"；表五"群经韵分十七部表"。

表一是其古音思想的总论。先列表标出其古音17部与206韵韵目的对应关系，然后分部解释各部分用或独用之理由，以及平、入相配情况，并提出了十七部本音说、十七部音变说等很有价值的观点。表二首先论述"同谐声者必同部"的观点，然后按十七部分列各部谐声偏旁，共收1500多个谐声偏旁。表三首先说明十七部的顺序是按音近原则来排列的，并将十七部分成六类，然后论述同类而不同部者可以合韵、假借及异平同入的道理。表四是《诗经》的韵谱，按十七部把《诗经》所有押韵字逐一列出。凡《广韵》转入他韵声，在字旁加点标识，凡合韵之字，则在字外加圈标识，并在每个韵段下注篇章名。每部后还列"古本音"和"古合韵"两类字，并作说明。表五的体例与形式跟表四相同，所列为群经、《国语》及《楚辞》中的押韵字。

三、《六书音韵表》的内容

《六书音韵表》继承了顾炎武、江永的研究成果，并且加以发展，分古韵为十七部。与江永相比多出了四部，他所分四部情况如下：①支、脂、之三分。段玉裁之前，《广韵》支佳、脂微齐皆灰、之咍三组韵，古韵归为一部，段氏将它们分为第一、第十五和第十六部三部，并对这三部的分用作了说明。这点受到了古音学家的普遍赞同，认为是段氏的一大发明。②真、文分部。江永从顾炎武的第四部中分出元部，但真、文仍在一部，段玉裁把真、文分为两部。③侯部独立。江永把虞韵一半分出，归入侯韵，这样做是合理的。但他又把侯韵和幽韵合为一部，这是不对的。段玉裁把侯韵独立为一部，既不入鱼部，也不与幽部相混。

段玉裁的另一个贡献是将谐声系统与古韵分部全面结合起来，提出了

"同谐声者必同部"的原则。他在"古十七部谐声表"中说：

> 六书之有谐声，文字之所以日滋也。考周秦有韵之文，某声必在某部，至
> 啧而不可乱。故视其偏旁以何字为声，而知其音在某部，易简而天下之理得
> 也。许叔重作《说文解字》时，未有反语，但云某声某声，即以为韵书可也。
> 自音有变传，同一声而分散于各部各韵，如一"某"声，而"某"在厚韵，
> "媒、腜"在灰韵，一"每"声，而"悔、晦"在队韵，"敏"轸韵，"晦、
> 痗"在厚韵之类，参差不齐，承学多疑之。要其始则同谐声者必同部也。

顾炎武和江永虽然在一些韵的分合上已注意到以谐声偏旁来离析《广
韵》，但并没有认识到"同谐声者必同部"这一原则，并全面运用到古音分
部上。

段玉裁在古音十七部排列的顺序上也有他的新意。他的十七部顺序分别是
（只列出其表第一个韵目）：

第一之；第二萧；第三尤（幽）；第四侯；第五鱼；第六蒸；第七侵；第
八覃（谈）；第九东；第十阳；第十一庚（耕）；第十二真；第十三谆（文）；
第十四元；第十五脂；第十六支；第十七歌

他是按各部在上古读音是否相近来排列韵部的。他认为明白了音近相次之
理，才能明白"古音分合"和"今韵转移"以及"经传假借转注"的道理。

段玉裁还认为古无去声，他说："考周秦汉字之文，有平上入而无去，洎
乎魏晋，上入声多转而为去声，平声多转为仄声，于是乎四声大备，而与古
不侔。"

四、《六书音韵表》的影响

《六书音韵表》在古音学上有很大影响。他的"之、脂、支"三分，"同
谐声者必同部"以及"古本音""古合韵"的理论，都对后来的古音研究者产
生了重要的影响。此外他提出"古无去声说"，也有其合理之处，得到了一些
学者的赞同。王力在《清代古音学》中认为："清代古韵之学到段玉裁已经登
峰造极，后人只在韵部分合之间有所不同（主要是入声独立），而于韵类的畛
域则未能超出段氏的范围。所以段玉裁在古韵学上，应该功居第一。"

第六节　戴震及其《声类表》

戴震（1723～1777），字东原，安徽休宁（今属黄山市）人。戴震曾师事

江永，博闻强记，于经学、小学、天文、历算、地理等学都有研究，尤精小学。因纪昀的推荐做过《四库全书》纂修官。其古音学著作有《声韵考》、《声类表》和《转语》。戴震是段玉裁的老师，但其古音学著作晚于段氏。《声类表》作于1777年。

一、《声类表》的版本

《声类表》有清乾隆年间孔继涵辑《微波榭丛书》本，上海古籍出版社《续修四库全书》所收据此本影印。此外有民国12年《音韵学丛书》本和《丛书集成续编》本。

二、《声类表》的体例

《声类表》共分九卷，卷首有《答段若膺论韵》一文，对其古音学思想有详细论述。

书的主要部分是表，戴震将古韵分为九类二十五部，每卷一类，用表格形式列出。前七卷各有阴、阳、入三部相配，后两卷为阳、入两部相配。戴氏将等韵学的一些概念引入上古音，每表标有开合口、内外转和重轻声。但他所说的内外转和轻重与传统韵图中的意思不同，从表中所列字看，内转所列是中古一、二等的字，外转列三、四等的字。重声是指古韵本韵部内的字，轻声是指本韵部外的字。表中第一行按平、上、去、入列出《广韵》的韵目，下分五大格，分列不同声类的字。每韵类分占两栏，一栏列清声母字，一栏列浊声母字。有些表除注开合、内外和重轻外，还注有"古音"，是指这些韵在《广韵》中并不相通，但在古音中应为一部。如第一卷为戴的"歌、鱼、铎"三部，他在"歌戈""鱼虞模铎"等韵前并不注"古音"，而在"支""麻陌昔"这些韵前注有"古音"。

三、《声类表》的内容

戴震的古韵9类25部，在各表中没有明显分出，但在《答段若膺论韵》中有一个总的概括："阿第一，乌第二，垩第三，此三部皆收喉音。膺第四，噫第五，亿第六；翁第七，讴第八，屋第九；央第十，夭第十一，约第十二；婴第十三，娃第十四，厄第十五，此十二部皆收鼻音。殷第十六，衣第十七，乙第十八；安第十九，霭第二十，遏第二十一，此六部皆收舌齿音。音第二十二，邑第二十三；醃第二十四，第二十五，此四部皆收唇音。"与段不同的是幽侯两部不分，真文也不分，但同时又从脂部分出祭部（即戴的第二十霭部）来。其25部与其他学者韵目的对应可用下表来表示：

一			二			三			四			五			六			七			八		九	
1	2	3	4	5	6	7	8	9	10	11	12	13	14	15	16	17	18	19	20	21	22	23	24	25
阿	乌	垩	膺	噫	亿	翁	讴	屋	央	夭	约	嬰	娃	戹	殷	衣	乙	安	霭	遏	音	邑	醃	□
歌	鱼	铎	蒸	之	职	东	幽	屋	阳	宵	药	耕	支	锡	真	脂	质	元	祭	月	侵	缉	谈	盍
阳	阴	入	阳	阴	入	阳	阴	入	阳	阴	入	阳	阴	入	阳	阴	入	阳	阴	入	阳	入	阳	入
收喉音			收鼻音												收舌齿音						收唇音			

他把第二到第五类的阴声韵都看作是收鼻音，这是有问题的。又把"阿"部看作阳声，也有问题。他全以影母字作为古音韵部的标目，隐含了他对这些韵部古音音值的构拟。因为影纽字没有辅音声母，更容易看出韵母的实际情况，这是他深明音理的体现。

戴震将入声从阴声韵中独立出来，构成阴、阳、入相配的体系，也是他的独到之处。他说："其前昔无入者，今皆得其入声，两两相配，以入声为相配之枢纽。"他还用音理来说明声韵正转的道理，《答段若膺论韵》说："正转之法有三：一为转而不出其类，脂转皆，之转咍，支转佳是也；一为相配互转，真文魂先转脂微灰齐，换转泰，咍海转登等，侯转东，厚转讲，模转歌是也；一为联贯递转，蒸登转东，之咍转尤，职德转屋，东冬转江，尤幽转萧，屋烛转觉，阳唐转庚，药转锡，真转先，侵转覃是也。"其第二类相配互转就相当于后来的阴阳对转理论，第三类联贯递转即相同韵尾但不同韵部之间的旁转。

四、《声类表》的影响

戴震对古音学的贡献有三：一是把入声韵独立，首创阴阳入三分的理论。他看到了阴、阳、入三者相配的事实，以入声为阴阳通转的枢纽，用音理来说明古韵相转的道理，对以后古音学的研究产生很大影响，他的学生孔广森据此提出"阴阳对转"的学说。二是把去声祭、泰、夬、废4韵同入声月、曷、末、黠、辖、屑6韵分开，独立成祭部，与元部和月部相配。他认为这些韵无论从谐声系统，还是从《诗经》用韵，都不应该合在脂微部，这是古韵学一大发明。三是以影母字作为古韵部的韵目，实为开由音类划分向音值构拟转变之先河。

第七节　孔广森及其《诗声类》

孔广森（1752～1786），字众仲，号撝约，又号顨轩，山东曲阜人，孔子七十代孙。他天资聪颖，生性淡泊，不重名利，潜心著述。父因所著书为族人讦讼，将充军塞外。他四方奔走借贷赎出其父。1786年其父客死他乡，孔广森因悲伤过度而卒。孔广森曾受业于戴震，是清朝著名的经学家、音韵学家和数学家。著有《春秋公羊通义》、《大戴礼记补注》、《礼学卮言》、《经学卮言》和《诗声类》。

一、《诗声类》的版本

《诗声类》的版本有乾隆五十七年（1792）曲阜孔广廉《谦益堂》刻本，收入《顨轩孔氏所著书》，中华书局1983年据此本影印。此外有清光绪十四年（1888）南菁书院刻的《皇清经解续编》本和1924年的严氏《音韵学丛书》本。

二、《诗声类》的体例

《诗声类》十二卷，后附《诗声分例》一卷。第一卷首有总论，谓"有本韵、有通韵、有转韵"。他将本韵分为十八部，前六卷为阳声九部，后六卷为阴声九部。每部先注明与之相应的《广韵》韵目，再列此韵部谐声偏旁之见于《诗》者，然后按《广韵》韵目顺序排列《诗经》押韵字。对于古今音异的字，则引《诗经》《楚辞》加以辩证。每部后有论韵部之间的相通和相转。《诗声分例》是讨论《诗经》韵例的，共归纳为26种，分别举例说明。

三、《诗声类》的内容

《诗声类》的所分古音十八部阳声韵与阴声韵相配，列表如下：

原类阳声第一（元寒桓删山仙）	歌类阴声第十（歌戈麻）
丁类第二（耕清青）	支类第十一（支佳麦锡）
辰类第三（真谆臻先文殷魂痕）	脂类第十二（脂微齐皆灰祭泰怪废质术栉物迄月没曷末黠辖屑薛）
阳类第四（阳唐庚）	鱼类第十三（鱼模铎陌昔）
东类第五（东锺江）	侯类第十四（侯虞屋烛）
冬类第六（冬）	幽类第十五（幽尤萧沃）

緵类第七（侵覃凡）　　　　　　宵类第十六（宵肴豪觉药）

蒸类第八（蒸登）　　　　　　　之类第十七（之咍职德）

谈类第九（谈盐添咸衔严）　　　合类第十八（合盍缉叶帖洽狎业乏）

其中阳声"丁辰"通用，"冬侵蒸"通用，阴声"支脂"通用，"幽宵之"通用。因此他的十八部又归为十二通韵。

从"东"分出"冬"部是孔广森的发明。他说："右类字古音与东钟大殊，而与侵声最近，与蒸声稍远。故在《诗》《易》，则侵韵阴、临、谌、心、深、禽，覃韵骖字，寝韵饮字，蒸韵朋、应等字皆通协。……冬侵同甩者，《长门赋》尤多，而亦无出'中，宫，崇、穷'之畛域。盖东为侯之阳声（说见侯类），冬为幽之阳声。"

另外他提出了阴阳对转的理论，认为阴声韵可以和阳声韵相配，相配的韵可以对转。他说："阳唐为鱼模之阳声，二韵可相转，如亡可通为无，荒可通为幠，放可通为甫，莽有姥音，广有鼓音，迎有遻音。举一隅，余不胜悉也。"但孔广森否认上古有入声，这是不对的。

四、《诗声类》的影响

孔广森的贡献一是东、冬分立。将顾炎武、江永、段玉裁等人的"东、冬、锺、江"一部分为他的第五部东类和第六部冬类两部。他的根据是，冬类在上古韵文中独立押韵的例子比和东类通押的例子多；冬类字在《诗经》中常常与緵（侵）类相押，而东类字不和緵类相押；阴阳相配时，冬类和幽类配，东类和侯类配。他的分析方法既有考古，又有审音，是科学的，因此他的这一结论得到后人认可。

二是确立了"阴阳对转"的理论。孔广森之前，段玉裁的老师、著名审音派语言学家戴震就作过探讨，但是比较正确地指出阴声韵部和阳声韵部相配的规律并给这种现象命名的，是孔广森。他发现了阴声韵歌类和阳声韵原类有联系，丁类和支类有联系等等。在他的韵部表中，他把互有联系的阴声韵部和阳声韵部相对排列，阴声和阳声刚好各九部，他说："此九部者，各以阴阳相配而可以对转。"今天我们来看他的阴阳相配，除緵类和宵类之外，其他基本上是正确的。

第八节　王念孙、江有诰及其古音研究

王念孙（1744～1832），字怀祖，号石臞。江苏高邮人。早年从学于戴

震。嘉庆四年（1799），清仁宗亲政，疏陈国事，弹劾和珅，名著朝野。累任直隶永定河道、山东运河道，后因永定河泛滥成灾，引咎辞职。罢官之后，潜心著述。著有《广雅疏证》、《读书杂志》、《方言疏证补》等，在文字、训诂和校勘上都卓有成就，与其子引之并称"高邮二王"，为学者推重。古音学方面的著作有《毛诗群经楚辞古韵谱》。

江有诰（1773～1851），字晋三，号古愚，安徽歙县人。读书不屑应科举，专志古学，尤致力于古音韵研究。认为周秦以来"古音日失"，古书难懂。得江永《古韵标准》和顾炎武《音学五书》，精研之几忘寝食，认为江永书能补顾所不及，但分部仍有很多缺漏，著有《音学十书》。江有诰对《说文》亦有研究，著有《说文六书录》、《说文质疑》等4种。

一、王念孙、江有诰的古音学著作版本

《毛诗群经楚辞古韵谱》有1925年罗振玉所辑《高邮王氏遗书》收入此书，改称《古韵谱》。1933年严氏《音韵学丛书》本，上海古籍出版社2002年所编《续修四库全书》245册所收据此本影印。

《音学十书》有嘉庆十九年（1814）原刊本。另有1939年严氏《音韵学丛书》本，中华书局1993年据此本影印出版。

二、《古韵谱》、《音学十书》的体例

《古韵谱》两卷，分古韵21部，上卷列有平、上、去而无入声者10部，下卷为有入声者11部。每部按《诗经》、群经、《楚辞》的顺序分列韵脚字。每个韵段后注篇章名，间有对韵例句读问题的讨论。如《周颂·烈文》的末句"於乎前王不忘"，通常看作无韵，王念孙注："句法与'於乎皇王，继序思不忘'正同，俱以'王忘'为韵。"

《音学十书》包括《诗经韵读》《群经韵读》《楚辞韵读》《先秦韵读》《谐声表》《入声表》《唐韵四声正》《汉魏韵读》《廿一部韵谱》《四声韵谱》十种，其中后三种未刻。书前有作者与段玉裁、王念孙的来往书信和"古韵廿一部总目"。总目后为"凡例"，评论前人古音研究的得失，阐述自己分韵的主张，并说明体例。"凡例"后有"古韵总论"一节，讨论《诗经》韵例、谐声偏旁归部、合韵通韵等问题。《诗经韵读》抄录《诗经》全文，于押韵字外加圆圈作标识，隔句换韵的加方框作标识，每个韵段后标明韵部。对古今音异的字，则注有直音或反切。其他几种《韵读》的体例相近。《入声表》将"之幽宵侯鱼支脂祭"八部阴声韵的字列成表，每部按所含中古韵类的多少分

为数表，每表注明为何韵之入、等、开合和韵目。表中上方横标 36 字母，竖按平上去入四声列字。

三、《古韵谱》、《音学十书》的内容

《古韵谱》卷首有"古韵二十一部通表"，列各部次序及所含四声。表如下：

1	2	3	4	5	6	7	8	9	10	11	12	13	14	15	16	17	18	19	20	21
东	蒸	侵	谈	阳	耕	真	谆	元	歌	支	至	脂	祭	盍	缉	之	鱼	侯	幽	宵
平	平	平	平	平	平	平	平	平	平	平		平				平	平	平	平	平
上	上	上	上	上	上	上	上	上	上	上		上				上	上	上	上	上
去	去	去	去	去	去	去	去	去	去	去	去	去	去			去	去	去	去	去
										入	入	入	入	入	入	入	入	入	入	入

与段玉裁的十七部相比，王多出四部。他将侵部的入声字独立，分出缉部，谈部的入声分出为盍部。又将脂部的入声分出为至和祭两部。王在考定古音 21 部之前，只见到顾炎武和江永的书，因此其分之脂支为三、真文为二、幽侯为二都是与段玉裁不谋而合。晚年又赞成东冬分部，就是 22 部。

江有诰的古韵分部与王很接近，其"古韵廿一部总目"的名称及顺序如下：

1	2	3	4	5	6	7	8	9	10	11	12	13	14	15	16	17	18	19	20	21
之	幽	宵	侯	鱼	歌	支	脂	祭	元	文	真	耕	阳	东	中（冬）	蒸	侵	谈	叶	缉

这个韵部的次序显然受到段玉裁十七部排列顺序的影响，反映了他心目中韵部关系的远近。他在"凡例"中说："古有正韵，有通韵，有合韵。最近之部为通韵，隔一部为合韵。《诗经》用正韵者十之九，用通韵者百之五六，用合韵者百之一二。"江在作古音研究时，只见过顾炎武、江永、段玉裁的书，后来才看见戴震和孔广森的书，王念孙的分部他并不知道。但他的祭部独立，叶部、缉部独立，都与王念孙相同。此外，江有诰还提出了古四声问题，认为先秦语言中也存在 4 种声调。他是第一个肯定古音有四声的学者。他认为"古人所读之声与后人不同"，先秦有些字的调类到《切韵》时代发生了变化，有从平声转到上声、或转到去声的。他能用大量材料来解释具体问题，以等韵

作为辅助手段，从一字两读、谐声偏旁和先秦韵文押韵三方面来分析古韵，从而彻底解决了平入相配和四声相配问题。

四、王念孙、江有诰的古音学影响

王念孙和江有诰的古音学说不仅为当时学者所推重，而且得到了后来古音研究者的普遍认同。江有诰的书完成后，段玉裁曾说："余与顾氏、孔氏皆一于考古，江氏、戴氏则兼以审音。晋三于前人之说择善而从，无所偏徇，又精于呼等字母，不惟古音大明，亦使今韵分为二百六部者得其剖析之故，韵学于是大备矣。"王国维《周代金石文韵读》序说："古韵之学，自昆山顾氏、而婺源江氏、而休宁戴氏、而金坛段氏、而曲阜孔氏、而高邮王氏、而歙县江氏，作者不过七人，然古音廿二部之目遂令后世无可增损。故训故名物文字之学有待于将来者甚多，至古韵之学，谓之前无古人后无来者可也。"

第九节　钱大昕及其古声母研究

钱大昕（1728～1804）清代史学家、考据学家。字晓征，号辛楣，又号竹汀，嘉定（今上海嘉定）人。参与编纂《大清一统志》、《续文献通考》、《续通志》，与纪昀并称"南钱北纪"。主讲于江南诸学院。对西北地理、元史、年代谱牒、金石铭文等均有研究；于音韵、训诂更有许多创见。主要著作有《二十二史考异》、《潜研堂文集》、《十驾斋养新录》、《元史氏族表》、《潜研堂金石文跋尾》等。在音韵学方面的成就主要是对古纽的考证。

一、钱大昕的古声母观点

钱大昕没有古音学方面的专着，他对音韵学的论述收录在《十驾斋养新录》卷五和《潜研堂文集》卷十五。清代学者古音的研究主要集中在对韵部的分类，对声类作研究的并不多。较早研究上古声母并卓有成就者，当推钱大昕。他对于上古声纽，提出了四个观点：一、古无轻唇音。认为中古轻唇音声母"非、敷、奉、微"在先秦一律读作重唇"帮、滂、並、明"。二、古无舌上音。认为中古"知、彻、澄"三纽，在先秦应归"端、透、定"。三、古人多舌音。认为中古"照、穿、神"等声纽，在先秦也属于"端、透、定"声纽。四、"影、喻、晓、匣"古为双声。认为中古喉音四个声纽在先秦基本属于同一类声纽。其中前两点，得到了后来学者的普遍承认。钱大昕对古韵部的分类，则没有什么新见。

二、钱大昕古无轻唇音、古无舌上音的主要内容

关于"古无轻唇音"，钱大昕在《潜研堂文集》"音韵答问"一节中说：

问：轻唇之音，何以知古人必读重唇？

曰：《广韵》平声五十七部，有轻唇者仅九部，去其无字者，仅二十余纽。订以经典，皆可读重唇。如"伏羲"即"庖羲"，"伯服"即"伯犞"，"士鲂"即"士彭"，"扶服"即"匍匐"，"密勿"即"蠠没"，"附娄"即"部娄"……"封"读如"窆"，"佛"读如"弼"，"纷"读如"豳"，"繁"读如"婆"，"罍"读如"门"，"妃"读如"配"，"负"读如"背"……吕忱《字林》反"穮"为"方遥"，反"襮"为"方沃"，反"邶"为"方代"。"穮""襮"条件重唇，则"方"之为重唇可知也。忱，魏人，其时反切初行，正欲人之共晓，岂有故设类隔之例以惑人乎？

上举例子中有异文，古读和古反切，在《十驾斋养新录》中又有"古无轻唇音"一文，对所举例子有详细说明。如"《诗》'凡民有丧，匍匐救之'，《檀弓》引《诗》作'扶服'，《家语》引作'扶伏'；又'诞实匍匐'，《释文》'本亦作扶服'。"此外他还举了方言和谐声的证据，他说："今吴人呼'蚊'如'门'。""吴音则亡忘望，皆读重唇。""'闵'亦从'文'声。"

关于"古无舌上音"，《十驾斋养新录》有"舌音类隔之说不可信"之说，他的证据除异文和读若外，还有声训和谐声偏旁。他说：

《说文》"冲"读若"动"。

古音"中"如"得"。《周礼·师氏》："掌国中失之事。"注："故书'中'为'得'。杜子春云：'当为"得"，记君得失，若《春秋》是也。'"《三仓》云："中，得也。"

古音"陟"如"得"。《周礼·太卜》："掌三梦之法，三曰咸陟。"注："陟之言得也。"

古音"直"如"特"。《诗》："实惟我特。"《释文》："《韩诗》作直，云相当值也。"《孟子》"直不百步耳。""直"，但也，但直声相近。

古音"竹"如"笃"。《诗》："绿竹猗猗。"《释文》："《韩诗》竹作□，音徒沃反。"与"笃"音相近，皆舌音也。"笃"、"竺"并从"竹"得声。《论语》："君子笃于亲。"《汗简》云："古文作竺。"

三、钱大昕古声母观点的影响

钱大昕是第一个关注上古声母的学者，功不可没。他关于"古无轻唇音"

和"古无舌上音"的论证，材料充实，方法科学，因此这两个结论得到后代学者的普通赞同。后代学者又补充了不少方言和对音材料作证据，并且从音理上解释了重唇音变轻唇音、舌头音变舌上音的条件，现在这两条结论已成定论。对于他提出的后两个观点，由于证据还不是很充分，音理上也没法解释变化的依据，并没有得到普遍认同。

思考和练习

（1）吴棫和陈第在古音研究上有哪些贡献？

（2）江永与顾炎武在古韵分部上有哪些不同？

（3）段玉裁在古韵分部方面有些什么贡献？

（4）孔广森在古韵分部方面有什么特点？

（5）王念孙和江有诰在古音学上有哪些相同点和不同点？

（6）试自己举一些例子来证明"古无轻唇音"和"古无舌上音"。

第五章

近音学文献

第一节 周德清及其《中原音韵》

周德清（1277～1365），江西高安人，字日湛，号挺斋。《江西通志》上说他"工乐府，精通音律"。终身未仕。《全元散曲》录存其小令30首，套数3套。元朝统治者重武轻文，实行歧视汉人和知识分子的政策，很多文人转向戏曲创作，"元曲"创作盛极一时。泰定元年（1324），大都展开了一场关于"正语作词"的争论，周德清在争论中批评了"泥古非今，不达时变""动引《广韵》为证"的迂腐观点，提出了"欲作乐府，必正语言；欲正语言，必宗中原之音"的主张。就在此年，周德清完成了《中原音韵》。到至正元年（1341），依靠朋友的帮助，《中原音韵》得以正式刊行。

《中原音韵》不是凭空产生的。首先，元代戏曲兴盛，出现了关汉卿、马致远、郑光祖、白朴等元杂剧作家和一大批优秀的散曲作家，创作出一大批对当时和后世影响较大的作品。在这种情况下，自然会产生曲韵书。这和唐朝诗歌发达，自然就有诗韵书的繁荣是一个道理。另外，元代的语音较之隋代已经有很大的变化，北曲的根据在人民群众，这就要求有一个革新的、反映实际语音的韵书产生。其次，它的产生也和当时文人的思想状态有关，当时蒙古统治者当政，传统儒家思想对文人的钳制已经放松，元代前期不行科举，使连续两三代汉人文士断了科举入仕之路。因此他们也渐渐放弃《切韵》系韵书的正统地位，开始从实际语音出发来编纂韵书了。

《中原音韵》对于当时及以后的北曲创作起过很好的指导作用。以后的许多曲韵著作大多以它为样板，直到南曲兴盛时这本著作仍然具有很大的影响力。《中原音韵》是曲韵书，它能够更充分地反映现实的语音。对于汉语语音史来说，它又是一部划时代的著作；另外，现代北方话语音的源头便可追溯到

《中原音韵》，如果我们认定其性质为元代的大都音，那么我们现在的普通话应当与之有着不可分割的传承关系。因此，它在音韵史上的地位可以与《切韵》分庭抗礼。

一、《中原音韵》的版本

《中原音韵》的版本有瞿氏铁琴铜剑楼藏本，此本文献学家赵万里定为明刊本，但也有学者认为是元刊本，1922 年收入《铁琴铜剑楼丛书》（第八种）。1959 年中国戏剧出版社出版《中国古典戏曲论著集成·中原音韵》，即以此本为底本。讷庵跋本，江西人讷庵刻于明正统六年（1441），此本中华书局 1978 年影印出版，并附有陆志韦、杨耐思校勘记。《啸余谱》所收本，有明万历四十七年（1619）原刻本和清康熙元年（1662）覆刻本，《古今图书集成·字学典声韵部》所收据此本。

二、《中原音韵》的体例

《中原音韵》的正文包括《韵谱》（周德清称为"音韵"）和《正语作词起例》两部分。韵谱是按韵排列的字表，讷庵本共收曲韵常用入韵字 5866 个，其中 393 字有异读，实收 5443 字。周德清大胆革新前代韵书的体制，将韵分为 19 个，每韵都用两个字命名，分别是：

东锺	江阳	支思	齐微
鱼模	皆来	真文	寒山
桓欢	先天	萧豪	歌戈
家麻	车遮	庚青	尤侯
侵寻	监咸	廉纤	

因为元曲是平仄通押的，所以每个韵部内又包括了不同声调的字。周书在声调上的分类有两点与前代韵书不同：一是平声分为阴、阳两类，是他的一大特点。周德清在《中原音韵·自序》中说："字别阴阳者，阴阳平声有之，上、去俱无。上、去各止一声，平声独有二声。"二是入派三声。在阴声九韵中，他分别在平声阳、上声和去声后附有入声作平声阳、入声作上声、入声作去声三类。他在《正语作词起例》中说："平、上、去、入四声，《音韵》无入声，派入平、上、去三声。前辈佳作中间备载明白，但未有以集之者，今撮其同声。或有未当，与我同志改而正诸。"又说："平声有阴有阳，入声作平声俱属阳。"他的书中入声派入平声的，都放在阳平后，没有派入阴平的。

同一声调内的字按同音字分成若干组，每组之间以"〇"隔开，用一个常用字打头，不注反切。

《正语作词起例》可以分为"正语起例"和"作词起例"两部分。"正语起例"共24条，包括的内容较广，大概可以分为以下几类：对收字范围与韵谱体例的说明、对作词用韵标准的看法、对一些字音的辨析、对字形的辨析（周氏称为"辨明古字略"）。有不少内容是分析《中原音韵》语音系统的重要材料。下面分别介绍：

关于收字范围，他说"音韵不能尽收《广韵》，如崆峒之崆……之类，皆不可施于词之韵脚。毋讥其不备。"关于韵谱体例的，如"音韵内每空是一音，以易识字为头"，又如"入声派入平上去三声"等。

关于作词用韵标准，他说："余尝于天下都会之所，闻人间通济之言，世之泥古非今，不达时变者众，呼吸之间动引《广韵》为证，宁甘受鴃舌之诮，而不悔。亦不思混一日久，四海同音，上自缙绅讲论治道及国语翻译国学教授言语，下至讼庭理民，莫非中原之音。"

对字音的辨析，共列出241组容易混淆的字音加以辨别。说东钟韵说："宗有踪，松有鬆，龙有笼，浓有脓，陇有栊，送有讼，从有综。"意思"宗松"等字读音与"踪鬆"等相近，容易相混，应予辨别。

对字形的辨析，按韵列出362个古字及相应的今字。如东钟韵有"仝同戜戎蠓螽崒崇崧嵩"。其中"仝崒"等都是古字，在《韵谱》中不收，只收其后的今字"同嵩"等字。

"作词起例"即专论作曲的"作词十法"，他所说的"词"，就是后人所说的"曲"，内容包括"知韵、造语、用事、用字、入声作平声、阴阳、务头、对偶、末句、定格"等十类。

三、《中原音韵》的内容

《中原音韵》共有1622个小韵，与《广韵》相比，音节的数量已大为减少。周氏在《正语作词起例》中说："音韵内每空是一音，以易识字为头，止依头一字呼吸，更不别立切脚。"这些同音字组相当于《广韵》的"小韵"，有些学者称为"空"。每个字下通常没有注释，只有少数字下有简单的注解。如东钟韵平声阴下所列为：

东冬〇锺钟中忠衷终〇通蓪〇松嵩〇冲充冲舂忡樁鐘穜衶种〇邕噰雍〇空悾〇宗樱鬃〇风枫丰封葑峯锋烽丰蜂〇鬆惚〇匆葱聪骢肉（烟突）〇踪纵枞〇穹芎倾〇工功攻公蚣弓躬恭宫龚供肱觥〇烘叿（人声）轰薨〇凶凶訩汹兄

○翁翰痈雕（辟）壅泓○崩绷○烹

《中原音韵》的《韵谱》实际上是一个按韵和声调分立的同音字表，后代学者根据这种同音字表，可以考订出其声母和韵母的类别。罗常培先生曾订出考订声母的两条原则："凡一单音之中而括有等韵三十六母二组以上者，即可据以证其合并，偶有单见，不害其同；此一例也。""凡全浊声母去声混入全清者，则平声虽与阴调分组，声值实与次清无别；此二例也。"根据以上两条，学者们考订出《中原音韵》的声母与中古三十六字母的差别主要有5点：1. 浊音清化。2. "非敷奉"合并。3. "影云以"三类合并。4. "知庄章"三组声母合并。5. "疑"母大部分与"影云以"合并，少数独立。

《中原音韵》的《韵谱》中已按声调不同分出不同韵类。因此同一韵类中不同小韵之间的语音差别，不外乎三种情况：①声母相同，韵母不同。②韵母相同，声母不同。③声母和韵母都不同。比如上列钟韵平声阴中有"松嵩"和"鬆惚"两个小韵的对立，对照中古的声母并对《中原音韵》声母的考查，可以知道这两个小韵的声母相同，因此这两个小韵应是韵母有不同。根据上述三点，学者们又考查了《中原音韵》的韵母系统。与《广韵》相比，《中原音韵》的韵母系统也大大简化了，如果不计声调，大概在46个左右。主要特点有：1. 中古的一、二等字并为一类，三、四等字也并为一类。2. 出现了舌尖元音韵母。《中原音韵》将"支思"韵与"齐微"韵对立，是这一现象的反映。3. "桓欢"韵与"寒山"韵的合口分立两个韵。这反映"桓欢"韵的韵母大概是 on，与"寒山"韵合口的 uan 并不相同。4. "萧豪"韵一、二等字仍然有区别。其他韵部的中古二等字已经分别与一等字或三、四等字合并，而"萧豪"韵的中古二等字仍然独立。《正语作词起例》提到"包有褒，饱有保，爆有抱"，"包、饱、爆"是二等字，"褒、保、抱"是一等字，大概是韵母 au 和 ɑu 的区别。不过这样就与同一韵部只能有一种韵腹的原则冲突了，所以也有学者认为只有一个韵母。

在《中原音韵》的韵谱中，周德清所分的调类分别是平声阴（阴平）、平声阳（阳平）、上声和去声。因此"平分阴阳"是周德清在调类上的一大发现。他在《自序》中强调了平声应分为阴阳两类，这与传统韵书将平声分为上平声和下平声是不同的，并且对此发现颇为自得。他说：

上平声非指一东至二十八山而言，下平声非指一先至二十七咸而言。前辈为《广韵》平声多分为上下卷，非分其音也。殊不知平声字字俱有上平、下平之分，但有有音无字之别。非一东至山皆上平，一先至咸皆下平声也。……
此自然之理也，妙处在此，初学者何由知之。乃作词之膏肓，用字之骨髓，皆
不传之妙，独予知之。

四、《中原音韵》的音韵系统

20 世纪以前，《中原音韵》一直作为曲韵书，在曲韵学界广为流传。20
世纪以后，国语运动兴起，出于对国语历史的研究，开始兴起了对《中原音
韵》系韵书研究的热潮，"北音学"兴起。由此国内开始了三轮研究《中原音
韵》高潮。三十年代，以钱玄同《中原音韵研究审查书》、白涤洲《北音入声
演变考》、罗常培《中原音韵声类考》、赵荫棠《中原音韵研究》、陆志韦
《释〈中原音韵〉》为代表，掀起了第一轮研究热潮。六七十年代，《中国语
文》对《中原音韵》的语音基础和入派三声进行了热烈讨论。以赵遐秋、曾
庆瑞《〈中原音韵〉音系的基础和"入派三声"的性质》、李新魁《〈中原音
韵〉的性质及其代表的音系》《关于〈中原音韵〉音系的基础和"入派三声"
的性质》、忌浮（宁继福）《〈中原音韵〉二十五声母集说》为代表，形成了
第二轮研究高潮。八十年代以后，进入了综合研究的阶段，相继出版了三本专
著：杨耐思《中原音韵音系》、李新魁《中原音韵音系研究》、宁继福《中原
音韵表稿》，形成了第三轮研究高潮。另外，台湾地区学者及海外学者对《中
原音韵》及相关韵书的研究也取得了卓越的成就。台湾学者的主要论著有：
许世瑛、刘德智《音注〈中原音韵〉》，那宗训《〈中原音韵〉与其他三种元
明韵书之比较研究》，陈新雄《〈中原音韵〉概要》。海外学者的主要论著有：
石山福治《考定〈中原音韵〉》，服部四郎、藤堂明保《中原音韵の研究・校
本编》，司徒修《〈中原音韵〉的音韵》，薛凤生《中原音韵音位系统》。总的
说来，台湾日本的学者以考证校订为胜，而欧美的学者以音系学为胜。在前辈
学者的努力下，《中原音韵》的音系已经非常明朗，虽然还有一些问题尚在争
论中，但是答案也已经有了明显的倾向性。

考订《中原音韵》系统的基本方法，自然不能再用系联法了，而必须直
接从韵谱的小韵直接出发，采用小韵对立的办法来研究音系，譬如"江"和
"姜"已经同为一个小韵，那么它们已经没有对立了，说明在江阳韵中二等牙
喉音和三等牙喉音合流了，又譬如"交"和"骄"属于不同的小韵，那它就
是对立的，说明在"萧豪"韵中二等牙喉音并没有同三等牙喉音合流。然后
再比照同一时期的其他音韵资料，如《古今韵会举要》、《蒙古字韵》、《中州

音韵》等来构拟整个音系。

（一）声母系统

各家考订出的声母系统，不太一致：罗常培20声母、陆志韦24声母、赵荫棠25声母、王力25声母、杨耐思21声母，他们的分歧在于：

1. 疑母是否独立

罗、王没有疑母，疑母并入影母，赵、陆、杨仍保留疑母。这是因为来自古疑母的有200个字，大部分与影喻同类，但仍然有57个独自成类，可见疑母并未完全消失。

2. 见组是否分化

只有赵荫棠将见组分化出 tɕ、tɕh、ɕ。这也不是空穴来风，赵荫棠在《中原音韵研究》中就曾援引过《古今韵会举要》的一条案语来证明《中原音韵》前已有见组声母舌面化的迹象了，"案《七音韵》，雅音'交'字属半齿，吴音'交'字不同音，雅音'高'字与吴音'交'字相近，故'嘲、钞、巢、铙'等字皆入'高字母韵'"。从《中原音韵》的本证材料出发，也有迹可循。譬如《中原音韵》，因为非见系一二等字多已合流，唯有见系字见分别。如皆来韵中，"皆"为一小韵，"该"为另一小韵，二者韵相同，声或介音必不同，如果是声不同，则是赵荫棠先生所拟的舌面音，如果是介音不同，则可能增生出一个 i 介音了，那么仍旧是 k、kh、h。这一点还很难证明。因此我们姑且从大多数学者的观点，认为见组仍然只有一套 k、kh、h。

3. 知庄章是否分为两组

陆志韦分为两套：一套为卷舌音，一套为舌叶音。王力从陆志韦。宁继福虽然同意陆志韦，认为二者音值不同，但是互补，可以合并为一个音位。其他学者拟为一套。这种分歧也是由于《中原音韵》本身的复杂情况造成的。在"东钟"韵中，有一小韵知庄章合用。在"支思"韵中，章庄合用，在其他韵中，知二和庄合并，知三和章合并。对此尚无定论，从大局出发，似为两套。但两套互补，我们可以暂且拟为一套。

最后可定《中原音韵》声母为21个：p、ph、m、f、v、t、th、n、l、ts、tsh、s、tʂ、tʂh、ʐ、k、k、kh、h、ŋ、ϕ。同《切韵》声母进行比较，我们发现《中原音韵》已经大大简化了。首先，全浊音基本消失；其次，影母、喻母、疑母开始合流，向零声母转变；最后，知庄章可能已经合流，或者有部分合流。至此，近代音声母的格局大致已定。

（二）韵母系统

韵母主要围绕各韵中等呼合并的情况展开。由上面各家的研究可知，开口一等和二等的非牙喉音字合流，开口二等的牙喉音和三四等的情况比较复杂：有的是二等牙喉音和三等合流，四等为一类，如"江阳"韵；有的是二等牙喉音独立，三四等合流，如"萧豪"韵；有的是二等牙喉音和三四等均合流，如"庚青"韵。合口方面，有时合口一二等合流，有时合口一三等合流（三等丢失介音），有时合口三四等合流。但基本已经形成了二呼二等的局面。我们引用杨耐思先生的46韵母系统：

东钟 uŋ iuŋ   江阳 aŋ iaŋ uaŋ

支思 ï   齐微 ei i uei

鱼模 u iu   皆来 ai iai uai

真文 ən iən uən iuən   寒山 an ian uan

桓欢 on   先天 iɛn iuɛn

萧豪 au iau iɛu   歌戈 o io uo

家麻 a ia ua   车遮 iɛ

庚青 əŋ iəŋ uəŋ iuəŋ   尤侯 əu iəu

侵寻 əm iəm   监咸 am iam

廉纤 iɛm

（三）声调系统

《中原音韵》声调系统的两个最主要的特点，就是"平分阴阳，入派三声"。其中争论比较大的就是"入派三声"。"入派三声"到底指的是归入到平上去三声了，还是仅仅是作诗押韵的权宜之计。引起争论的原因主要是：1.入声不是杂在各韵部里，而是排列在平上去三声的后面，并且标明"入声作平声，入声作上声，入声作去声"。2.周德清自己也有几段看似矛盾的话："派入三声者，广其韵耳，有才者本韵自足矣"；"入声派入平上去三声者，以广其押韵，为作词而设矣。然呼吸言语之间仍有入声之别"；"入声派入平上去三声，如字次本韵后使黑白分明以别本声"；"平上去入四声，音韵无入声，派入平上去三声。前辈佳作中间，备载明白，但未有以集之者，今撮其同声，或有未当，与我同志改而正诸"。可见，周德清自己认为在实际语言中还有入声。这也是陆志韦、杨耐思、李新魁认为呼吸言语之间还有入声之别的最有力证据。

但是王力、何九盈、宁继福、赵荫棠、董同和、薛凤生等众多学者认为已经无入声之别。他们认为"入派三声",还是有实际语音作基础的,要不它不可能和现在的北京话"入声"分派规律如此相似。比如"鼻"字,为"去声作平声",并不是权宜地将"鼻"放入"平声",而是实际语音中"鼻"已经转入平声。可见"某声作某声"就是已经变作某声的意思。

这两派的观点都有一定的道理,我们可以用"词汇扩散"的理论来解释这种矛盾现象。实际的情况应该是当时确有不少入声字已经变入其他三个声调,但仍有不少字没有变,仍读入声。还有一些字有两读,既可以读入声,又有非入声的读音。《中原音韵》中有不少这样的两读字。比如"逐轴熟"等字既收入"鱼模"韵,又收入"尤侯"韵,"薄泊缚铎度凿"等字既收在"歌戈"韵,又收在"萧豪"韵。这种现象应是《中原音韵》入声字有入声和非入声两种读音的反映。

《中原音韵》的全浊上声字基本上已经变为去声字。如东钟韵的"动重"、"江阳"韵的"棒荡"等字都收入去声韵中。

五、《中原音韵》的性质

关于《中原音韵》性质的争论,主要集中在对其基础方言的认定。归纳起来,主要有三种说法。第一种"大都说":此说法认同者最多,有王力、宁继福等。论据有三:其一,当时的戏曲中心在大都;其二,元曲用韵与《中原音韵》用韵一致;其三,《中原音韵》和现代北京话同大于异。第二种"洛阳说",代表学者主要是李新魁。李新魁认为当时虽然定都北京,但洛阳在很长一段时间中都是政治、经济、文化中心,洛阳话也被看作民族共同语和标准音。第三种"准大都说",陆志韦认为代表邻近方言,但具体是什么方言也没有说;薛凤生认为确实有些音不同于今北京音,认为现在的北京话可能起源于其他地区,后来扩展到北京;刘勋宁、刘淑学等从文白异读和周围方言比较,认为还是比较接近北京话。那些和北京话不一致的地方,是北京话受到别的方言的影响。目前,认为中原音韵是"大都话"的学者比较多,我们不能苛求现代北京话与《中原音韵》完全一致,因为现代北京话,和元代时的大都话毕竟相隔了七八百年,加之北京话因为明朝的迁都和清人的入关,肯定遭受了不少的冲击。如果我们以今律古,就会犯刻舟求剑的错误。

六、《中原音韵》的影响及其评价

《中原音韵》过去只受到词曲家的重视,被看作"北曲之准绳"。明代王骥德《曲律·论韵第七》说:"作北曲者守之,兢兢无敢出入。"但《中原音韵》在传统的音韵学中并不受重视，《四库全书》把它放在《集部·词曲类》，并且批评其体例上的革新是"以后来变例，据一时以排千古"。这是不公正的，其实这种按实际语音的变化而作的改革，正是《中原音韵》的可贵之处。直到二十世纪初，现代学者们才逐渐认识到《中原音韵》的价值，开始深入研究《中原音韵》，并把它看作北音学的奠基之作。

第二节　《洪武正韵》

《洪武正韵》是明代官修的韵书，由乐韶凤、宋濂等人奉诏编写，书成于明洪武八年（1375）。此书编写者除乐韶凤和宋濂外，还有王僎、李叔允、朱右、赵埙、朱廉、瞿庄、邹孟达、孙蕡、答禄与权共 11 人。宋濂在此书的"序"中批评沈约的韵书"多吴音"，"殊失正音"，所以要"一以中原雅音为定"。这些编写者中，王僎为河南开封人，李叔允为河南钧州人，答禄与权为蒙古人，其他大都为南方人，加上此书仍有入声，所以有不少学者怀疑此书杂柔有南方的方音。

一、《洪武正韵》的版本

此书明代刻本较多，有洪武八年（1375）刘以节刻本、正德十年（1311）张淮刻本、嘉靖三十八年（1559）蜀府刻本。另有隆庆元年（1567）衡府厚德堂刊本、万历三年（1575）与万历十一年（1583）刊本。

二、《洪武正韵》的体例

《洪武正韵》共 16 卷，仍按四声分韵，其中平、上、去三声各分 22 部，入声 10 部，共 76 部。各韵的韵目大多承用《广韵》，但也有一些是新的。76 韵的韵目如下：

东、支、齐、鱼、模、皆、灰、真、寒、删、先、萧、爻、歌、麻、遮、阳、庚、尤、侵、覃、监。

董、纸、荠、语、姥、解、贿、轸、旱、产、铣、篠、巧、哿、马、者、养、梗、有、寝、感、琰。

送、寘、霁、御、暮、泰、队、震、翰、谏、霰、啸、效、笛、祸、蔗、样、敬、宥、沁、勘、艳。

屋、质、曷、辖、屑、药、陌、缉、合、叶。

宋濂在序文中说旧韵"有独用当并为通用者，如'东冬清青'之属，亦有一韵当析为二韵者，如'虞模麻遮'之属"。但《洪武正韵》的归并旧韵，并不只是简单地把整个韵部合并，而是根据实际语音对字归韵作了调整。如"支"韵收的是止蟹两摄的开口字，"齐"韵收的是这两摄的齐齿字。这种方法与《中原音韵》的归字一样；但某字归某韵，与《中原音韵》并不完全相同。

每韵内小韵的排列是按照声母的发音部位来排的，同类的声母小韵排在一起。如东韵前几个小韵的排列顺序是"东、通、同、龙、笼、蓬、蒙"，小韵之间仍用〇隔开。小韵首字下先标反切，后出释义，小韵首字后也不标字数。《四库全书总目提要》称"其注释一以毛晃《增韵》为稿本，而稍以他书损益之"。全书共收 14562 字，分为 2277 个小韵。

三、《洪武正韵》的内容

《洪武正韵》舒声的 22 个韵类与《中原音韵》比多出 3 类，从韵目来看，它将周书的"鱼模"一韵分为"鱼"（举平以赅上去，下同）和"模"两类，"鱼"韵收"虞、居、诸、除"等细音字，而"模"韵收洪音字。它又将周书的"萧豪"韵分为"萧"和"爻"两类，"爻"韵收周书"萧豪"韵的一、二等字，"萧"类收周书"萧豪"韵的三、四等字。周书的"齐微"韵它也分为"齐"和"灰"两类，"齐"韵收开口字，"灰"韵收合口字。

此书在分韵上与《中原音韵》最大的不同，是它保留入声 10 部。从其 10 部的分类来看，－p、－t，－k 三种韵尾也基本不混。学者们多认为这是受传统韵书的影响或遵从南方之音。但从《洪武正韵》的作者主张"一以中原雅音为定"的观点来看，它反映的语音未必就是南方音，可能是当时的读书音，而《中原音韵》反映的大概是口语音。《中原音韵》是否有入声是个悬而未决的问题，《洪武正韵》仍有入声也不难理解。

《洪武正韵》在声母上的特点是保留了全浊声母。刘文锦《洪武正韵声类考》考定其声类为 31，与"三十六字母"相比，它少了 5 母，分别是"非"与"敷"、"知"与"照"、"彻"与"穿"、"澄"与"床"、"泥"与"娘"相混。这一特点是它的保守性的反映，或者是受编撰者南方方音的影响。但《洪武正韵》的反切中有一些清浊互切的例子，说明其已有浊音清化的变化。如"柑"字《广韵》只有见母一音，《洪武正韵》既收于"覃"韵见母"甘"小韵下，又收于"盐"韵"箝"小韵内。又如"襮"字，《广韵》分别收入"沃"韵和"铎"韵，但都属帮母，《洪武正韵》收入"屋"韵的在并母"仆"小韵内。不过这两字在《集韵》中已有清浊两读，这大概正是浊音清化过程中的词汇扩散现象。

《洪武正韵》在声调上的特点是平声不分阴阳。这是因为它既保留了浊声母，平声调自然就可以用清浊来区分，而没有必要分阴阳两类了。它的另一个特点是全浊上声有不少未变去声，或常常上去两收，这与《中原音韵》全浊上声已基本变入去声也不相同。如"罪杜距蟹"等字只收在上声，"动重棒荡"等字上去两收。

《洪武正韵》比《中原音韵》晚了 51 年，但上述后三点反映的又是比《中原音韵》更早的语音现象，该如何解释这种矛盾现象呢？罗常培认为当时北方有两种并行的读音系统，"一个是代表官话的，一个是代表方言的；也可以说一个是读书音，一个是说话音"。我们认为这是比较合理的解释。

四、《洪武正韵》的影响

《洪武正韵》在明代屡经翻刻，但影响并不很大，清钱谦益《洪武正韵笺序》说此书"学士大夫束置高阁，不复省视"。李新魁认为原因是它有很多不合传统韵书的地方，所以虽是官韵，却敌不过《礼部韵略》和"平水韵"。清代学者对此书很轻视，没有翻刻过它。《四库全书总目提要》说该书"终明之世，竟不能行于天下"。这一方面有政治原因，一方面也是传统力量的影响。不过《洪武正韵》也不是完全没有影响。南曲的作者用它作曲韵的标准，明沈宠绥在《度曲须知》中有"北叶《中原》，南遵《洪武》"的说法。明代梅鼎祚的《字汇》也声明其收字以《洪武正韵》标准。《康熙字典》的注音也有很多引此书。

第三节　兰茂及其《韵略易通》

兰茂（1397～1476）字廷秀，号止庵，别号和光道人，云南昆明市嵩明县人，祖籍河南洛阳。他生性聪颖，勤奋好学，少通经史，旁及诸子百家，终身隐居乡里，采药行医，设馆授徒，潜心著述。其著述甚丰，有《玄壶集》、《鉴例折衷》、《经史余论》、《韵略易通》、《声律发蒙》、《医门挈要》、《滇南本草》、《山堂杂稿》等。其中《滇南本草》为中国现存本草书籍中成书较早的一部。《韵略易通》是为方便孩童识字编写的，成书于明正统七年（1442）。兰茂认为过去的韵书篇幅浩繁，搜罗古文奇字太多，且训释繁琐，音切隐奥，因此编写此书时只选常用汉字，以便学童识认。

一、《韵略易通》的版本

《韵略易通》的版本有下列几种：明嘉靖三十二年（1553）高歧刻本，《续修四库全书》所收据此本影印。明宿度校刻本，大约刻于1559年前后。明万历三十七年（1609）吴允中刻本。明万历四十一年（1613）高举《古今韵撮》本。清康熙二年（1663）李棠馥刻本。此外明代还有一本与《韵略易通》同名的书，其作者为本悟和尚，也是云南嵩明人，书作于万历十四年（1586）。但此书是据兰茂之书改编的，与兰茂的《韵略易通》已有较大差别。本悟的《韵略易通》有清康熙六年（1667）通雷刻本和康熙八年（1669）书见远刻本。1917年《云南丛书》所收《韵略易通》实为本悟的改编本，而非兰茂原书。

二、《韵略易通》的体例

《韵略易通》的体例与《中原音韵》相近，但又有所改进。《韵略易通》在"凡例"后有韵部目录，分韵为20部，抄列如下：

一东红	二江阳	三真文	四山寒
五端桓	六先全	七庚晴	八侵寻
九缄咸	十廉纤	此为前十韵四声全者	
十一支辞	十二西微	十三居鱼	十四呼模
十五皆来	十六萧豪	十七戈何	十八家麻
十九遮蛇	二十幽楼	此为后十韵皆无入声	

可以看出，韵目的名称都用平声字一阴一阳相配合，除"廉纤"外都是先阴后阳，很有规律。

每韵内字的排列，《韵略易通》作了重大改革。它不象传统韵书那样，先按声调不同，再按声母或韵母不同来列字；而是先按声母不同分类，同声母下再按声调不同和韵母不同来分列韵字。这样排列，声母和韵母相同，声调不同的字就排在一起，便于学子掌握读音。他在"凡例"中说："得一字之平声，其上声、去声、入声字，一以贯之，故曰易通。"这已经跟现在按音序排列的字典很相似了。

《韵略易通》的另一个革新之处，是用一首通俗易懂的五言诗来表示声母，诗曰：

东风破早梅，向暖一枝开。冰雪无人见，春从天上来。

诗的每个字代表了一个声母，共 20 个声母，一目了然。这样它的每个韵字就不必标反切，只要读准同声母下第一个字的读音，其他字只依声调不同来拼切就行了。如"江阳"韵"风"字母下韵字的排列如下：

风⊕方芳坊枋妨○房防魴⊥仿访纺髣⊠放舫⊗缚

《韵略易通》在收字上也注意了通俗化。他在"凡例"中提到《玉篇》和《广韵》的收字"有古文、籀文、通用等字，又有形同音异，形异音同，数十万言，难于周览"。他的收字标准则是"其音义同而字形异者，止用其一，故曰韵略"。另一方面，他又收了一些日常生活用字。他说："凡《篇》《韵》所不载，俗用之不可无者，旁采百家之异同，择善而从之。"宿度本《韵略易通》收字 8328 个。

本悟本《韵略易通》的声母不用《早梅诗》，仍用传统的三十六字母表示，但浊声母合并到相应的清声母，并且少了"敷疑彻澄"四母，所以声母仍为二十个。本悟本的字数也增加了，有 11000 字左右。

三、《韵略易通》的内容

与《中原音韵》的 19 部相比，《韵略易通》把《中原音韵》的"鱼模"韵分成了"居鱼"和"呼模"两韵，这说明《中原音韵》中"鱼模"韵还是两个韵母［u］和［iu］，到了《韵略易通》［iu］已由复合元音变为单元音［y］，所以不能与［u］一起押韵了。尽管《洪武正韵》的"鱼"和"模"韵也已分开，但《洪武正韵》的"萧"和"爻"韵也分为两韵，这只是根据韵母的洪细来分的，是否真是主元音有差别，还很难确定。其他韵部只是名称不一样，分类没有大的差别，但有两个韵中对韵母的归类有不同。一是"东洪"韵，《中原音韵》的来母和精组声母中仍有洪细两类韵母，《韵略易通》则合为一类。如"拢陇""宗踪""丛从"三组字《中原音韵》分别在不同的小韵，前一字读洪音，后一字读细音。而《韵略易通》都已同音。二是"萧豪"韵中二、三等牙喉音声母的字，如"交"与"娇"、"敲"与"橇"《中原音韵》不同音，《韵略易通》也已合并。

《韵略易通》每韵内按《早梅诗》的顺序来排列韵字。《早梅诗》已明确告诉我们声母分 20 类，如果依国际音标来拟音，可以列成下表：

冰 p	破 p′	梅 m	风 f	无 v
东 t	天 t′	暖 n	来 l	
早 ts	从 ts′	雪 s		
枝 tʃ	春 tʃ′	上 ʃ	人	
见 k	开 k′	向 ʒ	—	

与《中原音韵》相比，《韵略易通》只少了一个疑母 ŋ，其他声母都相同。

在声调方面，《韵略易通》有平、上、去、入四声。平声也分阴阳两类，虽然书中没有明确标明，但这可以从其韵目用一阴一阳两个字构成看出。在各韵内，《韵略易通》则在不同声母下用圆圈○来分隔阴阳两类。这与《中原音韵》的平分阴阳是一致的。但其入声与阳声韵相配，与入派三声有差别，而与《洪武正韵》相同。

本悟本《韵略易通》与兰茂本《韵略易通》最大的不同是在一些韵的某些声类后面加了"重某韵"的字样。这些"重某韵"注有些是反映了从兰茂到本悟这段时间语音的变化。如三"真文"下所注的与八"侵寻"相重，反映的是 -m 韵尾向 -n 韵尾的转化。有些则是反映方言特别是云南方言的五音现象。如三"真文"除了跟八"侵寻"相重外，还跟七"庚晴"韵相重，这是西南官话的共同特点。又如二"江阳"韵中有不少声类的字与四"山寒"、五"端桓"和六"先全"几韵相重，现代云南方言中后鼻音韵尾与前鼻音韵尾的字都已相混，本悟的重韵注正是云南方言语音特点的反映。

四、《韵略易通》的影响及其评价

《韵略易通》在当时的北方地区比较大的影响，明朝末年有山东人毕拱宸以《韵略易通》为基础编写了韵书《韵略汇通》，清朝初年有河北人樊腾凤以《韵略易通》为基础编写了韵书《五方元音》。《四库全书总目提要》对此书用字母诗代替三十六字母是"尽变古法以就方音"，这是不公正的。兰茂的二十个声母与现代汉语声母已经很接近，并不是根据方音作出的。《四库全书总目提要》又说："其'凡例'称：'惟以应用便俗字样收入，读经史者当取正于本文音释，不可泥此。'则亦自知其陋矣。"这更是泥古守旧，不知变通的看法。邵荣芬在《汉语语音史讲话》中说："《韵略易通》虽说是韵书，实际上是一部通俗的注音识字课本。这一特点是值得特别赞许的。"这个评价是较为中肯的。本悟的《韵略易通》对兰茂之书既有继承，也有发展，比较两本《韵略易通》的异同，不仅可以了解兰茂之后语音的变化发展，也有助于对明代西南官话语音的了解和研究。

思考与练习

（1）各家关于《中原音韵》声类方面有哪些分歧。

（2）谈谈《中原音韵》的性质。

（3）尝试构拟《中原音韵》各韵部的音值。

（4）比较《中原音韵》和《广韵》音韵系统的异同。

（5）《中原音韵》和普通话在入声归派上有哪些异同。

（6）《洪武正韵》在哪些方面呈现出保守性的特点？为什么？

（7）《韵略易通》代表的是明代的中原官话还是西南官话？试结合方音加以说明。

主要参考文献：

［1］黄侃．集韵声类表［M］．上海：开民书店，1936.

［2］赵荫棠．中原音韵研究［M］．上海：商务印书馆，1936.

［3］王国维．观堂集林［M］．北京：中华书局，1959.

［4］周祖谟．问学集［M］．北京：中华书局，1966.

［5］杨耐思．中原音韵音系［M］．北京：中国社会科学出版社，1981.

［6］邵荣芬．切韵研究［M］．中国社会科学出版社，1982.

［7］周祖谟．唐五代韵书集存［M］．北京：中华书局，1983.

［8］黄焯．经典释文汇校［M］．北京：中华书局，1983.

［9］李新魁．中原音韵音系研究［M］．郑州：中州书画社，1983.

［10］王力．汉语语音史［M］．北京：中国社会科学出版社，1985.

［11］宁继福．《中原音韵》表稿［M］．长春：吉林文史出版社，1985.

［12］严学宭．广韵导读［M］．成都：巴蜀书社，1990.

［13］唐作藩．音韵学教程［M］．北京：北京大学出版社，1991.

［14］徐通锵．历史语言学［M］．北京：商务印书馆，1991.

［15］【南朝】颜之推著，王利器注．颜氏家训［M］．北京：中华书局，1993.

［16］李新魁、麦耘．韵学古籍述要［M］．西安：陕西人民出版社，1993.

［17］蒋绍愚．近代汉语研究概况［M］．北京：北京大学出版社，1994.

［18］高本汉．中国音韵学研究［M］．北京：商务印书馆，1995.

［19］余廼永．新校互注宋本广韵［M］．上海：上海辞书出版社，2002.

［20］【清】陈澧．切韵考［M］．广州：广州教育出版社，2004.

［21］李新魁．韵镜校正［M］．北京：中华书局，2004．

［22］万献初．经典释文音切类目研究［M］．北京：商务印书馆，2004．

［23］周祖谟．广韵校本［M］．北京：中华书局，2004．

［24］【宋】陈彭年、邱庸等．宋本广韵．永禄本韵镜［M］．南京：江苏教育出版社，2005．

［25］【宋】丁度等．宋刻集韵［M］．北京：中华书局，2005．

［26］【元】周德清．中原音韵［M］．台湾：艺文印书馆，2005．

［27］何九盈．中国古代语言学史［M］．广州：广东教育出版社，2005．

［28］何九盈．中国现代语言学史［M］．广州：广东教育出版社，2005．

［29］赵振铎．集韵研究［M］．北京：语文出版社，2006．

［30］杨军．韵镜校笺［M］．杭州：浙江大学出版社，2009．

［31］张渭毅．集韵研究［D］．北京大学博士学位论文，1997．

［32］唐作藩．四声等子研究［C］．语言文字学术论文集，上海：知识出版社，1989．

［33］张琨著王均译．切韵的综合性质［C］．语言文字学术论文集，上海：知识出版社，1989．

［34］葛信益．广韵丛考［C］．北京：北京师范大学出版社，1993．

［35］邵荣芬．《集韵》的声母系统［C］．国际汉语言文化学术研讨会论文，1993．

［36］耿振生．中原音韵的原始著作权和它的基础方言问题［C］．北京大学语言学论丛31辑，北京：商务印书馆，2005．

［37］曾运乾．切韵五声五十一组考［J］．东北大学季刊，1927年第1期．

［38］白涤洲．北音入声演变考［J］．北京女师大学术季刊，1931年，2卷2期．

［39］白涤洲．集韵声类考［J］．中央研究院史语所集刊3本2分，1931．

［40］白涤洲．《广韵》声纽韵类之统计［J］．学术季刊，1931年，2卷1期．

［41］罗常培．《中原音韵》声类考［J］．历史语言研究所集刊2本4分，1932．

［42］陆志韦．试证广韵五十一声类［J］．燕京学报，1939年，第25期．

［43］陆志韦．释《中原音韵》［J］．燕京学报，1946年，第31期．

［44］王显．《切韵》的命名和《切韵》的性质［J］．中国语文，1961年4月．

［45］龙宇纯．从《集韵》反切看切韵系韵书反映的中古音［J］．台湾：中央研究院史语所集刊，1986年57本第一分．

［46］杨小卫．《集韵》和《类篇》反切中反映的浊音清化的现象［J］．语言研究，2007年第3期．

［47］张涌泉．从语言文字学的角度看敦煌文献的价值［J］．中国社会科学，2001年第2期．

第三编

训诂学文献

引 论

中国传统语言学包括文字学、音韵学、训诂学。训诂学是中国传统学术中很重要的一门学科。"训诂"的意思是疏通解释古代的典籍文献和研究古代语言文字。《尔雅》、《方言》、《释名》奠定了训诂学的基石，是研究训诂必须要掌握的几本经典著作。

一、训诂学的发展与成就

训诂学是古代小学的一个分支，它最早产生于先秦时代，由于语言的发展变化，后代的读书人在阅读古书时可能会遇到很多困难，于是就有人对文献典籍进行随文释义，训诂学便应运而生了。训诂学的发展在汉代达到了空前的高度，人们已经不再满足于随文释义，而出现了通释语义的专著。《尔雅》就是中国历史上第一部通释语义的训诂学专著。它把先秦经书中的同义词汇集起来，用一个通用词作为解释。到了汉代，出现了《方言》、《释名》两部重要的训诂学著作。《方言》是中国古代第一部方言学著作。作者考究不同方言地域中的词汇，收集了先秦西汉的许多方言词汇材料。《释名》用声训的方法探求事物命名的原由，是声训的集大成者，也是语源学的开山之作。魏晋南北朝时期，又出现了一批优秀的训诂学著作。魏朝张揖的《广雅》，是扩充《尔雅》的一部训诂专著，郭璞的《尔雅注》和《方言注》对《尔雅》、《方言》多所阐发、补正。清代的乾嘉时期是训诂学的全盛时期，这一时期的训诂理论、训诂方法愈加完备，出现的训诂学著作甚至超过了以往训诂学著作的总和。其中高邮二王（王念孙、王引之父子）的著作代表了当时的最高水平。

二、研究古代训诂学专著的意义

对于古代训诂专著进行研究，有其重要的理论和现实意义。首先，通过研究《尔雅》、《方言》、《释名》、《广雅》等专著，我们可以从中发现汉语词汇的发展演变规律，并了解中国古代名物及其所蕴含的文化背景。其次，古代训诂学著作中不同的解释方式及其编排体例可以为现代的词汇学和字典学提供一定的参考和借鉴。最后，研究古代训诂学专著可以为古代文献整理和文献研究奠定基础。

第一章

《尔雅》

第一节　《尔雅》及其作者

有关《尔雅》的作者和成书时代，历代学者有许多不同的说法。概括起来大概有这么几种说法：

第一种是周公说，年代当断在西周。魏张揖始称创自周公，在《上广雅表》称："臣闻昔在周公，攒述唐虞，宗翼文武，克定四海，勤相成王，践阼理政，日昃不食，……六年制礼，以导天下，著《尔雅》一篇，以释其意义。……今俗所传三篇《尔雅》，或言仲尼所增，或言子夏所益，或言叔孙通所补，或言沛郡梁文所考，皆解家所说，先师口传，既无正谳，圣人所言，是故疑不能明也。"① 郭璞《尔雅注》序称："《尔雅》者，盖兴于中古，隆于汉氏。"陆德明注："中古，谓周公也。"② 唐陆德明《经典释文序录》云："《释诂》一篇盖周公所作，《释言》以下，或言仲尼所增，子夏所足，叔孙通所益，梁文所补。"③ 以上各家，都认为《尔雅》的始创者为周公。

第二种是孔子及孔子门人说，年代当断在春秋末、战国初年。陈玉树《〈尔雅释例〉自叙》曰："《尔雅》者，孔子所作也。"④ 郑玄《驳五经异义》云："某之闻也，《尔雅》者，孔子门人所作，以释六艺之旨，盖不误也。"⑤ 南朝梁刘勰《文心雕龙·练字》云："夫《尔雅》者，孔徒之所纂。"⑥ 唐贾

---

① 王念孙：《广雅疏证》，中华书局1983年第1版，第3页。

② 顾廷龙、王世伟：《尔雅导读》，巴蜀书社1990年第1版，第4页。

③ 同上书。

④ 张志云、杨薇：《中国传统语言文献学》，湖北辞书出版社2006年第1版，第31页。

⑤ 同上书，第28页。

⑥ 刘勰著、周振甫注：《文心雕龙注释》，人民文学出版社1981年第1版，第421页。

公彦、宋高承，当代学者丁忱、殷孟伦、许嘉璐都主张《尔雅》为孔子门人所作。

第三种是齐鲁儒生说，年代当断在战国末年。何九盈在《〈尔雅〉的年代和性质》一文中从先秦训诂学发展的历史、《尔雅》名义、《尔雅》内容、《尔雅》的结构和体例四个方面论证了《尔雅》成书于战国末年，为齐鲁儒生所编纂。① 赵振铎在《中国语言学史》中说："我们比较保守地假定，《尔雅》应该是战国晚期学者缀拾前代故训而成。"② 徐朝华《尔雅今注》："《尔雅》最初成书当在战国末年，是由当时一些儒生汇集各种古籍词语的训释资料编纂而成，并非一人之作。"③

第四种是汉儒生说，年代当断在秦汉之间。欧阳修《诗本义》曰："《尔雅》非圣人之书，不能无失，考其文理，乃是秦汉间之学诗者，纂集说诗博士解诂。"④ 罗常培称："《尔雅》为汉代经师所编纂。"余嘉锡称："《尔雅》为汉人所作，其成书当在西汉平帝以前。"周祖谟认为："《尔雅》为汉人所纂集，其成书盖当在汉武以后，哀、平以前。"郑樵《尔雅注》、叶梦得《石林集》、清代姚际恒《古今伪书考》、崔述《丰镐考信录》、梁启超《古书真伪及其年代》、《四库提要》等亦持此论。

第五种是非一人一时说，年代不能确定。陆宗达《尔雅浅谈》中认为："（《尔雅》）不是一人一时之作，而是杂采几代多家的训诂材料汇编起来的。"赵仲邑《〈尔雅〉管窥》中认为："《尔雅》不成于一人一时之手。是由春秋后半期至西汉的小学家陆续编纂而成的，但东汉以后至东晋初郭璞注《尔雅》之前，仍有补充修改。"⑤ 日本学者内藤虎次郎具体考证了《尔雅》各篇的编写年代，最终推测《尔雅》成书时间在春秋至西汉中期。濮之珍《中国语言学史》："今本《尔雅》，是成于众人之手，而且不是同一个时代的人所编的。"胡奇光在《〈尔雅〉成书时代新论》中认为："《尔雅》的初稿成于战国末、秦代初，到西汉初期，《尔雅》经全面修改而定稿。"⑥

---

① 何九盈：《〈尔雅〉的年代和性质》，《语文研究》，1984 年第 2 期。

② 赵振铎：《中国语言学史》，河北教育出版社 2000 年第 1 版，第 35 页。

③ 徐朝华：《尔雅今注》，南开大学出版社 1987 年第 1 版，第 2 页。

④ 张志云、杨薇：《中国传统语言文献学》，武汉：湖北辞书出版社，2006 年第 1 版，第 29～30 页。

⑤ 赵仲邑：《〈尔雅〉管窥》，《中山大学学报》，1963 年第 4 期，第 107 页。

⑥ 胡奇光、方环海：《〈尔雅〉成书时代新论》，《辞书研究》，2001 年第 6 期，第 106 页。

第二节 《尔雅》的版本流变

根据顾廷龙、王世伟的研究，《尔雅》的版本，有单经本，有单注本，有音义本，也有注、疏合刻本或注、疏、音义合刻本。①

一、单经本（指没有注、疏、音义的《尔雅》白文）

唐石经《尔雅》三卷。唐石经又称开成石经，唐石经《尔雅》首载郭璞序，每卷标立篇目，下题郭璞注，但仅有经文白文，并无注文。唐石经立石之时，唐玄度校勘字体时，多乖师法，唐之后又经过后人的改补，所以错误不少。但是唐石经毕竟是印刷术普遍应用之前的产物，较之刻本，它在年代上算是早的。

唐写本《尔雅》白文残卷，现存巴黎，1980年被伯希和所盗。王重民曾写有提要："《尔雅》白文残卷，起《释诂》'遘、逢，遇也'，讫《释训》'委委、他他，美也'，共存八十四行。书法不佳，然犹是唐代写本。其间异文别字，足资于今本之校勘与训诂者不少。"

二、单注本（指《尔雅》经文同郭璞注文合刻的本子）

古写本《尔雅》注，它的校勘价值很高，可以校正石经及刻本经文，尤其是注文的许多错误。

南宋刊十行本《尔雅》三卷，晋郭璞注。每半叶10行，行20至30字不等，注每行30字，白口，左右双边。全书分为上中下三卷，各卷后附有音释。

南宋监本《尔雅》三卷，晋郭璞注。宋刊大字，笔划方整。此版曾收入1932年故宫博物馆影印《天禄琳琅丛书》第一集。此版字大悦目，方便阅读。

影宋蜀大字本《尔雅》三卷，晋郭璞注。日本汉学家森立之曾撰有《经籍访古志》一书，内中有《尔雅》三卷。其提要云："复宋大字本，京都高阶氏藏。晋郭璞注，首载璞序。每卷题《尔雅》卷几、郭璞注，次行列书篇目。"

元刊巾箱本《尔雅》三卷。瞿镛《铁琴铜剑楼藏书目录》称此本"全书无后人窜乱处，郭注中某音某者，完善无缺……近之释经家皆以吴本、雪窗本为单经注之善本，而皆未见此本也"。

---

① 参见顾廷龙、王世伟：《尔雅导读》，巴蜀书社，1990年第1版，第135～146页。

元雪窗书院本三卷，晋郭璞注。朱绪曾《开有益斋读书志》言："雪窗不著姓名，亦不详时代，然郭注单本，论者谓皆出自宋刻，故足贵也。"

明吴元恭刊仿宋本《尔雅》三卷，晋郭璞注。明嘉靖十七年（1538）秋七月，前有吴元恭序。

《尔雅》单注本还有明景泰七年（1456）马谅刊本、明嘉靖四年（1535）黄卿重刊景泰本、明嘉靖四年许宗鲁宜静书堂刊本、明嘉靖隆庆间毕效钦刻《五雅》本、清嘉庆十一年（1806）顾千里思适斋复刻明吴元恭刊本等等。

三、单疏本（指《尔雅》经文同疏文合刻，但无注文，亦无音义的本子）

宋刊《尔雅疏》十卷，宋邢昺疏。此版为宋刻宋元明初递修公文纸印本，经、注或载全文，或标起止，皆空一格，下称"释曰"。此版今收入商务印书馆所编《四部丛刊》续编经部。

四、注疏本（指《尔雅》经文、注文、疏文合刻的本子）

元刊明修本《尔雅注疏》十一卷，晋郭璞注，宋邢昺疏。此版内中序文首题郭璞序，邢昺疏序，后接题"尔雅兼义一卷"。经文下载注文、疏文，双行。此版为善本，较少脱文改字。

明闽本《尔雅注疏》十一卷，此版与元版不同的地方是：不仅有《郭注》、《邢疏》，还有陆德明《尔雅音义》。明嘉靖间闽中御史李元阳刊《十三经注疏》本。

明监本《尔雅注疏》十一卷，晋郭璞注，宋邢昺疏。行数字数与闽本相同。注文用小字，单行，偏右。明万历二十一年（1593）北京国子监刻《十三经注疏》本。

明汲古阁毛本《尔雅注疏》十一卷，晋郭璞注，宋邢昺疏。明崇祯庚辰（1640 年）毛晋汲古阁刊《十三经注疏》本。

尔雅注疏本除了上面提到的以外，还有清乾隆十年（1745）三乐斋刊《尔雅注疏》十一卷，清乾隆五十一年（1786）金阊书乐堂刊《尔雅注疏》十一卷，清阮元校嘉庆二十年（1815）南昌府学刻《十三经注疏》本，清崇德书院刊《尔雅注疏》十一卷等。

五、音义本（指晋郭璞注、唐陆德明音义合刻的本子）

清湖南书局刊《尔雅》三卷，晋郭璞注，唐陆德明音义。同治十三年（1874）湖南书局刊。清光绪二十一年（1895）季春金陵书局重刊《尔雅》三卷、清清芬阁刊《尔雅》三卷同湖南书局本基本一致。

清山东书局刊《尔雅》三卷，晋郭璞注，唐陆德明音释。同治十一年（1872）山东书局刊，尚志堂藏板。正文中多有校勘文字，计149条。

清湖北官书处重刊《尔雅》三卷，晋郭璞注，唐陆德明音释。光绪十二年（1886）冬月湖北官书处重刊。此版校勘以彭元瑞《石经考文提要》为本，兼采《邵疏》及阮元《尔雅注疏校勘记》、《郝疏》、卢文弨《尔雅音义考证》及钱大昕、段玉裁诸家之说，并用众版相与参校。

第三节　《尔雅》的体例

一、编排体例

《尔雅》现存十九篇，按其内容分为两大部分：第一部分主要解释一般性词语，包括前三篇《释诂》、《释言》、《释训》；第二部分主要解释各类事物名称，包括从《释亲》以下的十六篇，具体为《释亲》、《释宫》、《释器》、《释乐》、《释天》、《释地》、《释丘》、《释山》、《释水》、《释草》、《释木》、《释虫》、《释鱼》、《释鸟》、《释兽》、《释畜》。

前三篇虽为一般语言词汇，具体而言他们是各不相同、各有侧重的，因此分为三篇。《尔雅·序篇》云："《释诂》、《释言》，通古今之字，古与今异言也；《释训》言形貌也。"① 清朱骏声《说文通训定声·豫部第九》认为："《尔雅·释诂》者，释古言也；《释言》者，释方言也；《释训》者，释双声迭韵连语及单辞、重辞与发声助语之辞也。"② 简言之，《释诂》和《释言》主要是单词的训释，作用是比较同义词；《释训》多是叠音词和连绵词的训释，作用是描绘事物的形貌。

后十六篇主要是按照事物来分类，它的编排依照王宁先生的说法分为四大类：人文关系类《释亲》，内部又分为宗族、母党、妻党、婚姻四类；建筑器物类包括《释宫》、《释器》、《释乐》。天文地理类包括《释天》、《释地》、《释丘》、《释山》、《释水》。其中《释天》包括的很广，又分为四时、祥、灾、岁阳、岁名、月阳、月名、风雨、星名、祭名、讲武、旌旗十二类。《释地》分为九州、十薮、八陵、九府、五方、野、四极七类。植物动物类包括《释草》、《释木》、《释虫》、《释鱼》、《释鸟》、《释兽》、《释畜》。其中《释

① 黎千驹：《现代训诂学导论》，华中师范大学出版社2008年第1版，第1页。
② 窦秀艳：《中国雅学史》，齐鲁书社2004年第1版，第32页。

兽》分寓类、鼠类、齸属、须属四类；《释畜》分马属、牛属、羊属、狗属、鸡属、六畜六类。窦秀艳认为应把《释亲》和《释宫》、《释器》、《释乐》合为一类，因为它们主要是训释与人的社会关系和日常生活密切相关的词语。"或以为有亲，必须宫室，宫室即备，事资器用，"① 按照先人后物的顺序编排的。这样的解释可备一说。关于《释地》、《释丘》、《释山》、《释水》四篇的顺序，郝懿行认为："（《释地》）下篇《释丘》、《释山》、《释水》皆地之事，故总曰《释地》。"② "然则地之高者为山，由地凝结而成，故（《释山》）次于《释地》。"③

二、释词条例

《尔雅》多采用义训的方式来释词。义训就是从意义上就古今语言的不同、方言词语的差异和本义转义的差别来解释词义。具体分为：

第一，先汇集具有相同、相近意义的一组词，后用一个具有概括性和较为普通的词对前面一组词进行解释。如：

（1）《释诂》第一：林、烝、天、帝、皇、王、后、辟、公、侯，君也。

其中"林、烝、天、帝、皇、王、后、辟、公、侯"是一组具有相同相近意义的词，而用"君"这个较为普通具有概括性质的词进行解释。

（2）《释诂》第一：崩、薨、无禄、卒、徂落、殂，死也。

从"崩"到"殂"这六个字都是死亡的意思。其中如果有某些词还有其他意义的，再提出来另外注释。

（3）　《释诂》第一：遹、遵、率、循、由、从，自也。遹、遵、率、循也。

"遹、遵、率、循、由、从"这六个词是"自"的意义。其中"遹、遵、率"这三个词还有"循"的意义，所以另外立一条来作注。

第二，把相关的一类词放在一起，逐一解释。又可分为以下几种情况：

直训——对所训释的字直接进行解释。如：

（1）《释训》第三：朔，北方也。

---

① 　窦秀艳：《中国雅学史》，齐鲁书社 2004 年第 1 版，第 32～33 页。
② 　郝懿行：《尔雅义疏》第三册，上海商务印书馆，1933 年第 1 版，第 66 页
③ 　同上书，第四册，第 1 页

（2）《释天》第八：寿星，角亢也。

（3）《释草》第十三：茶，苦菜。

互训——释字和被释字互相训释。如：

《释宫》第五：宫谓之室，室谓之宫。

递训——前后两个词递相训释。如：

（1）《释言》第二：葵，揆也，揆，度也。

（2）《释言》第二：速，徵也，徵，召也。

（3）《释言》第二：流，覃也，覃，延也。

反训——用相反意义的词作训。如：

《释言》第二：乱，治也。

义界——用下定义的方式来划定意义的界限。如：

（1）《释亲》第四：父为考母为妣。父之考为王父。

（2）《释宫》第五：宫中之门谓之闱。其小者谓之闺。

下定义的方式中还常常伴有对比。如：

（1）《释虫》第十五：有足谓之虫，无足谓之豸。

（2）《释水》第十二：河水清且澜漪，大波为澜，小波为沦。

譬况——用比喻、拟人的方式作释。如：

（1）《释草》第十三：帛似帛，布似布，华山有之。郭璞注：草叶有像布帛者，因以名云，生华山中。

（2）《释兽》第十八：狒狒，如人，被发，迅走，食人。

三、训诂术语

《尔雅》作为训诂学的始祖，同其他学科一样，有它自己的一套术语，现概括如下：

（一）直接进行语义解释的，常用"某，某也"（某者，某也。某者，某者也。某，某者也。）的形式。例如：

《释诂》："皇，华也。"《释训》："戚施，面柔也。"

《释亲》："谓我舅者，吾谓之甥也。"

《释水》："四渎者，发源注海者也。"

《释训》："徒御不惊，辇者也。"

（二）用于解释文意、下定义的术语，主要有："言"、"谓之"、"曰"、"为"。

"言"的作用是解释文意，有"说"、"说明"的意思。如

《释训》："有客宿宿，言再宿也。"

"谓之""曰为"主要是用来下定义的。例如：

《释器》："木豆谓之豆。""竹豆谓之笾。"

《释亲》："妇称夫之父曰舅，称夫之母曰姑。"

《释水》："河水清且澜漪，大波为澜，小波为沦，直波为径。"

（三）表群体概念的术语："属"、"丑"。

《释畜》："羊牡羒。牝牂。夏羊。牡羭。牝羖。角不齐觠。角三觠羷。羳羊黄腹。未成羊羜。羊属。"

《释虫》："蜚丑，鏬。螜丑，奋。强丑，捋。蠰丑，鱉。蝇丑，扇。"

（四）释义兼释音的术语："之为言"。

这是释义兼注音的术语，表示被释词和训释词词义相通，而且有音同或音近的关系。如：

《释训》："鬼之为言归也。"鬼和归音近。郭璞注："尸子曰：古者谓死人为归人。"鬼、归词义相同。

第四节　《尔雅》的内容

《尔雅》的内容大致可以用以下结构示意图明晰地表示出来：

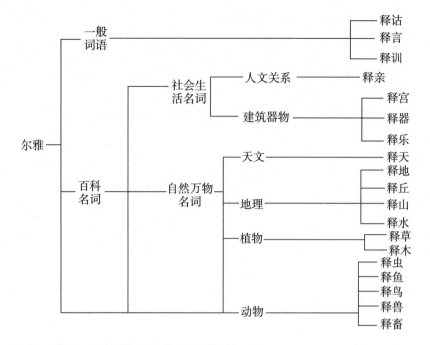

为便于理解，将每篇的具体内容举例如下：

《释诂》，清郝懿行《尔雅义疏》认为："诂者，古今之异语也，然则诂之为言故也，故之为言古也，诂通作故，亦通作古。""此篇自始也以下，终也以上，皆举古言释以今语。"① 例如：

（1）初、哉、首、基、肇、祖、元、胎、俶、落、权舆，始也。

（2）林、烝、天、帝、皇、王、后、辟、公、侯，君也。

（3）如、适、之、嫁、徂、逝，往也。

（4）朕、余、躬，身也。

《释言》，清郝懿行《尔雅义疏》认为："言之为言衍也，约取常行之字，而以异义释之也。言即字也，释言即解字也，古以一字为一言，此篇所释，解单文起义，多不过二三言，与《释诂》之篇，动连十余文而为一义者殊焉。"② 例如：

（1）殷、齐，中也。

---

① 郝懿行：《尔雅义疏》第一册，上海商务印书馆 1933 年第 1 版，第 1 页。
② 郝懿行：《尔雅义疏》第二册，上海商务印书馆 1933 年第 1 版，第 1 页。

（2）贸、贾，市也。

（3）里，邑也。

（4）贿，财也。

《释训》，清郝懿行《尔雅义疏》认为："训者，《释诂》云，道也。道谓言说之。诂与言皆道也，不同者，《诗·关雎》诂训传正义云：'训者，道也，道物之貌以告人也。'"① 例如：

（1）明明、斤斤，察也。

（2）桓桓、烈烈，威也。

（3）子子孙孙，引无极也。

《释亲》释宗族、母党、妻党、婚姻之亲，以定名分。例如：

（1）父为考，母为妣。

（2）男子先生为兄，后生为弟。男子谓女子先生为姐，后生为妹。父之姐妹为姑。

（3）父之妾为庶母。

（4）谓我舅者吾谓之甥也。

《释宫》释宫室、户牖、台榭、道路、桥梁之名，以考见古今居处制度。例如：

（1）宫谓之室，室谓之宫。

（2）两阶间谓之向，中庭之左右谓之位，门屏之间谓之宁，屏谓之树。

（3）室中谓之时，堂上谓之行，堂下谓之步，门外谓之趋，中庭谓之走，大路谓之奔。

《释器》释各种器物之名，包括礼器、农具、渔具、金属、兵器、衣服、车舆、弓矢等。例如：

（1）木豆谓之豆，竹豆谓之笾，瓦豆谓之登。

（2）黄金谓之璗，其美者谓之镠。白金谓之银，其美者谓之镣。

（3）金谓之镂，木谓之刻，骨谓之切，象谓之磋，玉谓之琢，石谓之磨。

《释乐》释五音、琴瑟、钟磬、笙箫之名。例如：

---

① 同上书，第73页。

（1）宫谓之重，商谓之敏，角谓之经，徵谓之迭，羽谓之柳。

（2）大瑟谓之洒，大琴谓之离。

（3）大箫谓之言，小者谓之筊。

《释天》释天文之名，依次分为四时、祥、灾、岁阳、岁名、月阳、月名、风雨、星名、祭名、讲武、旌旗十二类。例如：

（1）穹苍，苍天也。春为苍天，夏为昊天，秋为旻天，冬为上天。

（2）谷不熟为饥，蔬不熟为馑，果不熟为荒。仍饥为荐。

（3）载，岁也。夏曰岁，商曰祀，周曰年，唐虞曰载。

（4）春猎为蒐，夏猎为苗，秋猎为狝，冬猎为狩。

《释地》释九州、十薮、八陵、九府、五方、野、四极之地，兼及九府特产、五方异气，以辨乎古今地理名物。例如：

（1）两河间曰冀州，河南曰豫州。

（2）鲁有大野。楚有云梦。

（3）邑外谓之郊，郊外谓之牧，牧外谓之野，野外谓之林，林外谓之坰。

《释丘》释丘之名，兼释地望，而以崖岸附焉。例如：

（1）绝高为之京，非人为之丘。

（2）丘，一成为敦丘，再成为陶丘，再成锐上为融丘，三成为昆仑丘。

《释山》释诸山名号，及其形体。例如：

（1）石戴土谓之崔嵬，土戴石为砠。

（2）泰山为东岳，华山为西岳，霍山为南岳，恒山为北岳，嵩山为中岳。

《释水》释泉水河流之名，兼及溪谷沟浍和津涉舟航。依类分为水泉、水中、河曲、九河四类。例如：

（1）河水清且澜漪，大波为澜，小波为沦，直波为径。

（2）泉一见一否为瀸。

（3）水注川曰溪，注溪曰谷，注谷曰沟，注沟曰浍，注浍曰渎。

（4）水中可居者曰洲，小洲曰渚，小渚曰沚，小沚曰坻，人所为为潏。

《释草》释百卉之名。例如：

（1）荷，芙渠。其茎茄，其叶蕸，其本蔤，其华菡萏，其实莲，其根藕，其中的，的中薏。

（2）木谓之华，草谓之荣，不荣而实者谓之秀，荣而不实者谓之英。

《释木》释树木之名。郝懿行《尔雅义疏·释木》认为："此篇所释乔者、条者、菜者、核者，皆木之类，木为总名，故题曰释木。"[1] 例如：

（1）榞，梧。

（2）灌木，丛木。

（3）瓜曰华之，桃曰胆之，枣李曰疐之，樐梨曰钻之。

《释虫》释虫名。例如：

（1）蠸，舆父、守瓜。

（2）蚬，缢女。

（3）有足谓之虫，无足谓之豸。

《释鱼》释有关水生脊椎动物之名，兼包爬行动物。例如：

（1）鲲，鱼子。

（2）蛭，蚨。

（3）蝾螈，蜥蜴；蜥蜴，蝘蜓；蝘蜓，守宫也。

《释鸟》释有关飞禽的各种名称，并及蝙蝠、鼯鼠。例如：

（1）蝙蝠，服翼。

（2）仓庚，商庚。

（3）二足而羽谓之禽，四足而毛谓之兽。

《释兽》释兽类之名，此篇多为描绘各种野兽的形状，分为寓类、鼠类、齸属、须属四类。例如：

（1）寓属：狒狒，如人，被发，迅走，食人。

（2）须属：兽曰衅，人曰挢，鱼曰须，鸟曰昊。"

《释畜》释家畜之名，按其类属分为马属、牛属、羊属、狗属、鸡属、六畜六部分。例如：

（1）马属：既差我马，差，择也。宗庙齐毫，戎事齐力，田猎齐足。

---

① 郝懿行：《尔雅义疏》第四册，上海商务印书馆 1933 年第 1 版，第 74 页

（2）狗属：犬生三猣二师一獬。未成毫，狗。长喙，猃。短喙，猲獢。绝有力狣，尨狗也。

第五节　《尔雅》的影响及其评价

《尔雅》是我国古代第一部训诂学专著，它将分散的随文注释的释义形式发展为集中的专书注释，对后世的训诂学影响很大。它也是最早的一部词典，因此后人给予它高度的评价。

首先，它汇集解释了大量古代的语词，对古今异言、方言殊语和各种名物加以整理和研究，是一本很好的工具书，它为我们研究考证先秦词汇和阅读古代文献语言提供了便利。如我们读屈原的《离骚》开头两句"摄提贞于孟陬兮，惟庚寅吾以降"，据《尔雅·释天》对太岁纪年的详细记载，"太岁在寅曰摄提格，在卯曰单阏，在辰曰执徐"，我们可以知道屈原出生在寅年。

其次，它不仅解释了大量的语词，也包含了先秦许多文化知识，它对我们了解和掌握先秦的文化制度提供了参考。如《尔雅·释亲》对兄、弟、孙、舅等称呼进行界定，有些我们至今仍旧沿用，有些则已经亡佚。《尔雅·释宫》详细地叙述了大量的古代建筑名称，如："室东西厢曰庙，无东西厢有室曰寝，无室曰榭。四方而高曰台，狭而修曲曰楼。"《尔雅·释乐》中记载了古代乐器和音乐知识如："宫谓之重，商谓之敏，角谓之经，徵谓之迭，羽谓之柳。"《尔雅·释器》记录了古代的各种用器：礼器、农具、渔具、金属、兵器、衣服、车舆、弓矢等。《释天》、《释地》、《释丘》、《释山》、《释水》、《释草》、《释木》、《释虫》、《释鱼》、《释鸟》、《释兽》、《释畜》等篇均蕴含了很多的先秦文化。

再次，《尔雅》清晰完整的编撰体系开创了我国词典编纂的先河，极大地影响了后世的词典编写。如前三篇为一般语词，后十六篇按从人到物，从与人最为亲密的亲属及居住地开始，再到人的生活环境包括天文、地理、植物、动物，次序井然。

最后，《尔雅》是我国第一部训诂专书，后人从中总结了多种释词方法和多种训诂术语。释词方法如以上提到的直训、互训、递训、反训、义界等，训诂术语，如："某，某也"，"某者，某也"，"某，某者也"等等。

《尔雅》本身也有它的不足之处：

首先，各篇内部所包含的内容与篇目有不尽一致的地方。如《释宫》中有道路和桥梁,《释器》中有衣服和食物,《释兽》中有须属。

其次,以单词释单词,词义解释欠明晰,往往给阅读者带来困难。如《释诂》第一:怀、惟、虑、顾、念、惄,思也。"怀、惟、虑、顾、念、惄"这六个字都有"思"的含义,但他们之间的细微差别不能体现出来,我们只能从其他词典中去寻找答案。又如"台、朕、赉、畀、卜、阳,予也"。其中"台、朕、阳"义为予我之"予";而"赉、畀、卜"则为赐予的"予"。如果不参考其他相关的解释,将他们混同使用,是行不通的。

再次,它的有些内容杂乱且有重出的部分。如对五岳的解释就可以在两处见到。《释山》第十一:河南华、河西岳、河东岱、河北恒、江南衡。又如:泰山为东岳、华山为西岳、霍山为南岳、恒山为北岳、嵩高为中岳。仓庚在三处出现:仓庚,商庚。黄,楚雀。仓庚,鵹黄也。

总之,《尔雅》作为我国现存最早的一部词典和训诂学专著,筚路蓝缕之功不可没。《尔雅》为后来的训诂学发展和辞典的编纂提供了有益的经验和借鉴,以致后世兴起了仿雅之风,世称雅学。仿雅作品如:专为增广《尔雅》而作的有汉托名孔鲋的《小尔雅》和魏张揖的《广雅》;专释名物的有北宋陆佃的《埤雅》和南宋罗愿的《尔雅翼》;专门收入连绵词的有明朱谋㙔的《骈雅》;百科事典综合性的有明方以智的《通雅》;收集歧异字形而音义近同的有清吴玉搢的《别雅》;收集成对或连类的两两比并词的有清洪亮吉的《比雅》;拾《尔雅》《广雅》之遗的有清夏味堂的《拾雅》;收集古书中叠字词的有清史梦兰的《叠雅》;还有清刘灿的《支雅》,清朱骏声的《说雅》,清程先甲的《选雅》,清陈奂的《毛诗传义类》等等。

第六节　《尔雅》的研究概况

对于《尔雅》的研究,自汉代犍为文学到近代,高小方大致把他们分为以下八个方面:总论、考订文字、辑佚、音训、注疏、补正郭注邢疏、考释名物、释例。①

一、总论

有清朱彝尊的《经义考》300卷,此书是对两千年来说经之书的总汇。以

---

① 高小方:《中国语言文字学史料学》,南京大学出版社,1998年第1版,第162～172页。

书名为纲，先注其卷数、著者或注疏者，考其爵里，分别附注"存"、"佚"、"阙"、"未见"；然后辑录原书所有的序、跋，及古今学者论述之文。偶附案语。其"小学"类，仅列《尔雅》一书。该书收入《四库全书·史部目录类》、《摛藻堂四库全书荟要·史部》、《四部备要·经部经义》。清翁方纲的《经义考补正》12卷，该书共补正1088条，收入《苏斋丛书》、《粤雅堂丛书》、《丛书集成初编·总类》。罗振玉编的《经义考目录》8卷，校记1卷，该书是为了便于检索《经义考》而作，收入《七经堪丛刊》。清谢启昆的《小学考》50卷，此书卷首专录"敕撰"之书。后分4类：训诂6卷，续《经义考》尔雅类而广及于《方言》、《通俗文》之属；文字20卷，录《史籀》、《说文》之属；声韵16卷，录《声类》、《韵集》之属；音义6卷，录训读经史百家之书。每书有题解，又分别注明"存""佚""未见"。引文注明出处。清胡元玉《雅学考》1卷，今附周祖谟编的《续雅学考拟目》1卷，胡书系考订宋以前关于《尔雅》的目录，叙次为5种：注、序篇、音、图赞、义疏。周氏《拟目》则续编宋以后有关《尔雅》的著述，仿胡氏之例，叙次为10种：校勘、辑佚、补正、文字、音训、节略、疏证、补笺、考释、释例。《中国丛书综录·子目·经部·尔雅类》分为四个部分：正文之属、传说之属（依据朝代分）、分篇之属、专著之属。共收录雅学书目95种，每种均列有书名、卷数、作者及其时代，并标明此书目被收入哪几种丛书。现当代有黄侃《尔雅略说》，骆鸿凯《尔雅论略》，顾廷龙、王世伟《尔雅导读》，管锡华《尔雅研究》。

二、考订文字

对其进行考订文字的有明代郎奎金的《尔雅纠讹》2卷，清卢文弨的《尔雅音义考证》2卷（《抱经堂丛书》本），清彭元瑞的《尔雅石经考文提要》（收入《石经考文提要》），清张宗泰的《尔雅注疏本正误》5卷（《广雅书局丛书》本、徐乃昌《积学斋丛书》本），清阮元的《尔雅注疏校勘记》10卷（文选楼本、《清经解》本），清王引之的《尔雅述闻》3卷，清臧镛堂的《宋本尔雅考证》，清龙启瑞的《尔雅经注集证》3卷（光绪七年刻本、《清经解续编》本），清刘光蕡的《尔雅注疏校勘札记》，清王树枏的《尔雅郭注佚存补订》20卷（光绪十八年作，文莫室刊本、《陶庐丛刻》本），清王树枏的《郭氏尔雅订经》25卷（自刊本），清戴震的《尔雅文字考》，清钱坫的《尔雅古义》2卷（《清经解续编》本），清江藩的《尔雅小笺》3卷，清严元照的《尔雅匡名》20卷（嘉庆间仁和劳氏刻本、《湖北丛书》本、《广雅书局丛书》本、《清经解续编》本），清缪楷的《尔雅稗疏》4卷（《南菁札记》本），清俞樾的《尔雅平议》1卷（《春在堂全书》本、《清经解续编》本），清于鬯的《香草校书·尔雅》2卷，周祖谟的《尔雅校笺》3卷。

三、辑佚

对《尔雅》进行辑佚的有清余萧客的《尔雅古经解钩沈》，清吴骞的《孙氏尔雅正义拾遗》（《拜经楼丛书》本），清陈鳣的《尔雅集解》3卷，清严可均的《郭璞尔雅图赞》1卷（光绪间观古堂刻本）及《尔雅一切注音》10卷，清臧镛堂的《尔雅汉注》3卷（嘉庆七年《问经堂丛书》本、光绪间吴县朱氏槐庐重刻本，此书辑李巡、孙炎诸人之说，以补郭、正郭），清黄奭《尔雅古义》12卷（《汉学堂丛书》本、张氏刻《榕园丛书》本），清叶蕙心的《尔雅古注斠》3卷。

四、音训

《尔雅》音训方面的著书有唐陆德明的《尔雅音义》2卷，无名氏《尔雅音训》2卷（《通志》著录），明薛敬之的《尔雅便音》，清杨国桢的《尔雅音训》，清孙侣撰、清王祖源校正的《尔雅直音》2卷，清钱大昭的《尔雅释文补》3卷，黄侃笺识、黄焯编次的《尔雅音训》，此书全编以声音贯穿训诂，为辨明古音古义以及进行汉语语源的研究，提供了一些重要资料。

五、注疏

两汉至明清研究《尔雅》的著作甚多，基本都是注疏类，至今我们能看到的最早的完整注本为晋郭璞的《尔雅注》，郭注一方面引证近50种古籍资料注释《尔雅》的训诂，一方面用当时的口语方言训解先秦古语，留下大批晋代语词。郭注是研究汉语史和汉语方言的宝贵资料。宋邢昺的《尔雅疏》10卷，搜求先秦到隋唐的资料很多，具有一定的参考价值。清姚正文的《尔雅启蒙》12卷，注释采用《尔雅》、《说文》互为表里、相互证明的方法。清尹桐杨的《尔雅义证》3卷，正文内容主要是解释词义，引证出处，比较通俗。今人徐朝华的《尔雅今注》，胡奇光、方环海《尔雅译注》，文字浅显，要言不烦，利于初学。朱祖延《尔雅诂林》，集众注于一书，为研究者提供了极大方便。

六、补正郭注邢疏

对郭注邢疏补正的有宋陆佃的《尔雅新义》20卷，宋郑樵的《尔雅注》3卷，宋潘翼的《尔雅释》，明谭吉璁的《尔雅广义》51卷，清戴蓥的《尔雅郭注补正》9 卷，清潘衍桐的《尔雅正郭》3 卷，清邵晋涵的《尔雅正义》20 卷。邵氏《尔雅正义》着重根据善本校正文字，广泛采录古注，以古书证《尔雅》，推求文字的古音古义，对郭注邢疏有所补正。清郝懿行的《尔雅郭注义疏》20 卷，郝疏能以声音贯穿训诂，用"因声求义、音近义通"的方法破除文字障碍，探求词源。郝氏十分注重目验，在考释草木虫鱼鸟兽名物方面用力最多。清王念孙《尔雅郝注刊误》1 卷，清姜兆锡《尔雅补注》（一名《尔雅注疏参义》）6 卷，清周春的《尔雅补注》4 卷，清任基振《尔雅注疏笺补》，清刘玉麐《尔雅补注残本》1 卷，清翟灏《尔雅补郭》2 卷，清王闿运《尔雅集解》19 卷，清朱亦栋《尔雅札记》，清胡承珙《尔雅古义》2 卷，清陆锦燧《读尔雅日记》1 卷，清王颂清《读尔雅日记》1 卷，清董瑞椿《读尔雅日记》1 卷、《读尔雅补记》1 卷，清王仁俊《读尔雅日记》1 卷，清杨赓元《读尔雅日记》1 卷，清包锡咸《读尔雅日记》1 卷，清蒋元庆《读尔雅日记》1 卷，清徐孚吉《尔雅诂》2 卷（此书取各家之注，订误补遗），清黄世荣《尔雅释言集解后案》1 卷，民国汪柏年《尔雅补释》3 卷（此书有校记167 条，钱基博序言曰："考《尔雅》，证新籍，参以图说，实以目验，虫鱼草木审定古物为今之何物。"）

七、考释名物

考释《尔雅》名物的有：清程瑶田《释宫小记》1 卷，《释草小记》1 卷，《释虫小记》1 卷，清钱坫《尔雅释地四篇注》1 卷，清宋翔凤《尔雅释服》1 卷，高润生《尔雅谷名考》8 卷，刘师培《尔雅虫名今释》1 卷，顾颉刚《读尔雅释地以下四篇》（对《尔雅》中的释地、丘、山、水四篇的释义和考证）。

八、释例

为《尔雅》释例的有：陈玉澍《尔雅释例》5 卷，黄侃《尔雅释例笺识》，王国维《尔雅草木虫鱼鸟兽名释例》1 卷，杨树达《尔雅略例》。

思考与练习

（1）《尔雅》的作者有多种说法，你同意哪种，为什么？请简述之。

（2）简述《尔雅》的编排体例。

（3）分析《尔雅》的释词条例并举例说明。

（4）简述《尔雅》的内容、影响及其评价。

（5）选取《尔雅》研究著书中的一本，试加以评述。

第二章

《方言》

第一节　《方言》及其作者

关于《方言》的作者，汉末以来的学者（应劭、杜预、葛洪、常璩、戴震、卢文弨、钱绎、王先谦等）都认为《方言》乃扬雄所作。但宋代，洪迈以《汉书·艺文志》和《汉书·扬雄传》中都未提及《方言》为依据，对《方言》的作者为扬雄的观点提出了怀疑。现今我们根据刘歆与扬雄的往来书信考证《方言》的作者。《刘歆与扬雄书》曰："属闻子云独采先代绝言、异国殊语，以为十五卷，其所解略多矣，而不知其目。""今谨使密人奉手书，愿颇与其最目，得使入篆，令圣朝留明明之典。"① 《扬雄答刘歆书》曰："即君必欲胁之以威，陵之以武，欲令人之于此，此又未定，未可以见；今君又终之，则缢死以从命也。而可且宽假延期，必不敢有爱。雄之所为，得使君辅贡于明朝，则雄无恨，何敢有匿？唯执事图之。"② 可见，扬雄为《方言》的作者是可信的。

扬雄，字子云，蜀郡成都人，西汉时期著名的辞赋家、哲学家、语言学家。"少而好学"，多仿司马相如。成帝时，拜为郎。王莽时为大夫，校书天禄阁。《华阳国志》卷十："（扬雄）以经莫大于《易》，故则而作《太玄》；传莫大于《论语》，故作《法言》；史莫善于《仓颉》，故作《训纂》；箴谏莫美于《虞箴》，故作《州箴》；赋莫弘于《离骚》，故反屈原而广之；典莫正于《尔雅》，故作《方言》。"③ 由此而知，扬雄善于模仿，故仿《尔雅》而作

---

① 钱绎撰、李发顺、黄建中点校：《方言笺疏》，上海古籍出版社1984年第1版，第518~519页。

② 同上书，第520~524页。

③ 常璩著、汪启明、赵静译注：《华阳国志译注》，四川大学出版社2007年第1版，第402页。

《方言》是很自然的。

《方言》全称《輶轩使者绝代语释别国方言》。应劭《风俗通义·序》："周秦常以岁八月遣輶轩之使求异代方言，还奏籍之，藏于秘室。及嬴氏之亡，遗脱漏弃，无见之者。蜀人严君平有千余言，林间翁孺有梗概之法。扬雄好之，天下孝廉卫卒交会，周章质问，以次注续，二十七年，尔乃治正，凡九千字。其所发明，犹未若《尔雅》之闳丽也，张竦以为悬诸日月不刊之书。"① 从中，我们得知在周秦时代，中央王朝在每年八月都要派遣輶轩使者到各地去调查民风、民谣和方言，并且要上报天子，然后藏于密室中。后遇战乱，遗失脱落了很多。扬雄的《方言》是由严君平的千余言、林间翁的梗概之法及扬雄向各地孝廉和卫卒调查记录他们各自的方言而形成的。

第二节　《方言》的版本流变②

一、宋李孟传刻本

现在我们能见到的最古的《方言》传本就是宋本。《宋史》："李孟传生于南宋高宗绍兴六年（1136），卒于南宋宁宗嘉定十二年（1219）。"李孟传的刻本又称"庆元庚申（1200）会稽李孟传浔阳郡斋刊本"，现藏北京图书馆。李孟传浔阳郡斋刻本为存世宋椠孤本，盛、傅二家得书后，尝覆刻、影印数种，自此宋本《方言》乃得流传于世。

宋本覆刻本有福山王氏天壤阁覆刻本、陶子麟覆刻本。

宋本影印本有日本东文研藏珂罗版宋刊本、日本静嘉堂文库藏影宋抄本、上海涵芬楼四部丛刊景傅氏藏宋刊本（《四部丛刊初编》有线装白纸本、线装黄纸本、缩编洋装本）。

二、《方言》明本

明刊本：正德澶渊李珏刻本、正德丁卯华珵本、嘉靖间翻刻宋李孟传浔阳郡斋本。

明钞本：正德己巳钞宋本、钞本。

据有关版本目录学的研究成果所知，这些刻本和钞本均祖于或辗转祖于李

---

① 周永年主编：《文白对照全译诸子百家集成·风俗通义》，时代文艺出版社 2002 年第 1 版，第164 页。

② 参见王彩琴、华学诚：《〈方言〉版本流传及文字校订》，《河南社会科学》，2006 年第 3 期。

孟传本，只是文字有少量差异。

明丛书本：程荣辑《汉魏丛书》本、何允中辑《广汉魏丛书》本、吴琯辑《古今逸史》本、吴中珩增订《古今逸史》本、胡文焕辑《格致丛书》本。

三、《方言》清本

清刊本：嘉庆六年樊廷绪刊本，《增订四库简明目录标注》著录。

清丛书本：《武英殿聚珍版丛书》本，此本为戴震的校本，先刻聚珍版行于世，后又辑入《四库全书》；王谟《增订汉魏丛书》本；《百子全书》本，版心题"扫叶山房"四字；卢文弨重校本（附校正补遗1卷），此本有乾隆间卢文弨《抱经堂丛书》本、《小学汇函》本、《丛书集成初编》本。

第三节　《方言》的体例及内容

一、编排体例及具体内容

今本《方言》十三卷，它的分卷不如《尔雅》明确，没有像《尔雅》那样明晰地标明义类，只是一个大致的轮廓范围，基本上是采用分事物类别来编排。前三卷是一般语词部分，卷四释衣服，卷五释各种器皿、生产工具，卷六、卷七是语词部分，卷八释动物，卷九释车船、兵器，卷十又是语词部分，卷十一释昆虫，卷十二、十三大致与《尔雅·释言》相似，卷十二、十三只有细目，没有方言。有人认为这是一部未完成的书。

具体内容举例如下：

卷一：（1）"嫁、逝、徂、适，往也。自家而出谓之嫁，由女而出为嫁也。逝，秦晋语也。徂，齐语也。适，宋鲁语也。往，凡语也。"

（2）"郁悠、怀、惄、惟、虑、愿、念、靖、慎，思也。晋宋卫鲁之间谓之郁悠。惟，凡思也。虑，谋思也。愿，欲思也。念，常思也。东齐海岱之间曰靖。秦晋或曰慎，凡思之貌亦曰慎，或曰惄。"

（3）"钊、薄，勉也。秦晋曰钊，或曰薄，故其鄙语曰薄努，犹勉努也。南楚之外曰薄努，自关而东周郑之间曰勔钊，齐鲁曰勖兹。"

卷二："奕、偞，容也。自关而西，凡美容谓之奕，或谓之偞。宋卫曰偞，陈楚汝颍之间谓之奕。"

卷三："胶、谲、诈也。凉州西南之间曰胶，自关而东西或曰谲，或曰胶。诈，通语也。"

卷四："禅衣，江淮南楚之间谓之褂，关之东西谓之禅衣。有袍者，赵魏之间谓之袏衣。无袍者谓之裎衣，古谓之深衣。"

卷五："釜，自关而西或谓之釜，或谓之鍑。"

卷六："瞳、眮，转目也。梁益之间瞋目曰瞳，转目顾视亦曰瞳，吴楚曰眮。"

卷七："蝎、噬，逮也。东齐曰蝎，北燕曰噬。逮，通语也。"

卷八："布谷，自关东西梁楚之间谓之结诰，周魏之间谓之击谷，自关而西或谓之布谷。"

卷九："箭，自关而东谓之矢，江淮之间谓之鍭，关西曰箭。"

卷十："媱、愓，游也。江沅之间谓戏为媱，或谓之愓，或谓之嬉。"

卷十一："蜻蛉，楚谓之蟪蟀，或谓之蟥。南楚之间谓之蚟孙。"

卷十二："躔、逡，循也。"

卷十三："藐、素，广也。"

二、释词条例

《方言》继承了《尔雅》的释词体例，但也有所创新。它先举出不同方言中的同义词，然后用一个通行地区的常见词来加以解释，最后大都还要说明某词属于某地方言。《方言》中的特色是：它不仅罗列方言殊语，用汉代通语加以解释，还说明了这些语词中某某为某地语，某某为四方之通语，某某为古雅之别语，某某为转语，某某为代语等等。

（一）通语、通名、凡通语、通词、凡语，这些都是指没有地域差异的共同语。例如：

（1）《方言》卷一："怃、俺、怜、牟，爱也。韩郑曰怃，晋卫曰俺，汝颍之间曰怜，宋鲁之间曰牟，或曰怜。怜，通语也。"

（2）《方言》卷十一："蚅蚗，齐谓之螇螰，楚谓之蟪蛄，或谓之蛉蛄，秦谓之蚅蚗。自关而东谓之虭蟧。或谓之蝭蟧，或谓之蜓蚞，西楚与秦通名也。"

（3）《方言》卷二："釥、嫽，好也。青徐海岱之间曰釥，或谓之嫽。好，凡通语也。"

（4）《方言》卷一："硕、沈、巨、濯、吁、敦、夏、于，大也。齐宋之间曰巨，曰硕。凡物盛多谓之寇。齐宋之郊，楚魏之际曰夥。自关而西秦晋之间凡人语而过谓之遘，或曰佥。东齐谓之剑，或谓之弩。弩犹怒也。陈郑之间曰敦，荆吴扬瓯之郊曰濯，中齐西楚之间曰吘。自关而西秦晋之间凡物之壮大者而爱伟之谓之夏，周郑之间谓之嘏。郴，齐语也。于，通词也。"

（5）《方言》卷一："嫁，逝，徂，适，往也。自家而出谓之嫁，由女而出为嫁也。逝，秦晋语也。徂，齐语也。适，宋鲁语也。往，凡语也。"

（二）某地通语、某某之间通语、四方异语而通者，这些是指通行区域较广的方言。例如：

（1）《方言》卷三："撲、翕、叶，聚也。楚谓之撲，或谓之翕。叶，楚通语也。"

（2）《方言》卷一："悼、恙、悴、愁，伤也。自关而东汝颍陈楚之间通语也。汝谓之恙，秦谓之悼，宋谓之悴，楚颍之间谓之愁。"

（3）《方言》卷十一："蟪蛄谓之蟬。自关而东谓之蟪蛄，或谓之蚻蠽，或谓之蝭蟧。梁益之间谓之蛒，或谓之蝎，或谓之蛣蛒。秦晋之间谓之蠹，或谓之天蝼。四方异语而通者也。"

（三）某地语、某某之间语，这些都指的是某个特定地域的个别方言。例如：

（1）《方言》卷一："饘、餥，食也。陈楚之内相谒而食麦馆谓之饘，楚曰餥。凡陈楚之郊南楚之外相谒而餐，或曰餥，或曰餬。秦晋之际，河阴之间曰馈餽。此秦语也。"

（2）《方言》卷二："娃、嫷、窕、艳，美也。吴楚衡淮之间曰娃，南楚之外曰嫷，宋卫晋郑之间曰艳，陈楚周南之间曰窕。自关而西秦晋之间凡美色或谓之好，或谓之窕……秦晋之间美貌谓之娥，美状为窕，美色为艳，美心为窈。"

（四）古今语、古雅之别语，这些指的是时间上古今不同的方言。例如：

《方言》卷一："敦、丰、厖、乔、幠、般、嘏、奕、戎、京、奘、将，大也。凡物之大貌曰丰。厖，深之大也。东齐海岱之间曰乔，或曰幠。宋鲁陈卫之间谓之嘏，或曰戎。秦晋之间凡物壮大谓之嘏，或曰夏。秦晋之间凡人之大谓之奘，或谓之壮。燕之北鄙齐楚之郊或曰京，或曰将。皆古今语也，初别国不相往来之言也，今或同。而旧书雅记故俗语不失其方，而后人不知，故为之作释也。"

（五）转语，是指由于语音转变而产生的古语和今语、方俗语和通语，他们的语音是相近的。例如：

《方言》卷十一："蠯蟁，鼁蟊也。自关而西秦晋之间谓之鼁蟊。自关而东赵魏之郊谓之蠯蟁，或谓之蠨蝓。蠨蝓者，侏儒语之转也。北燕朝鲜洌水之间谓之蟦蜍。"

（六）代语，是指已经消失的古代词语。例如：

《方言》卷十："倾鰓、干都、耇、革，老也。皆南楚江湘之间代语也。"（凡以异语相易谓之代也）

三、《方言》的释义方式

（一）先列一个共同语，再分别说明各区域的方言殊语。如：

（1）《方言》卷九："箭，自关而东谓之矢，江淮之间谓之鍭，关西曰箭。"

"箭"是一个共同语即通语，矢、鍭都为各地的方言。

（2）《方言》卷九："车缸，齐燕海岱之间谓之锅，或谓之锟。自关而西谓之缸，盛膏者乃谓之锅。"

车缸为共同语，锅、锟、缸都为各地方言。

（二）先列一组同义词，最后一字某也，是通语。再具体说明各地的方言。如：

（1）《方言》卷一："党、晓、哲，知也。楚谓之党或曰晓，齐宋之间谓之哲。党、晓、哲，知也。"

这是一组同义词，知为通语。晓、哲为方言。

（2）《方言》卷三："慰、廛、度，尻也。江淮青徐之间曰慰，东齐海岱之间或曰度，或曰廛，或曰践。"

尻为通语，慰、廛、度为方言。

（三）以一个共同语释一个非共同语。如：

（1）《方言》卷六："由迪，正也。东齐青徐之间相正谓之由迪。"

被释词在前，释词在后。

（2）《方言》卷九："箱谓之裤。"

这个例子则是被释词在后，释词在前。

第四节　《方言》的评价及其影响

晋郭璞《方言序》云："考九服之逸言，标六代之绝语，类离词之指韵，明乖途而同致，辨章风谣而区分，曲通万殊而不杂，真恰见之奇书，不刊之硕记也。"[①] 可见方言的收词范围之广，析异词之旨，辨之细微，条贯之清晰。《方言》是第一部比较方言词汇的著作，在语言学史上有很重要的地位。

第一，它重视活的语言，以活的口头语为研究对象。这为现在的方言调查研究提供了很宝贵的经验，也产生了很深的影响。

第二，它第一次系统地提出方言区域的概念。近人林语堂据此分出了十四个方言区。它们是秦晋方言区：秦、西秦、晋（亦称汾唐）；梁及楚之西部方言区：梁（亦称西南蜀、汉、益）；赵魏自河以北方言区：赵、魏；宋卫及魏之一部方言区：卫，宋；郑韩周方言区：郑、韩、周；齐鲁方言区（鲁亦近第四区）：齐、鲁；燕代方言区：燕、代；燕代北鄙朝鲜洌水方言区：北燕、朝鲜；东齐海岱之间淮泗方言区（亦名青徐）：东齐、徐；陈汝颖江淮方言区：陈、汝颖、江淮、楚；南楚方言区（杂入蛮语）；吴扬越方言区；西秦方言区（杂入羌语）；秦晋北鄙方言区（杂入狄语）。

第三，它用共同语来解释不同方言的词汇，记录了当时通行的共同语。如《方言》卷三："胶、谲，诈也。凉州西南之间曰胶，自关而东西或曰谲，或曰胶。诈，通语也。"

第四，对同义词的辨析很细致，有助于我们认识同义词之间的细微差别。如《方言》卷七："腜、饪、亨、烂、糍、酋、酷，熟也。自关而西秦晋之郊曰腜，徐扬之间曰饪，嵩岳以南陈颖之间曰亨。自河以北赵魏之间火熟曰烂，气熟曰糍，久熟曰酋，谷熟曰酷。熟，其通语也。"

第五，《方言》不仅记录了古今异言，方言殊语，还包括一些少数民族语。如《方言》卷八："虎，陈魏宋楚之间或谓之李父，江淮南楚之间谓之李耳。"据张永言考证，湘西土家语称公虎母虎的发音与李父李耳的发音一致，

---

①　扬雄记、郭璞注：《方言》，中华书局 1985 年新 1 版，第 1 页。

由此可见《方言》里所著录的这两个词乃是古代楚或南楚地区的民族语。

当然,《方言》也存在一些不足之处。首先,它在记录各地孝廉和卫卒他们各自的活方言时,所用的记录方式是汉字记音,产生的后果就是要么是生僻字要么是自造字,奇字连篇,流通困难。其次,它标注的方言区域较为复杂,容易使人产生混乱。如有的名称是秦以前的国名和地名,有些是汉代的实际地名。再次,他对某些词的解释过于简单,不够明确。如《方言》卷二:"逞、苦、了,快也。自山而东或曰逞,楚曰苦,秦曰了。"至于楚地方言为何把"苦"释为"快",我们不得而知。又如《方言》卷二:"憖、剌,痛也。自关而西秦晋之间或曰憖。"我们不能确定"憖"、"剌"二字是否在区分痛的程度方面有所差别。

总之,《方言》在继承《尔雅》的分类编次、以常用词解释非常用词的基础上,在体例方面有开创意义。《方言》创造了一套自己的释词术语:通语、凡通语、转语等。它不仅区分出方言词语,还对同义词作了细致的区分解释。《方言》为后来的方言词典编纂提供了范本:后人一方面从古书中寻找一些方言词语来续补扬雄的《方言》,如杭世骏的《续方言》、戴震的《续方言稿》等,另一方面收录一些方言俗语,如唐颜师古的《匡谬正俗》中的后 4 卷、近代章炳麟的《新方言》等。

第五节 《方言》的研究概况

《方言》问世后不断有人对它进行校释和辑佚,其中校释的有:晋郭璞《方言注》、明陈与郊的《方言类聚》、清戴震的《方言疏证》、清王念孙的《方言疏证补》、清卢文弨的《重校方言》卷、清钱绎的《方言笺疏》、清刘台拱的《方言补校》、清顾震福的《方言校补》、清郭庆藩《方言校注》、今人周祖谟《方言校笺》、丁惟汾《方言音释》、华学诚《扬雄〈方言〉校释汇证》。郭璞《方言序》云:"余少玩雅训,旁味方言,复为之解,触事广之,演其未及,摘其谬漏。"郭注对方言大致做了三方面的工作。一是解说本文的词语。他以晋代的方言为本,与扬雄所记的汉代方言参证比较,作出注释。如《方言》卷一"自关而东河济之间谓之猫"下注云:"今关西人亦呼好为猫,莫交反。"由此注可见汉代的关东方言"猫"至晋代已扩大范围至关西。莫交反的音,是注晋代关西人"猫"的读音的,从而推及汉代关东人的读音。二是推广内容,补缺正误。对《方言》中解说不清楚的地方,一般都做了补充说明，对词语如此说的意义，也常常加以解释。如《方言》卷十三："菲，薄也。"注云："谓微薄也。"说明《方言》所谓"薄"是微薄的意思。《方言》卷一："老，燕戴之北鄙曰梨"，注云："言面色似冻梨"，指出燕方言之所以称老为梨，乃是取其面色似冻梨的意思。郭注凡说"谓某"的，大多是说词义，"言某"的，大都是解释词语得名的缘由。三是说明《方言》词语在晋代的读音和词义变化。《方言》卷一解释"好"时说："赵魏燕代之间曰姝"，注云："昌朱反。亦四方通语"，说明"姝"已由两汉时的方言，变成了晋代的通语。由此可见郭注与《方言》相得益彰，它不仅为《方言》注音释义，使人容易了解，而且它本身也是一部很好的方言词典，可据以研究两汉魏晋间语言的变化和发展。戴震《方言疏证》为《方言》订讹补漏，逐条疏证，是研究《方言》必不可少的参考资料。《方言》自宋代以来，刻本繁多，错漏亦夥，戴氏以《永乐大典》本与明本校勘，又以古籍中引用《方言》和《方言注》的文字与《永乐大典》本互相参订，共改讹字281个，补脱字27个，删衍字17个。《疏证》间有疏漏未备者，王念孙《方言疏证补》为之补释。钱氏《方言笺疏》征引资料丰富，但因未能充分注意到《方言》的口语性质，创建不多。周祖谟《方言校笺》根据李文授本，参酌戴震、卢文弨、刘台拱、王念孙、钱绎各本，辨析是非，加以刊定，可算一个集大成的善本。华学诚《扬雄〈方言〉校释汇证》，版本搜罗齐备，征引宏富、校订亦精，为后出转精之作。对《方言》进行辑佚的有清顾震福的《方言佚文》1卷、清王仁俊《方言佚文》1卷。

思考与练习

（1）简述《方言》的作者及成书经过。

（2）举例说明《方言》的释词条例。

（3）对比《方言》和《尔雅》释义方式的不同，并举例说明。

（4）结合《方言》的主要内容，论述其对后世的影响。

（5）试找出《方言》中细致地区分同义词的例子，体会作者的"比较"思想。

第三章

《释名》

　　《释名》作者东汉刘熙，字成国，北海（今山东昌乐县）人。《后汉书·文苑传》有过这样的记载："刘珍，字秋孙，一名宝，撰《释名》三十篇，以辨万物之称号。"① 刘珍著《释名》仅见于《后汉书》，各种经史籍志都未著录，唐宋类书也并未见征引，大致可以推断刘珍《释名》可能亡佚，也可能与今本《释名》是同名异书。刘熙《释名》各史籍均有佐证，后代字书有大量征引，基本可以确定今传《释名》的作者就是刘熙。

　　据郝懿行《刘熙释名考》，刘熙所处的时代为汉献帝建安时期。由《释名·释州国》所释十三州中有雍州无交州，而《后汉书·郡国志》所载十三州中有交州无雍州推断，"刘熙撰《释名》就是在雍州建立的兴平元年之后到交州建立的建安八年之前的九年之中，亦即公元194年到203年这段时期内，此时下距魏受禅尚有二十余年光景。"由于汉末战乱，刘熙徙居到交州，在这时期内潜心撰写《释名》。

第一节　《释名》的版本流变②

一、明本

　　1. 明嘉庆三年储良材、程鸿刻本，书前有嘉庆甲申储良材序。嘉庆为明世宗年号。储氏序称该书是他任全晋按察使时辗转所得，托吕太史仲木校正，付绛守程鸿刊布。另外，据《经籍访古志》云："《释名》八卷，明嘉庆甲申仿宋刊本，怀仙楼藏……考是本刘熙成国序后有识语云临安府陈道人书籍铺刊行，则其取原于宋本可知。"可见此本是据最早的宋陈道人刊本重刻的，是目

---

　　① 张舜徽：《清人笔记条辨》，华中师范大学出版社2004年第1版，第177页。
　　② 参见陈建初：《〈释名〉考论》，湖南师范大学出版社2007年第1版，第20～21页。

前可见的最古版本。此本各种书目皆有著录，流布甚广，目前国内的北京图书馆、北京师范大学图书馆、杭州大学图书馆等均有收藏。

2. 明吴琯《古今逸史》本，吴琯，新安人（地在今江苏唯宁），明隆庆（穆宗年号，1567~1572）进士，辑刊古今逸史 42 种 182 卷，其中刊录《释名》一书。这也是较早的明刻本，《增订四库简明目录标注》《八千卷楼书目》、孙星衍《孙氏祠堂书目》皆著录此本。台湾"国立中央图书馆"收藏，为八卷本，首页次行题"明吴馆校"。

3. 明胡文焕刻《格致丛书》本，胡文焕编刻之《格致丛书》，收录古今考证名物之书，其中以明人著述为多。凡 346 种，分为 37 类，但据《四库全书总目》著录，为 181 种，今存者则止 168 种。丛书刊收《释名》，为八卷本，有万历三十一年（1603）刊本。格致丛书本《释名》后有多种新刻本：一为邵晋涵校，丁锦鸿校并跋，今藏上海图书馆；一为孙星衍校，今藏南京图书馆；一为王宗炎校，丁丙跋，亦藏南京图书馆。三本皆为清人所校。

4. 明郎奎金《五雅全书》题《逸雅》本，郎氏将《释名》与《尔雅》《小尔雅》《广雅》《埤雅》合刊，而称《释名》为《逸雅》，故曰《五雅全书》，有《丛书集成初编》本。

5. 明万历《广汉魏丛书》四卷本，《广汉魏丛书》为明人何允中在程荣《汉魏丛书》的基础上增广而成，所辑皆汉魏间遗书，程氏为 38 种，何氏广为 76 种，今存程本中无《释名》，何本有之，分为 4 卷。有《丛书集成初编》本。又清人王漠续辑 10 种，合 86 种，称为《增订汉魏丛书》，乾隆间刊行，亦有四卷本《释名》。有红杏山房本、大通书局石印本等。

二、清本

清钟谦钧小学汇函本，钟谦钧字云卿，湖南巴陵（属今湖南省岳阳市）人，同治年间官两广盐运使。《小学汇函》为钟氏所辑。今所谓文字、训诂、音韵之学，古称小学，是书即收录训诂书 4 种，字书 8 种，韵书 1 种，合计 13 种，其中即包括《释名》。有同治十二年（公元 1873 年）粤东书局刊本，光绪年间石印本、《丛书集成初编》本等。《小学汇函》本《释名》，其版本取自清璜川吴志忠校刊本，书前有顾千里、王引之二序，吴氏校字以双行小字夹正文中，所校多取自毕沅《释名疏证》。

第二节 《释名》的体例

一、编排体例

与《尔雅》相似，《释名》把相同（相似）或相关的事物分在一个大类之下，依照"事以类聚、物以群分"的原则分成27篇。先自然，后人类社会。先《释天》、《释地》、《释山》、《释水》、《释丘》、《释道》，后《释州》、《释国》。从第八篇起以人为中心，先《释形体》、《释姿容》、《释长幼》、《释亲属》、《释言语》，接下来依次是人的吃（《释饮食》）、穿（《释采帛》《释首饰》、《释衣服》）、住（《释宫室》《释床帐》）、学（《释书契》、《释典艺》）、用（《释用器》、《释乐器》、《释兵》）、行（《释车》、《释船》），最后释人的疾病和死亡（《释疾病》、《释丧制》）。

从各篇的排序看，是井然有序的，各篇内部也大致有序。如《释形体》是按照先总后分、自上而下的顺序：先释"人、体、躯、形、身"等名，后释"囟、头、面、鼻、口、须、项、颈、胸、腹、背、要、臀、股、膝、胫、足、跟"等名。再如《释亲戚》大体是按照先亲后疏、由内及外的顺序：先释"父、母、祖父、兄、弟、子、孙、伯、叔"，后释"从祖祖父母、姑、姐、舅、甥"等。

二、训释体例

清顾广圻为《释名》作《略例》曰："《释名》之例可知也，其例有二焉：曰本字，曰易字是也。虽然，犹有十焉：曰本字，曰叠本字，曰本字而易字，曰易字，曰叠易字，曰再易字，曰转易字，曰省易字，曰省叠易字，曰易双字。本字者何也？则冬曰上天，其气上腾与地绝也，以上释上，如此之属一也。叠本字者何也？则春曰苍天，阳气始发色苍苍也，以苍苍释苍，如此之属二也。本字而易字者何也？则宿宿也，星各止宿其处也，以止宿之宿释星宿之宿，如此之属三也。易字者何也？则天显也，在上高显也，以显释天，如此之属四也。叠易字者何也？则云犹云云，众盛意也，以云云释云，如此之属五也。再易字者何也？则腹复也，富也，以复也富也再释腹，如此之属六也。转易字者何也？则兄荒也，荒大也，以荒释兄而以大转释荒，如此之属七也。省易字者何也？则绨似虫之色绿而泽也，以释绨而省也之云，如此之属八也。省叠易字者何也？则夏曰昊天，其气布散皓皓也，以皓皓释昊而省犹皓皓之云，如此之属九也。易双字者何也？则摩挲犹末杀也，以末杀双字释摩挲双字，如此之属十也。"①

近人杨树达不满顾氏"全以字形为说"，于是作了《新略例》，其言曰："《释名》音训之大例有三：一曰同音，二曰双声，三曰叠韵。其凡则有九：一曰以本字为训，如以宿释宿，以阙释阙，以苍苍释苍天，以孚甲释甲之类是也。二曰以同音字为训，如以县释玄，以颢释昊，以竟释景，以规释睘……之类是也。三曰以同音符之字为训，如以闵释旻，皆从文声；以燿释曜，皆从翟声；以扬释阳，皆从易声；以遇释偶，皆从禺声之类是也。四曰以音符之字为训，如以止释趾，趾从止声；以卻释脚，脚从卻声；以殿释臀，臀从殿声之类是也。五曰以本字之孳乳字为训，如以愾释氣，愾从氣声；以荫释阴，荫从阴声；以蒸释热，蒸从热声之类是也。此属于同音者也。六曰以双声为训，如以坦释天，以散释星，以氾与放释风，以化释火……之类是也。七曰以近纽双声字为训，如以健释乾，以昆释鰥，以踝释寡之类是也。八曰以旁纽双声字为训者，如以假释夏，以祝释孰，以承释塍之类是也。此属于双声者也。九曰以叠韵字为训，如以阙释月，以显训天之类是也。此属于叠韵者也。"②

第三节 《释名》的内容

今本《释名》正文二十七篇，具体的为：《释天》、《释地》、《释山》、《释水》、《释丘》、《释道》、《释州国》、《释形体》、《释姿容》、《释长幼》、《释亲属》、《释言语》、《释饮食》、《释采帛》、《释首饰》、《释衣服》、《释宫室》、《释床帐》、《释书契》、《释典艺》、《释用器》《释乐器》、《释兵》、《释车》、《释船》、《释疾病》、《释丧制》。刘熙《释名序》云："名之于实，各有义类，百姓日称而不知其所以之意，故撰天地、阴阳、四时、邦国、都鄙、车服、丧纪，下及民庶应用之器，论叙指归，谓之《释名》。"《释名》用声训法，探求事物命名之由，它并非为通晓经传而作，而以当时日常习用之语词为主。

具体内容举例如下：

《释天》：（1）"风而雨土曰霾，霾，晦也，言如物尘晦之色也。"

---

① 齐佩瑢：《训诂学概论》，中华书局 2004 年新 1 版，·第 127 页。
② 同上书，第 129 页。

(2)"晦，月尽之名也，晦，灰也，火死为灰，月光尽似之也。"

《释地》："土黄而细密曰埴，埴，腻也，黏腻如脂之腻也。"

《释山》：(1)"林，森也，森森然也。"

(2)"山锐而高曰乔，形似桥也。"

《释水》：(1)"海，晦也，主承秽浊，其色黑而晦也。"

(2)"河，下也，随地下处而通流也。"

《释丘》：(1)"丘一成曰顿丘，一顿而成，无上下大小之杀也。"

(2)"再成曰陶丘，于高山上一重作之，如陶灶然也。"

《释道》：(1)"道一达曰道路。道，蹈也；路，露也。言人所践蹈而露见也。"

(2)"四达曰衢，齐鲁间谓四齿杷为欋。欋杷地则有四处，此道似之也。"

《释州国》：(1)"齐，齐也，地在勃海之南，勃齐之中也。"

(2)"颍川，因颍水以为名也。"

《释形体》：(1)"自脐以下曰水腹，水沟所聚也；又曰少腹，少小也，比于脐以上为小也。"

(2)"腕，宛也，言可宛屈也。"

《释姿容》：(1)"负，背也，置项背也。"

(2)"摩挲，犹末杀也，手上下之言也。"

《释长幼》："八十曰耋。耋，铁也，皮肤变黑，色如铁也。"

《释亲属》：(1)"妇之父曰婚，言婿亲迎用昏，又恒以昏夜成礼也。"

(2)"舅谓姐妹之子曰甥。甥亦生也，出配他男而生，故其制字男傍作生也。"

《释言语》：(1)"勒，刻也，刻识之也。"

(2)"密，蜜也，如蜜所塗，无不满也。"

《释饮食》：(1)"饵，而也，相黏而也。"

(2)"饼，并也，溲面使合并也。"

《释采帛》：(1)"绀，含也，青而含赤色也。"

(2)"绿，浏也，荆泉之水于上视之浏然绿色，此似之也。"

《释首饰》：(1)"冠，贯也，所以贯韬发也。"

(2)"粉，分也，研米使分散也。"

《释衣服》：(1)"荆州谓禅衣曰布。"

(2) "齐人谓如衫而小袖曰侯头。侯头犹言解渎，臂直通之言也。"

《释宫室》：(1) "壁，辟也，所以辟御风寒也。"

(2) "仓，藏也，藏谷物也。"

《释床帐》："貂席，连貂皮以为席也。"

《释书契》："传，转也，转移所在执以为信也；亦曰过所，过所至关津以示之也。"

《释典艺》："尔雅：尔，昵也；昵，近也。雅，义也；义，正也。五方之音不同，皆以近正为主也。"

《释用器》："齐人谓其柄曰櫼，櫼然正直也。"

《释乐器》："箫，肃也，其声肃肃然清也。"

《释兵》：(1) "憧，童也，其貌童童然也。"

(2) "以犀皮作之曰犀盾，以木作之曰木盾。"

《释车》："天子所乘曰路，路亦车也。谓之路者，言行于道路也。金路、玉路，以金玉饰车也，象路、革路、木路，各随所以为饰名之也。"

《释疾病》：(1) "喘，湍也，湍急也，气出入湍急也。"

(2) "疢，久也，久在体中也。"

《释丧制》：(1) "翣，齐人谓扇为翣，此似之也，象翣扇为清凉也。"

(2) "送死之器曰明器，神明之器，异于人也。"

第四节　《释名》的影响及评价

《释名》是一本百科全书、分类词典，也是第一部词源学专著。后人给予它很高的评价。

第一，《释名》的释词范围广，它不像《尔雅》释经，仅以经典为对象，《释名》不仅探求政治、礼教等方面的词语，也探讨日常生活中普通词语的来源。如《释典艺》："诗，之也，志之所以也。兴物而作谓之兴，敷布其义谓之赋，事类相似谓之比，言王政事谓之雅，称颂成功谓之颂，随作者之志而别名之也。"《释床帐》："长狭而卑曰榻，言其体榻然近地也。"《释衣服》："袖，由也。手所由出入也，亦言受也，以受手也。"

第二，《释名》是声训的集大成者，它用音同或音近释词的声训法，系联了一批同源词。音同的如《释形体》："脾，裨也，在胃下裨助胃气主化谷也。"《释言语》："铭，名也，记名其功也。"音近的如《释姿容》："超，卓也，举脚有所卓越也。""超"为透母宵部，"卓"为端母药部，透母和端母都为舌音，宵部和药部对转，因此"超"和"卓"音近。《释天》："晕，卷也，气在外卷结之也。日月俱然。""晕"为匣母文部，"卷"为见母元部，匣母为喉音，见母为牙音，文部和元部旁转，因此"晕"和"卷"音近。

第三，《释名》对某些事物命名之意的训释具有很高的价值，并成为后来语源学的开山之作。它的命名角度和方式灵活多样。有依据声音命名的，如《释天》："雷，雷也，如转物有所硍雷之声也。"《释用器》："铚，穫黍铁也，铚铚断黍穗声也。"依据颜色命名，如《释天》："风而雨土曰霾，霾，晦也，言如物尘晦之色也。"《释长幼》："八十曰耋，耋，铁也，皮肤变黑色如铁也。"依据形状命名，如《释形体》："胫，茎也，直而长似物茎也。"《释天》："弦月，半之名也。其形一旁曲一旁直，若张弓施弦也。"依据特征命名，如《释首饰》："梳，言其齿疏也。数者曰比，比于梳，其齿差数也，亦言细相比也。"依据作用命名，如《释兵》："盾，遯也，跪其后避刃，似隐遯也。"《释用器》："敔，御也。御，止也。所以止乐也。"依据材料命名，如《释兵》："以络编版谓之木络。以犀皮作之曰犀盾。以木作之曰木盾。"《释车》："天子所乘曰玉辂，以玉饰车也。辂亦车也，谓之辂者言行于道路也。金辂、象辂、革辂、木辂，各随所以为饰名之也。"依据产地命名，如《释兵》："大而平者曰吴魁，本出于吴，为魁帅者所持也。"《释兵》："隆者曰须盾，本出于蜀，须所持也，或曰羌盾，言出于羌。"依据动作命名，如《释姿容》："跪，危也，两膝隐地体危陧也。"《释宫室》："亭，停也。亦人所停集也。"依据因果命名，如《释亲属》："妇之父曰婚，言壻亲迎用昏女恒以昏夜成礼也。"《释首饰》："黛，代也。灭眉毛去之，以此画代其处也。"依据方位命名，如《释天》："珥，气在日两旁之名也。珥，耳也。言似人耳之在两旁也。"《释宫室》："房，旁也，室之两旁也。"依据地形地势命名，如《释州国》："荆州，取名于荆山也，必取荆为名者。荆，警也，南蛮数为寇，逆其名有道后服无道，先强常警备之也。""兖州取兖水以为名。"依据比喻拟人命名，如《释山》："山锐而长曰峤，形似桥也。"《释水》："侧出沈泉，沈，轨也。流狭而长如车轨也。"《释姿容》："驻，株也，如株木不动也。"

第四，它解释名物的原由常以当时方言方音为证，为后人对汉代方言的考证提供了依据。如《释天》："天，豫司兖冀以舌腹言之，天，显也，在上高显也，青徐以舌头言之，天，坦也，坦然高而远也。"《释水》："水泆出所为泽曰掌，水停处如手掌中也。今兖州人谓泽曰掌也。"《释亲属》："兄，荒也，荒，大也，故青徐人谓兄为荒也。"《释疾病》："吐，泻也，故扬豫以东谓泻为吐也。"

《释名》的不足之处也是显而易见的。

第一，《释名》释义，最为后人所诟病的，就是滥用声训。同音或音近的字很多，刘氏在不明所由的情况下就免不了主观臆断。如《释州国》："徐州，徐，舒也。土气舒缓也。""赵，朝也，本小邑朝事于大国也。"《释言语》："是，嗜也。人嗜乐之也。"

第二，作者受到当时通行的阴阳五行之学的影响，有时也不免将它带到训释之中。如《释天》："虹，攻也。纯阳攻阴气也。又曰蝃蝀，其见每于日在西而见于东，掇饮东方之水气也。见于西方曰升朝，日始升而出见也。又曰美人，阴阳不和，婚姻错乱，淫风流行，男美于女，女美于男，恒相奔随于人之时，则此气盛，故以其盛时名之也。"其实"虹"就是一种自然现象，刘氏这么一说，倒有了许多神秘的色彩。《释亲属》："女，如也，妇人外成如人也。故三从之义。少如父教，嫁如夫命，老如子言。青徐人曰娪，娪，忤也。始生时人意不喜，忤忤然也。"从中可以发现妇女的随从命运和人生的不自由，体现出了重男轻女的思想。

第三，有些双音词是连绵词，而作者把他们分开来训释，以致捍格难通。如《释姿容》："望佯，佯，阳也。言阳气在上，举头高似若望之然也。""望佯"是叠韵连绵词，是不能拆开解释的，只有合在一起才能表示完整的意义。《释乐器》："批把，本出于胡中马上所鼓也。推手前曰批，引手却曰把。象其鼓时因以为名也。""批把"是双声连绵词。

第五节　《释名》的研究概况

《释名》的研究资料有：三国吴韦昭《辩释名》1卷、清李慈铭《越缦堂读书记》、清毕沅《释名疏证》8卷、清吴翙寅《释名校议》1卷、清成蓉镜《释名补证》1卷、孙诒让《释名札迻》、清王先谦《释名疏证补》8卷、清王仁俊《释名集校》2卷、清顾震福《释名校补》、清毕沅《释名补遗》1卷、清顾广圻《释名略例》、清张金吾《释名补例》、近人胡朴安《释名之内容及其条例》、杨树达《释名新略例》、今人周祖谟《书刘熙释名后》、孙德宣

《刘熙和他的释名》、李维棻《释名研究》、陈建初《释名考论》、任继昉《释名汇校》、王国珍《释名语源疏证》等。古人的研究以《释名疏证》和《释名疏证补》影响最大。《释名疏证》广引群书，对《释名》加以注解、论证，亦纠正了其中不少讹误。《释名疏证补》在毕氏的基础上参酌众说，续注补校，结合方俗，考合古今，是一部集大成的本子，非常便于阅读。今人的研究已超越单纯校勘、注释的藩篱，更注意以语言学的理论和方法来研究《释名》，其代表作是陈建初的《释名考论》。

思考与练习

（1）简述《释名》的作者及其成书年代。

（2）比较分析《尔雅》和《释名》的编排体例。

（3）举例分析《释名》中词源解释的牵强之处。

（4）简述《释名》声训的方法对后世的影响。

第四章

《广雅》

　　《广雅》作者张揖，字稚让，是三国魏清河人，太和中官博士。《四库全书总目提要》云："揖字稚让，清河人，太和中官博士。"[1]《魏书·江式传》载："式上表曰：'……魏初博士，清河张揖著《埤苍》《广雅》《古今字诂》。'"[2] 但现今只有《广雅》流传下来，《埤苍》和《古今字诂》皆已亡佚。近人王献唐云："张揖以《广雅》续《尔雅》，以《埤苍》续《三苍》，以《古今字诂》续《说文》。"[3]

第一节　《广雅》的版本与体例

一、《广雅》的版本

　　《广雅》的版本有明毕效钦刊《五雅》本（此本为善本）、明郎奎金辑《五雅全书》本、《广汉魏丛书》本、《摛藻堂四库全书荟要》本、《小学汇函》本。

二、《广雅》的体例

　　宋邢昺《尔雅疏·释草》："《广雅》，张揖撰，以广《尔雅》之阙漏也。"[4]《广雅》的编排体例和《尔雅》的基本相同：《广雅》仍旧为十九篇，前三篇释一般语词，为《释诂》、《释言》、《释训》；《释亲》以下各篇解释百科名词。

---

① 永瑢等：《四库全书总目提要》（上），中华书局1983年版，第341页。
② 应三玉：《〈史记〉三家注研究》，凤凰出版社2008年第1版，第91页。
③ 姜聿华：《中国传统语言学要籍述论》，书目文献出版社1992年第1版，第52页。
④ 窦秀艳：《中国雅学史》，齐鲁书社2004年第1版，第105页。

据胡朴安《中国训诂学史》① 归纳，《广雅》训释条例有 22 种之多：

（1）以偶名释奇名，如《释器》："韇、韔、櫜、韬、韣，弓藏也。""弓藏"是人们容易知道的名称，用"弓藏"这一个偶名来释"韇、韔、櫜、韬、韣"这几个较为冷僻的奇名。

（2）以奇名释偶名，如《释器》："飞蟲、矰第、矢拔，箭也。""箭"这一奇名是人所共知的，用它来释"飞蟲、矰第、矢拔"这三个较为冷僻的偶名。

（3）以今名释古名，如《释草》："蘿粱，木稷也。今之高粱，古之稷也。"秦汉以来，误以为粱为稷，高粱遂名木稷，所以加"木"以别之。

（4）以通语释异语，如《释亲》："翁、公、叟、爸、爹、簹，父也。""父"是通语，"翁、公、叟、爸、爹、簹"这几个字有古今异语，有方言差异。

（5）有异名同实，分两条以释例，如《释亲》："臀谓之脽。"又《释亲》："臗、尻、州、豚，臀也。"臗、尻、州、豚，这几个字也可以解释为脽。它们属于异名，却是同一个意思。

（6）有异实同名并一条以释例，如《释器》："广平，榻枰。"广平者，为博局之枰。榻枰者，为床榻之枰。实际上二者并不同，却并为一条来解释。

（7）有一物异年龄而异名例，如《释草》："奚毒，附子也。一岁为荝子，二岁为乌喙，三岁为附子，四岁为乌头，五岁为天雄。"本为一物，因为年龄的差别，用不同的名称命名。

（8）有一物异容量而异名例，如《释器》："一升曰爵，二升曰觚，三升曰觯，四升曰角，五升曰。"一物因为容量的差异而有不同的名称。

（9）有大小同实异名不言大小例，如《释鸟》："鸍鷉，鶻鷉也。"据方言记载，鸍鷉小，鶻鷉大。在此，鸍鷉和鶻鷉属同一种鸟类异名，却不分大小。

（10）有大小同实异名一明言一不明言例，如《释鱼》："鮵，鲲也，大鲲谓之鳑。"鮵，鲲为同一种鱼类，大鲲谓之鳑，就知其小者为鮵。

（11）有释名物性质例，如《释草》："秈，粳也。秫，稬也。"据经记载，粳为硬，不黏。即粳为秈之性质。《尔雅》、《释文》引《字林》云："稬、黏稻也。稬与稷同，是稬为秫之性质。"

---

① 参见胡朴安：《中国训诂学史》，上海书店 1984 年第 1 版，第 95~100 页。

(12) 有释称谓意义例，如《释亲》："父榘也母牧也。"《白虎通》云："父者，矩也。以法度教子也。"世间分阴阳两类，阴为母，母亲是养育孩子的。言滋生也，即牧之意。"

(13) 有共名上加一字为别例，如《释宫》："罔谓之罟，罽罾，鱼网也。罝罂，兔罟也。"罟是共名，罽罾是鱼网的专名，罝罂是兔罟的专名。

(14) 有在原名上加一字自成一名词例，如《释宫》："袓、饰、褎明、襗、袍、襡，长襦也。""襦"本来是短衣的名称，加上一个"长"字，自成一个名词。

(15) 有动词为名词例，如《释器》："棲谓之床。"棲本来是动词，因为所棲者谓之棲，所以用作名词了。

(16) 有连释例，如《释水》："濆泉，直泉也。直泉，涌泉也。"以涌泉释直泉，直泉释濆泉。这样的就是连释。

(17) 有同实因所在而异名例，如《释草》："昔邪，乌韭也。在屋曰昔邪，在墙曰垣衣。"昔邪与垣衣同实，因在屋在墙而异名。

(18) 有异实一部分同名例，如《释草》："粢、黍、稻其采谓之禾。"粢、黍、稻为三种不同的品种，而其采之名则相同。

(19) 有同实以雌雄而异名例，如《释鸟》："鸩鸟，其雄谓之连日，其雌谓之阴谐。"连日、阴谐都是鸩鸟的名字，只是因为雄雌不同而名字各异。

(20) 有同实以小部分不同而异名例，如《释鱼》："有鳞曰蛟龙，有翼曰应龙，有角曰龙，无角曰龙，龙能高能下能小能巨能幽能明能短能长渊深是藏敷和其光。"以上所述都是龙，但因为有鳞有翼有角无角而名不同。

(21) 有全体同名一部分异名例，如《释器》："鏔、孑、鏝、胡、釨、戛、戈，戟也。其锋谓之𢧢。其孑谓之㦸。"鏔、孑、鏝、胡、釨、戛、戈全体共名为戟，其锋其孑而异名。

(22) 属例，如《释鸟》："翳鸟、鸞鸟、鷫爽、鸑鷟、鸱箒、鵕鸃、廣昌、鷦明，凤皇属也。"各物虽有专名，总与凤皇为一类，而又非凤皇，所以就属为一类。

第二节 《广雅》的内容

《广雅》今本 10 卷，19 篇。《尔雅》所收的词语和专用名词计有 2091 事，《广雅》计 2343 事。《尔雅》全书收字 10819 个，《广雅》全书收字 18150 个。张揖《上广雅表》云："夫《尔雅》之为书也，文约而义固，其陈道也，精研而无误，真七经之检度，学问之阶路，儒林之楷素也。若其包罗天地，纲纪人事，权揆制度，发百家之训诂，未能悉备也。臣揖体质蒙蔽，学浅词顽，言无足取，窃以所识，择撢群艺，文同义异，音转失读，八方殊语，庶物易名，不在《尔雅》者，详录品核，以著于篇，凡万八千一百五十文，分为上中下。"[①] 上文叙述了张揖写作《广雅》的旨趣是在于增广《尔雅》之所未备，故名之曰"广"。由于词汇的不断丰富，到了汉代，《尔雅》已经不能涵盖许多方言殊语、品物名称，因此张揖作《广雅》一书，把先秦两汉经传子史、医书、字书所有不见于《尔雅》的字，都收罗在内。

《广雅》对《尔雅》未收入的字作了增广，具体分为：第一，对词条的增广。如同样训"始"字，《尔雅·释诂》列举了"始"的 11 个同义词："初、哉、首、基、肇、祖、元、胎、俶、落、权舆，始也"；《广雅·释诂》列了"始"的 19 个同义词："古、昔、先、创、方、作、造、朔、萌、芽、本、根、蘗、蛭、肇、昌、孟、鼻、业，始也"。第二，对事类的增补。如《尔雅·释亲》将其分为宗族、母党、妻党、婚姻四个小类，释事 35 条；《广雅·释亲》总共释事 70 条，不分小类，但是却收录了《尔雅》中没有的、反映有关孕娠生产方面的词语和表示人体各部位称谓的词语。又如《广雅·释乐》解释各种乐名和乐器名称，先列乐名，再列乐器。乐名、鼓名、琴名有小题，其余乐器不再细分，并且对有些乐器的长短尺寸大小广狭都有比较详细的描述和记录。第三，对已有的解释，补充说明。如《尔雅·释诂》："啜，茹也。"《广雅·释诂》："饡、䭃、䬸、唌、噬、餲、䭈、湌、餔、啜、甞、餐、茹，食也。"第四，完善训词的意义。如《广雅·释山》"岱宗谓之泰山，天柱谓之霍山，华山谓之大华，常山谓之恒山"是对《尔雅·释山》"泰山为东岳，华山为西岳，霍山为南岳，恒山为北岳"的补充和完善。

第三节　《广雅》的评价及其影响

《广雅》是《尔雅》之后雅书中最有价值的著作，这主要体现在以下几个方面：

第一，《广雅》的收词范围比《尔雅》大得多，包括汉代以前经传的训诂，《论语》、《孟子》、楚辞、汉赋等的注释，还有《方言》、《说文》等辞书

---

① 王念孙：《广雅疏证》，中华书局 1983 年第 1 版，第 3 页。

的解说。正如王念孙在《广雅疏证序》里写道："魏太和中，博士张君稚让继两汉诸儒后，参考往籍，遍记所闻，分别部居，依乎《尔雅》，凡所不载，悉著于篇。其自《易》、《书》、《诗》、《三礼》、《三传》经师之训，《论语》、《孟子》、《鸿烈》、《法言》之注，楚辞、汉赋之解，谶之记、《仓颉》、《训纂》、《滂熹》、《方言》、《说文》之说，靡不兼载。"① 来源于先秦汉魏典籍及其注疏的，如《释器》卷七下："衣，隐也。"衣者，《白虎通义·衣裳》："衣者，隐也。裳者，障也。所以隐形自障蔽也。"《释天》卷九上："一谷不升曰歉，二谷不升曰饥，三谷不升曰馑，四谷不升曰康，五谷不升曰大侵。"王念孙疏证："此《襄二十四年谷梁传》文也。"② 《释鱼》卷十下："短狐，蜮也。"短狐者，《诗·小雅·何人斯》："为鬼为蜮，则不可得。"毛传："蜮，短狐也。"等等。来源于辞书的，如《释言》卷五上："风，放也。"风者，《释名·释天》："风，放也。气放散也。"③ 《释水》卷九下："舟，船也。"舟者，《方言》卷九："舟，自关而西谓之船，自关而东或谓之舟，或谓之航。"④

第二：《广雅》保存了古音古义，为研究汉魏以前的词汇提供了许多可资参照的材料。正如王念孙在《广雅疏证序》云："盖周秦两汉古义之存者，可据以证其得失，其散逸不传者，可藉以窥其端绪，则其书之为功于训诂也大矣。"⑤

《广雅》的不足之处在于：第一，因为《广雅》是续《尔雅》而作，它按照《尔雅》的篇章顺序排列，难以将有些事类归入合适的篇目之下，致使归类不清。如《广雅·释水》解释有关河流的名称以及舟船等水上交通工具，先收录泉水，其次是水中可居人的洲渚、河海川以及舟船的名称。舟船是水上交通工具，属于用器类，归于《释水》里不免有些混乱。第二，它的解说简单，以一个简单的字对一组字概括说明，后人不识其词义的异同，导致使用的不便。如《广雅·释诂》"抓、撅、搔、搳、摘、搔也"，《广雅疏证》详解之："抓者，《玉篇》抓，抓痒也。撅者，《说文》撅，刮也。搳与撅声相近，《说文》搳，撅也。摘者，《说文》摘，搔也。《列子·黄帝篇》指摘无痟痒，

① 王念孙:《广雅疏证》，中华书局1983年第1版，第2页。
② 王念孙:《广雅疏证》，中华书局1983年第1版，第282页。
③ 刘熙:《释名》，中华书局1985年第1版，第3页。
④ 扬雄记、郭璞注:《方言》，中华书局1985年新1版，第84页。
⑤ 王念孙:《广雅疏证》，中华书局1983年第1版，第2页。

《释文》云：摘，搔也。摘训为搔，故搔头谓之摘。"① 第三，多义同条，同条中的一部分被释字使用的是释字的一个意义，而另外的一部分被释字用的是释字的另外一个意义。如《广雅·释诂》"诙、啁、譀、话、諴、讝、奠、周，调也"，王念孙《疏证》云："诙、啁、諴'为'调戏'之'调'，'譀、话、讝'为'调欺'之'调'，'周'为'调和'之'调'。"② 此释字"调"分别有三个意义：调戏、调欺和调和。这八个同条的字《广雅》不加以区分，没有给予明确的解释，这就极易产生误解。

第四节　《广雅》的研究概况

隋时的曹宪为《广雅》作音释，为避当时炀帝杨广讳，改《广雅》为《博雅》，音释本为《博雅音》。此本有错字，且曹宪据错字注音。

清王念孙《广雅疏证》十卷，每卷分为上、下。历时十年完成，《广雅疏证》以明毕效钦本为底本，旁考诸书，加以校正，凡字之讹者578，脱者491，衍者39。《广雅疏证自序》言："则就古音以求古义，引中触类，不限形体。苟可以发明前训，斯凌杂之讥，亦所不辞。其或张君误采，博考以证其失；先儒误说，参酌而悟其非。"③ 段玉裁曾说："读《疏证》如入武陵桃源，曲径幽深，继而豁然开朗，土地平旷。"如：

乾、官、元、首、主、上、伯、子、男、卿、大夫、令、长、龙、嫡、郎、将、日、正，君也。乾者，《说卦传》云："乾为君。"官，各本讹作宫，惟影宋本不讹，官与长同义，故皆训为君。伯、子、男、卿、大夫者，《尔雅》："王、公、侯、君也。"公、侯而下，则为伯、子、男及卿、大夫之有地者，《丧服》云："公士大夫之众臣为其君。"《传》曰："君，谓有地者也。"令者，《吕氏春秋·去私篇》："南阳有令。"高诱注云："令，君也。"长者，《周语》："古之长民者。"韦昭注云："长，犹君也。"龙者，《贾子·容经篇》云："龙也者，人主之譬也。"嫡者，《丧服》："妾为女君。"郑注云："女君，君适妻也。适与嫡通。"《归妹六五》云："其君之袂，不如其娣之袂良。君，亦谓嫡也。"郎之言良也。少义负良绥，郑注云："良绥，君绥也。良与郎，

① 同上书，第63页。
② 王念孙：《广雅疏证》，中华书局1983年第1版，第110～111页。
③ 王念孙：《广雅疏证》，中华书局1983年第1版，第2页。

声之侈弇耳，犹古者妇称夫曰良而今谓之郎也。"将读将帅之将，《吕氏春秋·执一》注云："将，主也。"日者，祭法、王宫，祭日也，注云："王宫，日坛也。王，君也，日称君。"正者，《尔雅》："正，长也。"《楚语》，武丁于是作书曰："以余正四方，余恐德之不类。"[1]

由此可见，王氏的《广雅疏证》对《广雅》作了精审校勘，如"官，各本作宫，惟影宋本不"；并且充实扩展了《广雅》的内容，例如以上"乾"字条，《广雅》仅用 20 个字来训释，而《广雅疏证》用了 400 来字。《广雅疏证》搜集的书证十分广泛，包括历代的经书、类书、小学书中的材料及同时代的著述。经过《疏证》的解说，一词一义都得到了分析证明，才使得《广雅》真正发挥了词典的作用。

钱大昭《广雅疏义》，只有传抄本，流传不广，前几十年才有影印本。钱氏重在搜求佐证，不能像王氏那样触类旁通，独造自得，因此成就不如王氏。

《广雅疏证》的成就和影响都大大超过了《广雅》，因而今人研究《广雅疏证》的较多，主要著述有徐复《广雅疏证诂林》、徐兴海《广雅疏证研究》、胡继明《广雅疏证同源词研究》、张其昀《广雅疏证导读》以及朱国理的系列论文。《广雅疏证诂林》集众注于一书，是一部内容详备的工具书。《广雅疏证研究》全面探讨了《疏证》的条例。《广雅疏证导读》从"证义"和"校勘"两个方面对《疏证》作了阐释，对初学颇有裨益。《广雅疏证同源词研究》则从语音关系、语义关系、理论与方法等多个角度较为全面地对《疏证》中的同源词进行了研究。朱国理的系列论文则对《疏证》中的术语进行了较为深入的分析。

思考与练习

（1）试析《广雅》对《尔雅》的编排体例有何补充与完善。

（2）试析《广雅》对《尔雅》内容增广的具体体现。

（3）结合《广雅》的内容，简述后人对其的评价。

（4）试析《广雅》与《尔雅》的传承关系。

（5）举例说明《广雅疏证》的地位及其评价。

---

[1]　同上书，第 5 页。

主要参考文献：

[1] 【清】郝懿行. 尔雅义疏 ［M］. 上海：商务印书馆，1933.

[2] 【南朝梁】刘勰著、周振甫注. 文心雕龙注释 ［M］. 北京：人民文学出版社，1981.

[3] 【唐】陆德明. 经典释文 ［M］. 北京：中华书局，1983.

[4] 【清】王念孙. 广雅疏证 ［M］. 北京：中华书局，1983.

[5] 【清】永瑢、纪昀. 四库全书总目提要 ［M］. 北京：中华书局，1983.

[6] 【清】钱绎撰、李发顺、黄建中点校. 方言笺疏 ［M］. 上海：上海古籍出版社，1984.

[7] 胡朴安. 中国训诂学史 ［M］. 上海：上海书店，1984.

[8] 【西汉】扬雄记、【晋】郭璞注. 方言 ［M］. 北京：中华书局，1985.

[9] 【东汉】刘熙. 释名 ［M］. 北京：中华书局，1985.

[10] 【魏】张揖撰、【隋】曹宪音. 广雅 ［M］. 北京：中华书局，1985.

[11] 【晋】郭璞注. 尔雅 ［M］. 北京：中华书局，1985.

[12] 张永言. 训诂学简论 ［M］. 武汉：华中工学院出版社，1985.

[13] 徐朝华. 尔雅今注 ［M］. 天津：南开大学出版社，1987.

[14] 王世伟、顾廷龙. 尔雅导读 ［M］. 成都：巴蜀书社，1990.

[15] 姜聿华. 中国传统语言学要籍述论 ［M］. 北京：书目文献出版社，1992.

[16] 王宁. 训诂学原理 ［M］. 北京：中国国际广播出版社，1996.

[17] 高小方. 中国语言文字学史料学 ［M］. 南京：南京大学出版社，1998.

[18] 赵振铎. 中国语言学史 ［M］. 石家庄：河北教育出版社，2000.

[19] 周永年主编. 文白对照全译诸子百家集成 ［M］. 长春：时代文艺出版社，2002.

[20] 许威汉. 训诂学导论 ［M］. 北京：北京大学出版社，2003.

[21] 胡奇光、方环海. 尔雅译注 ［M］. 上海：上海古籍出版社，2004.

[22] 周祖谟. 尔雅校笺 ［M］. 昆明：云南人民出版社，2004.

[23] 齐佩瑢. 训诂学概论 ［M］. 北京：中华书局，2004.

[24] 窦秀艳. 中国雅学史 ［M］. 济南：齐鲁书社，2004.

[25] 张舜徽. 清人笔记条辨 ［M］. 武汉：华中师范大学出版社，2004.

[26] 郭在贻. 训诂学 ［M］. 北京：中华书局，2005.

[27] 张志云、杨薇. 中国传统语言文献学 ［M］. 武汉：湖北辞书出版社，2006.

[28] 陈建初. 《释名》考论 ［M］. 长沙：湖南师范大学出版社，2007.

[29] 【晋】常璩著、汪启明、赵静译注. 华阳国志译注 ［M］. 成都：四川大学出版社，2007.

[30] 黎千驹. 现代训诂学导论 ［M］. 武汉：华中师范大学出版社，2008.

［31］应三玉.《史记》三家注研究［M］.南京:凤凰出版社,2008.

［32］赵仲邑.《尔雅》管窥［J］.中山大学学报,1963 (4).

［33］张永言.语源札记三则［J］.民族语文,1983 (6).

［34］何九盈.《尔雅》的年代和性质［J］.语文研究,1984, (2).

［35］邹酆.《释名》的编纂特色［J］.辞书研究,1985 (1).

［36］宜荣卿.《释名》的作者及成书年代考［J］.复旦学报,1985 (5).

［37］崔棠华.《释名》的声训及其训诂价值［J］.辽宁大学学报,1985 (6).

［38］王彩琴、华学诚.《方言》版本流传及文字校订［J］.河南社会科学,2006 (3).

［39］胡奇光、方环海.《尔雅》成书时代新论［J］.辞书研究,2001 (6).

［40］华学诚.二十世纪以来的《方言》整理［J］.中文自学指导,2007 (5).

第四编

语法学文献

引　论

相对于中国传统语言学中文字、音韵、训诂方面的辉煌成就，语法方面的发展则显得较为滞后。中国古代语法学的成就，止见于传世文献中有关语法思想的零散论述，以及研究虚词的几部专书。直到1898年《马氏文通》的出版，才标志着中国第一部系统语法理论著作的诞生。

一、中国古代语法学相对薄弱的原因

在汉语漫长的发展历程中，为何语法的研究一直没有形成系统？从影响语言发展变化的外部因素来看：一方面，中国古代政治、经济相对较为强盛，因而在语言接触的过程中更易于被弱势语言所借用。借入的外来词主要是一些名物之词，并未涉及语言的深层结构。形态变化较为丰富的梵文有着悠久的语法研究传统。魏晋南北朝时期，随着佛教的传入，梵文语法也随之影响汉语，其中所谓"声明之学"，便包含语法的部分。据说，当时洛阳研究佛经的一些和尚便精通此道。但从后来汉语史的发展历程来看，梵文语法对汉语影响甚微，并未根本触及汉语的语法结构。因而，汉语语法的发展从总体上来说一直处于相对封闭的系统之中。另一方面，中国古代的语言研究主要用于解读经籍、撰写古文，一直出于实用的目的。中国传统学术向来重功力，重材料，轻理论。一种语言有它特有的语法体系，值得专门进行深入的研究和探讨，而前人则缺乏这样的认识。从支配语言发展变化的内部因素来看：汉语属于语义型语言，汉字本身包含较为丰富的语义信息，在句法层面也缺少狭义的形态变化。因此，研究者观察的重点主要集中在音、形、义之

间语词理据的探求，除了对虚词进行专门的研究之外，较少关注其语法形式。

二、中国古代语法学的实绩

那么，中国古代究竟有没有语法理论的雏形？有。中国古代读书人将文字的形、音、义探求清楚，只是读通句读、撰写文章的前提。而期间还要背诵大量典范的文言著作以形成语感，其中便包含了语法的成分。王念孙《读书杂志》中多处提到"某某处不合文法"之类，便是文章的遣词造句有违于正常语法规范的体现。另外，从普通语言学的角度来看，每种语言都有其各自特有的语法系统。中国古代学者对汉语语法特点的观察也散见于先秦诸子之书、经典注疏以及后来专门探讨虚词的专书之中。这些作品的初衷往往都是为了解读经典，便于作文。但其中的一些注解较好地体现了对一些虚词、句法等问题的探讨。总的来说由于不成体系，因而也缺少理论深度。十九世纪末，随着国门被打开，汉语也被动地受到西学东渐的影响。一些有志于复兴国家的学者认为，中国的落后，关键是由于汉语的落后。汉语语法体系未能建立，因而难学难用，导致读书人较少。马建忠便是本着"语法救国"的思路撰写《马氏文通》的。《马氏文通》借鉴了西方的语法理论，总体上是成功的，但在许多细节问题上与汉语实际仍有龃龉。后来学者便沿着马氏所开创的道路摸索前进，逐渐去发掘汉语自身的特点。

三、整理中国古代语法学文献的意义

对传统语言学中语法思想进行梳理，具有重要的方法论意义。首先，我们通过整理古代语法学文献，可以进一步充实、完善汉语语法学史，进而更清晰地认识汉语史中有关语法观念及研究方法演进的脉络。先秦语法思想主要包含在哲学讨论里面，仅限于宏观层面对一些基本概念的简单论述；汉魏晋注疏中所体现出来的语法分析，主要体现在对先秦经典的串讲之中；唐代注疏中开始有意识地界定一些常见的语法分析术语，并开始对一些具体语法问题进行专门探讨；元代卢以纬的《助语辞》开创了虚词研究的先河；其后，清代的虚词专书吸收了新的研究方法，取得了巨大的成绩；清末马建忠《马氏文通》的问世，标志着语法学的正式诞生。另一方面，它可以为现有语法体系中存在的矛盾提供一些必要的借鉴，并有效地推动汉语语法研究的深入发展。例如，《马氏文通》在词类划分问题中遇到的困难，马氏用"假借"的方法来处理词类和语法位置的不对应问题。之后，汉语语法学界对此问题争议颇大，最终引发了 40 年代关于词类问题的大讨论。但时至今日，词类问题仍然是汉语语法研究的一个尚未完全解决的问题。二十世纪末，徐通锵提出的"字本位"语法，重新考虑汉语基本语法单位的问题。

第一章

先秦诸子有关语法的论述

先秦时期是我国语法学的萌芽阶段。诸子之书中有关哲学问题的讨论有时涉及到语法方面的问题。这些问题虽然仅限于宏观层面的探讨，而且在先秦诸子著作中只有零散的记录，但对其作出整理仍具有一定的意义。我们通过分析这些著作中反映出的语法意识，可以更清晰地认识汉语语法学早期的形态，并完整地记录汉语语法学史的发展历程。先秦诸子有关语法分析的语料主要包括《墨经》、《荀子》、《公孙龙子》等，其他如《尹文子》、《春秋公羊传》等，也有涉及语法问题的讨论。

第一节　《墨经》中体现出来的语法分析

一、《墨经》简介

《墨经》是《墨子》的一部分，包括《经上》、《经下》、《经说上》、《经说下》四篇。墨子（前468~前376）姓墨名翟，鲁国人，春秋战国之际的思想家，墨家学派的创始人。《墨子》凡53篇，是墨子及其门人弟子所著。据洪诚研究，《经》与《经说》是墨子所著，杂有后人附益者是极少部分。

二、《墨经》中体现出来的语法分析解读

先秦语言学的探讨，往往同名学有密切的关系。"墨子著书，作辩经以立名门"，因而其著作中有许多涉及语言问题的条例。尤其是他对名实关系的讨论，牵涉到许多语法方面的问题。下面简要做一分析。

【经】举：拟实也。

【说】告以文名，举彼实（故）也。

孙诒让云："拟，度也。谓度量其实而言之。张（惠言）云：'以名拟

实。'"又云:"言以文饰为名。"① 梁启超云:"拟实者,模拟其实相也。《小取》篇云:'以名举实。'《经说上》云:'所以谓,名也;所谓,实也。'……'实'即'主语','名'即'表词'。"《墨经》以上主要论述主语和述语的关系问题。《经》义为:加修饰语的述语(举名)是用来模拟、陈说主语的。"文名",就是指有修饰语的词语。

【经】且:言然也。

【说】且:自前曰且,自后曰已,方然亦且。

这是中国古代分析虚词语法作用最早的材料。梁启超云:"此论语法中过去、现在、将来之用字。'且'字从前事言之,临事言之,皆可用。惟自后言之,则为'已然',与'且'义相反也。"汪奠基云:"有自前而言后之'将且',有自后而言前之'且已',亦有不前不后之'方且'。"《墨经》此条主要对时间副词"且"的语法意义进行辨析。"且"可用于过去将来时或一般将来时,"已"则只能表示过去完成时。

【经】名:达、类、私。

【说】名:物,达也;有实必待文名也命之。马,类也,若实也者,必以是名也命之。臧,私也;是名也,止于是实也。声出口,俱有名。若姓字俪。

梁启超云:"达,通也;达名,物之通名也;……类名者,以同类得名也;……私名,专有之名也。"《墨经》中此处主要讨论名、实关系,即名称和概念的关系。其中"物"表示普遍概念;"类"表示类别概念;"私"表示个体概念。从语法学角度来看,可以反映出《墨经》对名词细目类别的认识:《经》将名词分为达名、类名和私名三类,《经说》举例解释区分三类的理由。

【经】谓:命、举、加。

【说】谓:狗犬,命也;狗吠,举也;叱狗,加也。

《墨经》中所讨论的"谓"就是对名称的称谓或陈说。"命谓"即名词作谓语,表示命名、判断;"举谓"就是动词谓语对主语进行陈说;"加谓"就是谓语动词施加于名词。从语法学的角度看,《墨经》以上的论述表明其对汉语判断句、主谓句和非主谓句(无主句)三类基本句式已有一定的观察。

【经】所存与存者,於(音乌)存与孰存,驷(四)异说。

---

① 孙诒让:《墨子间诂》,中华书局 1986 年第 1 版,第 338 页。

【说】所：室堂，所存也；其子，存者也。据存者而问室堂："恶可存也?"主室堂而问存者："孰存也?"是一主存者以问所存；一主所存以问存者。

以上内容主要论述了"所存"、"存者"、"於存"、"孰存"是含义不同的四种说法。"所存"指所居住的地方；"存者"指居住之人；"於存"是知道居住之人而询问所居住之处为何处；"孰存"是知道居住之处而询问居住之人为何人。从语法学角度来看，《墨经》对四种相关的语法结构进行辨析，已经注意到不同的语法结构传达不同的语法意义。

三、小结

总而言之，墨子上述的一些讨论，主要目的是为了说明名和实的关系以及名和言的关系。"将以明是非之分，审治乱之纪，明同异之处，察名实之理，处利害，决嫌疑。"(《墨子·小取》)其中所反映出来的语法学思想，说明当时的学者对一些常见的语法单位已经有了初步的认识。后来经过进一步的发展，出现了《荀子》的"正名论"，涉及更为深广的语言问题。

第二节　《荀子》中体现出来的语法分析

一、《荀子》简介

《荀子》一书，旧有322篇，刘向校定为32篇，名《荀卿新书》，《汉志》称《孙卿子》，唐杨倞把32篇改为20卷，改称《荀子》，就是现在流行的本子。荀卿名况（? 前313~? 前238），周末赵国人，兼通诸子，是儒家学派的集大成者。

二、《荀子》中体现出来的语法分析解读

《正名》是《荀子》中的一篇。其中主要围绕名、实关系展开讨论，是孔子正名学说的进一步发展。此篇内容体现出较多的语法分析，以下举例说明之。

后王之成名：刑名从商，爵名从周，文名从《礼》，散名之加于万物者，则从诸夏之成俗曲期，远方异俗之乡，则因之而为通。散名之在人者：生之所以然者谓之性。

先秦诸子所说的"名"不等同于现在的名称，也不指书写的文字，而是

指口头说的"字"。先秦人称语言里的字叫"名",称文字叫"书名"或"文"。为了便于理解,我们利用现代术语,古代汉语单字词占多数,所以古人的"名",实际跟现代的"词"相对应。"《荀子》论述后王命名时参照了商代刑法名称、周代的爵位名称和《仪礼》中的礼仪名称。从语法学的角度来看,这反映出根据事物类属的角度对名词细类所作出的划分。

然后随而命之,同则同之,异则异之。单足以喻则单,单不足以喻则兼;单与兼无所相避则共;虽共不为害矣。知异实者之异名也,故使异实者莫不异名也,不可乱也,犹使同实者莫不同名也。故万物虽众,有时而欲无举之,故谓之物;物也者,大共名也。推而共之,共则有共,至于无共然后止。有时而欲偏举之,故谓之鸟兽。鸟兽也者,大别名也。推而别之,别则有别,至于无别然后止。名无固宜,约之以命,约定俗成谓之宜,异于约则谓之不宜。

《荀子》以上的讨论涉及到几个语法问题。首先,对"单名"和"兼名"进行论述:单一的名称能表明所指的就用单名,单一的名称不能表明就用兼名。例如"马"为单名,"白马"兼举其色则为兼名。单名和兼名所表示的内容不相互排斥,因此白马非马之说不能成立。其次,将名称分为"大共名"和"大别名"。这种分类方法是对《墨经》中"名"分"达、类、私"三类的进一步发展。根据分类的清晰度,可以对名称进行多级划分,直至不能继续往细类切分。再次,对"名"的来源进行讨论。《荀子》认为,之所以称此名而不称彼名,是按照社会习惯约定俗成的缘故。从语法学的角度看,《荀子》已经注意到了名词和加修饰语的名词短语之间的关系以及名词细类划分的层级性。

名闻而实喻,名之用也。累而成文,名之丽也。用丽俱得,谓之知名。名也者,所以期累实也。辞也者,兼异实之名以论一意也。

上面一段文字反映出《荀子》对一些语法单位的认识。名的作用就是通过修饰语把事物表达清楚。例如,要建立"白马"这个概念,必须组织"白"和"马"两个名称。名就是用来确定事物涵义、组织概念的语言单位。辞就是兼举许多涵义不同的名来表达一个完整意义的语言单位。以上所述的"名""文""辞"大致相当于现在的"词""短语"和"句子"。

三、小结

《荀子》中有关名、实关系的讨论涉及到许多语法问题,尤其对一些语法单位的探讨相当深入。这说明，古人对语言内部构造已经开始有意识地观察，并对其进行简单的理论提炼。但是，正如邢公畹所言："《正名》篇所分析的对象是语言本身和语言跟客观事物之间的关系，不是书面语言，不是对古代文献作训诂，《正名》篇的写作目的在于阐明语言的社会实践，是直接为政治服务的。"

第三节　《公孙龙子》中体现出来的语法分析

一、《公孙龙子》简介

《公孙龙子》，战国后期名家代表人物公孙龙的著作。《汉书·艺文志》中收录了《公孙龙子》14篇，但现在只保存下来了6篇。第一篇《迹府》也是后人搜集的有关他的事迹，其他5篇基本上可以肯定是公孙龙所作。公孙龙，赵国人，战国末期的哲学家，名家离坚白派的代表人物，生卒年约在公元前325年到前250年之间。《公孙龙子》一书中体现出的语法分析主要是围绕"白马非马"这个问题而展开的。

二、《公孙龙子》中体现出来的语法分析解读

"白马非马，可乎？"曰："可。"曰："何哉？"曰："马者，所以命形也。白者，所以命色也。命色者，非命形也，故曰白马非马。"（《白马篇》）

以上内容主要论及"命色"和"命形"两个概念的差异。"白"者论色，"马"者论形，"白马"者，论形及色两端。因此公孙龙子认为，将"马"和"白马"两个概念等同，以偏概全，在逻辑上是错误的。

"坚、白、石、三，可乎？"曰："不可。"曰："二，可乎？"曰："可。"曰："何哉？"曰："无坚，得白，其举也二；无白，得坚，其举也二。"曰："得其所白，不可谓无白。得其所坚，不可谓无坚。而之石也之于然也，非三也？"曰："视不得其所坚，而得其所白者，无坚也。拊不得其所白，而得其所坚者，得其坚也，无白。"（《坚白篇》）

上面的论述中，《公孙龙子》认为，"坚"和"白"不能同时存在于一个感觉中，因此只能说"坚石"或"白石"，而不能说"坚白石"。

从逻辑上来讲，公孙龙子论白马非马，将个体概念和类属概念孤立起来，而两者在我们认知过程中是可以并存的。说"坚""白"分离，可以分离于同

一感觉，但不能分离于同时之石。所以，公孙龙子的说法属于诡辩论。但从语法学的角度来审视以上的讨论，白马非马说明了有定语和无定语的词语有严格的区别；坚白论说明了定语不同会引起意义上的差异。可见，公孙龙子已经注意到了词语搭配与意义的关联。

三、小结

《公孙龙子》属于名学一派，在哲学问题的讨论中非常注意句法的细微差别。在以上有关白马非马及坚白论的说法中，公孙龙子讨论的问题虽是名学，所依据的却是语言学中的句法和词义。可以看出，以上的论述涉及到定语和中心语的关系问题，说明公孙龙子对语言的内部构造和语词搭配关系问题已有所观察。

除了以上论及的几部诸子著作之外，其他如《尹文子》、《春秋公羊传》等先秦著作中也有涉及语法问题的讨论。下面简单予以说明：

语曰好牛，又曰不可不察也，好则物之通称，牛则物之定形，以通称随定形，不可穷极者也，设复言好马，则复连于马矣，则好所通无方也，设复言好人，则彼属于人也，则好非人，人非好也，则好牛、好马、好人之名自离矣。故曰：名分不可相乱也。（《尹文子·大道上》）

十有六年，春，王正月，戊申，朔，霣石于宋五。是月，六鹢退飞，过宋都。曷为先言霣而后言石？霣石记闻，闻其磌然，视之则石，察之则五。……曷为先言六而后言鹢？六鹢退飞，记见也：视之则六，察之则鹢，徐而察之则退飞。（《公羊传·僖公十六年》）

《尹文子》以上的讨论中涉及到定语和中心语搭配的问题，即充当定语的形容词用法较为灵活，可以修饰限制不同的个体名词。另外，《春秋公羊传》以上的内容涉及语序的问题。这些都从侧面反映出，先秦时期的学者已经开始对语言内部的一些特点进行有意识地总结。

总之，先秦时期是我国语法学思想萌芽的阶段，许多语法观念仍然包含在宏观的哲学探讨之中。这个阶段没有自觉形成语法术语和语法分析方法，只是在辨明一些哲学问题时借助了语言分析手段。但先秦诸子之书中反映出来的语法意识，也给我们以深刻的启迪：一是说明语法观念的形成与哲学和逻辑学有密切的关系；二是解释原文并对具体的语法问题展开讨论的分析模式在后来的注疏作品中得到发展。

思考和练习

（1）结合先秦诸子中关于语法的论述，简要分析语法学与名学之间的关系。

（2）《墨经》和《荀子》中都有关于名词分类的讨论，试分析二者的异同及传承关系。

（3）分析先秦诸子中"名"的含义，并讨论"名"与汉语诸词类之间的对应关系。

（4）试选取另外一种先秦语料，并对其反映出的语法意识进行综述。

（5）通过以上各节的论述，简要总结先秦诸子所论及语法分析内容及其方法。

第二章

经典注疏中有关语法的论述

汉代崇尚经学，训诂学大兴，许多注解经典的训诂书应运而生。训诂书虽都以释经为目的，但也从侧面反映出一些语法观念，例如，注疏中对一些虚词的解释，相应语法术语的产生，以及对语序和句式的初步观察等等。此后，魏晋及唐代的注释书对以上的问题有更深入的认识，注解经文时涉及更多的语法分析。下面分别讨论两个阶段中较有代表性的训诂书及其所体现出来的语法观念和语法分析。

第一节　汉代注疏中所体现出的语法分析

一、研究范围

汉代是传统训诂学的兴盛期，在经典注疏方面取得了巨大的成就。以下涉及到的汉代注释书主要有西汉毛亨毛苌的《毛诗诂训传》、东汉郑玄的《诗经笺》《周礼注》《仪礼注》和《礼记注》、赵歧的《孟子章句》、王逸的《楚辞章句》、何休的《春秋公羊传解诂》、高诱《战国策注》和《吕氏春秋注》。

二、汉代注疏中的语法分析解读

（一）常见语法分析术语的产生

汉代注疏中已经产生了许多常见语法分析的术语，如辞（词、语词）、语助（语之助、声之助）、叹辞等，另外对形容词和拟声词的训解也体现出模糊的词类意识。

1. 辞（词、语词）、语助（语之助、声之助）

"辞"的名称，目前所见到的文献中最早出现于毛亨、毛苌的《毛诗诂训传》中。例如：

（1）采采芣苢，薄言采之。（毛传：薄，辞也。）《诗经·周南·芣苢》

（2）亦既见止，亦既觏止。（毛传：止，辞也。）《诗经·召南·草虫》

（3）叔善射忌，又良御忌。（毛传：忌，辞也。）《诗经·郑风·大叔于田》

（4）思皇多士，生此王国。（毛传：思，辞也。）《诗经·大雅·文王》

东汉郑玄、赵岐、王逸、高诱等继续沿用"辞"这一术语，也写作"词"或者"语词"。

（1）匪伊垂之，带则有余。（郑笺：止，辞也。）《诗经·小雅·都人士》

（2）王曰："叟不远千里而来。"（赵注：曰，辞也。）《孟子·梁惠王上》

（3）蹇谁留兮中洲。（王注：蹇，词也。）《楚辞·九歌·云中君》

（4）羌内恕己以量人兮。（王注：羌，楚人语词也。）《楚辞·离骚》

（5）不识天下之以我备其物与。（高注：与，邪，词也。）《淮南子·精神训》

"语助"的名称，最早见于郑玄的《礼记注》，又写作"语之助"，或者"声之助"。

（1）尔毋从从尔，尔毋扈扈尔。（郑注：尔，女也，从从谓高大，尔，语助。）《礼记·檀弓上》

（2）何居？我未之前闻也。（郑注：居读如姬姓之姬，齐鲁之间语助也。）《礼记·檀弓上》

（3）三日斋，一日用之，犹恐不敬，二日伐鼓，何居？（郑注：居读为姬，语之助也。）《礼记·郊特牲》

（4）《诗》曰："神之格思，不可度思，矧可射思。"（郑注：思，皆声之助。）《礼记·中庸》

另外，对于虚词，也有的称为"发声"，或者"绝语辞"。

（1）式微式微，胡不归？（郑笺：式，发声也。）《诗经·邶风·式微》

（2）思烜氏，掌以夫遂取明火于日，以鉴取明水于月。（郑众注：夫，发声。）《周礼注》

（3）上其堂，则无人焉。（何注：焉，绝语辞。）《公羊传·宣公元年》

（4）其心曰："是何足与言仁义也"云耳，则不敬莫大乎是。（赵注：云尔，绝语之辞也。）《孟子·公孙丑上》

2. 叹辞

汉代注疏对感叹词有一定的分析，称之为"叹辞"。"叹辞"这一术语，目前所见到的文献中最早也出现于毛亨、毛苌的《毛诗诂训传》中。东汉郑玄、高诱的注疏中继续沿用此术语。例如：

（1）于嗟麟兮！（毛传：于嗟，叹辞。）《诗经·周南·麟之趾》

（2）猗与那与，置我鞉鼓。（毛传：猗，叹辞。）《诗经·商颂·那》

（3）猗嗟昌兮！顾而长兮。（毛传：猗嗟，叹辞。）《诗经·齐风·猗嗟》

（4）於穆清庙，肃雍显相。（毛传：於，叹辞也。）《诗经·周颂·清庙》

（5）文王在上，於昭于天。（毛传：於，叹辞。）《诗经·大雅·文王》

（6）孟子曰："於，答是也何有。"（赵注：於，叹辞也。）《孟子·告子下》

（7）曰：恶！是何言也。（赵注：恶者，不安事之叹辞也。）《孟子·公孙丑上》

（8）嗟乎！吴朝必生荆棘矣。（高注：嗟，叹辞也。）《吕氏春秋·知化》

叹词包含丰富的感情色彩，或惊怪，或哀伤，或赞美，等等。汉代注释书中对此都有较为细致的观察。例如：

（1）夫子曰："嘻，甚也。"（郑注：嘻，悲恨之声。）《礼记·檀弓上》

（2）颜渊死，子曰："噫。"（包咸注：噫，痛伤之声也。）《论语·先进》

（3）懿厥哲妇，为枭为鸱。（郑笺：懿，有所痛伤之声也。）《诗经·大雅·瞻卬》

（4）猗与漆沮，潜有多鱼。（郑笺：猗与，叹美之言也。）《诗经·周颂·潜》

3. 对形容词及拟声词的训解

汉代注疏中对形容词的解释，通常采用"××，××貌"的形式。例如：

（1）赳赳武夫，公侯干城。（毛传：赳赳，武貌。）《诗经·周南·兔罝》

（2）施于中谷，维叶萋萋。（毛传：萋萋，茂盛貌。）《诗经·周南·葛覃》

（3）蜉蝣之羽，衣裳楚楚。（毛传：楚楚，鲜明貌。）《诗经·曹风·蜉蝣》

（4）鱼在在藻，有颁其首。（毛传：颁，大首貌。）《诗经·小雅·鱼藻》

（5）始舍之，围围焉；少则洋洋焉。（赵注：围围，鱼在水羸劣之貌；洋

洋，舒缓摇尾之貌。）《孟子·万章上》

（6）诸大夫见之，皆色然而骇，（何注：色然，惊骇貌。）《公羊传·哀公六年》

汉代注疏中对拟声词的解释，通常采用"××，××声也"的形式。例如：

（1）伐木丁丁，鸟鸣嘤嘤。（毛传：丁丁，伐木声也。）《诗经·小雅·伐木》

（2）载驱薄薄，簟茀朱鞹。（毛传：薄薄，疾驱声也。）《诗经·齐风·载驱》

（3）有车邻邻，有马白颠。（毛传：邻邻，众车声也）。《诗经·秦风·车邻》

（4）肃肃鸨羽，集于苞栩。（毛传：肃肃，鸨羽声也。）《诗经·唐风·鸨羽》

（5）击鼓其镗，踊跃用兵。（毛传：镗然，击鼓声也。）《诗经·终风·击鼓》

（6）鸿雁于飞，肃肃其羽。（毛传：肃肃，羽声也。）《诗经·小雅·鸿雁》

（二）汉代注疏中对虚词的认识

汉代注疏往往用功能相近的虚词对被释虚词进行注释。这就存在一个问题，因为，没有两个虚词的全部义位都是等价的。这也说明，训诂书目的较为实用，即疏通经义，因而缺少对语言自身特点的全面观察和总结。值得一提的是，汉代注疏在训解虚词的过程中已经表现出了模糊的词类观念。以下仅选取虚词中的两类——代词（有些语法书将其列为实词）和副词，对此问题予以说明。

1. 对代词的认识

（1）王者孰谓？（何注：孰，谁也。）《公羊传·隐公元年》

（2）先君之不尔逐可知矣。（何注：尔，女也。）《公羊传·隐公三年》

（3）彼黍离离，彼稷之苗。（毛传：彼，彼宗庙宫室。）《诗经·王风·黍离》

（4）卬盛于豆，于豆于登，其香始升。（毛传：卬，我也。）《诗经·大雅·生民》

（5）缵戎祖考，无废朕命。（郑笺：戎，犹女也。朕，我也。）《诗经·大雅·韩奕》

（6）之子于钓，言纶之绳。（郑笺：之子，是子也，谓其君子也。）《诗经·小雅·采绿》

通过以上例子，可以看出汉代注疏对代词的指代功能有较为明确的认识。所释范围涉及较多古代汉语常见的代词，如"我"、"予"、"卬"、"尔"、"女（汝）"、"之"、"朕"、"谁"、"孰"、"言"、"戎"、"彼"、"兹"、"此"、"是"等等。解释过程中，注者尽量对代词所指代的具体对象予以揭示。

2. 对副词的认识

（1）俄而可以为其有矣。（何注：俄者，谓须臾之间制得之顷也。）《公羊传·桓公二年》

（2）其言弗遇何。（何注：弗者，不之深也。）《公羊传·桓公十年》

（3）百堵皆兴，鼛鼓弗胜。（毛传：皆，俱也。）《诗经·大雅·绵》

（4）既见君子，不我遐弃。（毛传：既，已。）《诗经·周南·汝坟》

（5）我有嘉宾，德音孔昭。（郑笺：孔，甚。）《诗经·小雅·鹿鸣》

（6）民今方殆，视天梦梦。（郑笺：方，且也。）《诗经·小雅·正月》

通过以上的例子可以看出，汉代注疏对副词的认识也相当深入。根据语义的差异，副词内部包含许多小类。以上注释中涉及到时间副词、否定副词、范围副词、程度副词等。可以看到，汉代注疏中经常将用法相似的一个虚词解释被释虚词。

加之上节中对叹词、形容词和拟声词的分析，可以看出汉代注疏中已经表现出模糊的词类观念。由于注疏中经常用同义的通用词解释冷僻词，因此我们可以通过系联得到大致的同义词组。很明显，这是根据语义而划分出来的同义词群，《尔雅》就是根据这个原则系联出来的同义词群的汇集。但我们必须看到，这种系联的方法不能排除用法偶尔相同的两个词。此外，这种粗略的分类意识在语法学上没有多大的意义。

3. 对语序和句式的初步观察

（1）对语序的认识

语言单位在时间链条上呈线性排列，形成一定的语序。相对于印欧语而言，汉语的语序更为灵活。一方面，出于修辞的考虑，一些诗歌或特定文体中的语序会临时调整；另一方面，由于古今语法的发展变化，一些语序也会发生相应的变化。汉代注疏对先秦典籍的注解便从侧面反映出注者对语序的认识。例如，注者常将原文中语序不符合汉代语言习惯的部分作出调整，以符合当时的语法规范。

①中原有菽，庶民采之。（毛传：中原，原中也。）《诗经·小雅·小宛》

②靡人不周，无不能止。（毛传：无不能止，言无止不能也。）《诗经·大雅·云汉》

③申伯还南，谢于诚归。（郑笺：谢于诚归，诚归于谢。）《诗经·大雅·嵩高》

④下民之孽，匪降自天。（郑笺：下民有此害，非从天堕也。）《诗经·小雅·十月之交》

⑤《诗》云："经始灵台，经之营之。"（赵注：言文王始初经营规度此台。）《孟子·梁惠王上》

⑥古之人有言曰："狐死正丘首。"（郑注：正丘首，正首丘也。）《礼记·檀弓上》

⑦攻伐之与救守，一实也。（高注：攻伐欲陷人，救守欲完人，其实一也。）《吕氏春秋·振乱》

以上经典原文中的语序，在汉代注释家看来都是不符合规范的。因而在注解中给予适当的调整，使语句的理解更为顺畅。例①"中原"与"原中"语序不同，语义已有差别；例②"无止"和"不能"是一个并列的偏正结构，置于一处难以理解；例③意为"诚心回到谢邑去"，原文为押韵而临时调整了语序；例④将方所状语由动词后提到前面，以符合汉代的语言习惯；例⑤将时间状语提到动词前，揭示其修饰关系；例⑥可能有两种情况：或是对原文引述错误的纠正，或是调整语序，使表述更易理解；例⑦变"一实"为"实一"，使修饰关系更为明显。以上的引例可以看到，先秦有许多状语置于动词后的情况，而汉代则是状语放在动词前更为习见。因此，许多语序的变化是由于语言自身发展引起的。

（2）对某些特殊句式的初步认识

汉代注疏中对原句进行串讲，常常体现出对某些句式的观察和理解。其中主要包括对被动句、判断句、疑问句的分析。以下分别予以说明。

A. 被动句

①狐壤之战，隐公获焉。（何注：时与郑人战于狐壤，为郑所获。）《公羊

传·隐公六年》

②威愈多，民愈不用。（高注：民不为之用。）《吕氏春秋·用民》

③鲁之削也滋甚。（赵注：鲁之见削，夺亡其土地者多。）《孟子·告子下》

④孔子不悦于鲁卫。（赵注：不见悦于鲁卫之君而去适诸侯。）《孟子·万章上》

⑤先绝齐而后责地，且必受欺于张仪。（高注：言张仪必欺王也。）《战国策·秦二》

⑥主此盛德兮，牵于俗而芜秽。（王注：而为俗人所推引。）《楚辞·招魂》

以上汉代注疏对被动句的分析，可以看出注者对被动的语义关系有明确的认识。例①和例②串讲时加上"为＋施事"，申明其被动关系；例③和例④分别在动词"削"和"悦"前补一"见"字，表示主语为受事；例⑤补出缺省的受事主语"王"，并将其置于宾语位置；例⑥用"为＋施事＋所"的形式替换"于＋施事"的形式，更清晰地体现其被动关系。

B. 判断句

①予王之爪牙。（郑笺：我乃王之爪牙。）《诗经·小雅·祈父》

②吾闻夷子墨者。（赵注：我闻夷子为墨道者。）《孟子·滕文公上》

③思齐大任，文王之母。（郑笺：常思庄敬者，大任也，乃为文王之母。）《诗经·大雅·思齐》

④髧彼两髦，实维我仪。（郑笺：两髦之人，谓共伯也，实是我之匹。）《诗经·鄘风·柏舟》

以上可以看出，汉代注疏中对名词作谓语的判断句也有一定的认识。例①用"乃"明确其判断关系；例②加判断词"为"标出判断关系；例③用"乃为"连用对前后句间的判断关系加以强化；例④用判断词"是"来揭示判断关系。但须说明的是，用判断词"是"加以解释，并不能说明原句中的"维"是判断词。因为去掉"维"加上语气词"也"——"实我仪也"仍然可以表示判断关系。此外，例④也可以反映出"是"作判断动词的用法在东汉已经出现。

C. 疑问句

①夫宵曷为出乎闺？（何注：夫宵者，贱器，何故乃出尊者之闺乎？）《公

羊传·宣公六年》

②孰云察余之中情？（王注：谁当察我中情之善否也。）《楚辞·离骚》

③今日韩魏孰与始强？（高注：言韩魏初时强耶？今时强耶？）《战国策·秦四》

④既见君子，云何其忧？（毛传：言无忧也。）《诗经·唐风·扬之水》

⑤吾何爱一牛？（赵注：岂爱惜一牛之财费哉！）《孟子·梁惠王上》

汉代注疏中通常采用同义疑问词替换的方法对原句的疑问词进行解释。如果串讲句意，通常在末尾再加上疑问语气词进行强化。例①中改"曷"为"何"，并加疑问语气词"乎"增强疑问；例②句末加"否"字表明对"察余之中情"的情况进行是非询问，属于是非问句；例③是对"孰与"句式进行串讲，一句断作两句，对两种情形进行选择询问，属于选择问句；例④用"无忧"串讲"云何其忧"，表明反问的效果相当于肯定；例⑤也是反问句，用反问色彩浓厚的"岂"来替代"何"，强化反问语气。

综上所述，汉代注疏对虚词已经具有较深入的认识，并创立了较多有关虚词的术语，影响到后来的虚词研究。其中对各种句式的观察虽然没有借助专门的术语，仅在串讲语句的过程中简单予以揭示，但同样展现出深入细致的分析，这一切都标志着汉代语法意识的成熟。同时，汉代的经典注疏材料也为后世的语法研究提供了许多可资借鉴的范式。

三、汉代注疏中语法分析方法的总结

汉代注疏在解释虚词和串讲句子的过程中，有许多语法分析方法都影响到了后来的虚词研究和句法分析。主要的方法有调整语序、加字强化、同义替换等等。

调整语序，一方面表现在对经典中有悖于汉代语言习惯的语序进行重新排列，以合乎当时的语法规范；例如，以上所讨论的语序部分。另一方面表现在对一些特殊句式的语序进行调换，使其语法结构更为清晰。例如，被动句例⑤中将施事和受事位置进行调换，目的是为了强化被动关系。

加字强化，主要是加入一定的虚词，使语义关系得以凸显。例如，在被动句中加入"见"、"于"等字，在判断句中加入"为"、"是"等判断词，在疑问句末尾加上疑问语气词"乎"、"耶"等，都是为了使这些特殊句式中的语义关系更为明晰。

同义替换，是以用法接近的词去代替被释词。汉代注疏采用的是训诂学方

法，对实词训释运用这一方法，对一些可以指明含义的虚词也是如此。只有遇到一些确无实义可解的词，才借助"辞"或"语助"加以说明。这种用训诂虚词的方法影响深远，一直到清代，研究虚词的专著依然采用同义替换的方法。

第二节　魏晋及唐代注释书中所体现出的语法分析

一、研究范围

魏晋注释书主要包括三国魏人王弼的《周易注》、西晋杜预的《春秋左传集解》、东晋范宁的《春秋穀梁传集解》三部。唐代注释书主要涉及孔颖达的《五经正义》、陆德明的《经典释文》等。其中魏晋注释书距离汉代较近，所以其语法分析的范围和手段都与汉代注疏相似。而唐代的注疏中则反映出语言的进一步发展，反映出一些新的语法现象和语法分析手段。随着对语法问题认识的深化，注释家在注解经文时体现出更为成熟和自觉的语法意识。

二、魏晋及唐代注疏中的语法分析解读

（一）词类的细化及语法观念的深入

1. 语法的名称

唐代孔颖达在《春秋左传正义》中首次使用了"语法"这个术语。

> 父不可弃，名不可废，尔其勉之，相从为愈。（正义：服虔云"相从愈于为共死"，则服意"相从"，使员从其言也。语法，两人交互乃得称"相"，独使员从己，语不得为"相从"也。）《左传·昭公二十年》

孔氏批评了服虔对文中"相"字解释的失误，"相"字按照语法规范必须是指向双方的。服虔注解中认为单是使伍员从伍尚自己，按语法标准不能说"相从"。《公羊传·襄公四年》有"不辞"的说法，即已隐约透露出语法规范的端倪，《毛诗正义》、《左传正义》中也多次提到"文不成义"、"于文不便"等说法，此处"语法"术语的使用，标志着古代学者语法观念的正式建立。

2. 词类观念的细化

唐代孔颖达《毛诗正义》中关于词类有这样的论述：

> 然字所用，或全取以制义，"关关""雎鸠"之类是也；或假辞以为助，

"者"、"乎"、"而"、"只"、"且"之类是也。……"之"、"兮"、"矣"、"也"之类，本取以为辞，虽在句中，不以为义。故处末者，皆字上为韵。(《诗经·周南·关雎》)

山有扶苏，隰有荷华。不见子都，乃见狂且。(传：且，辞也。正义：狂者，狂愚之人。下传以狡童为昭公，则此亦谓昭公也。狡童皆以为义，嫌且亦为义，故云"且，辞"。)《诗经·郑风·山有扶苏》

以上论述中将词分为"为义"和"不为义"两类，认为许多句末语气词不入韵，而以上一字为韵脚，更说明这些词"不为义"。汉代提出"辞"、"语助"等术语，孔氏更进一步将字类二分，体现出古代学者在词类问题上认识的逐步深化。

此外，魏晋及唐代注疏中对各类实词和虚词的细类名称有所论及。例如：

(1) 简兮简兮，方将《万》舞。(正义：《万》，舞名也。)《诗经·邶风·简兮》

(2) 寡人不佞，其不能诸侯退矣。(正义：佞是口才捷利之名，本非善恶之称。)《左传·成公十三年》

(3) 商之孙子，其丽不亿。(正义：以亿是数名，故知丽为数也。)《诗经·大雅·文王》

(4) 二百四十斗。四秉曰筥。(正义：云"此秉谓刈禾盈手之秉也。"对上文秉为量名也。)《仪礼·聘礼》

(5) 冬，盗杀郑公子騑、公子发、公孙辄。(正义：凡言其者，是其所有也。)《左传·襄公十年》

(6) 慭使吾君闻胜与臧之死也以为快。(杜注：慭，发语之音。)《左传·昭公二十八年》

(7) 抑臣又闻之曰："作事不时，怨讟动于民，则有非言之物而言。"(杜注：抑，疑辞。)《左传·昭公八年》。

(8) 景员维河，殷受命咸宜，百禄是何。(正义：转员为云，河为何者，以《颂弁》《既醉》言"维何"者，皆是设问之辞，与下句发端。此下句言"殷受命咸宜"，是对前之语，则此言"维何"，当与彼同，不得为水傍河也，故知"河"当为"何"。)《诗经·商颂·玄鸟》

(9) 孔子曰："祭哉！"(正义：哉者，疑而量度之辞。)《礼记·曾子问》

"×名"之类的解释，基本属于实词的范畴。以上例子主要反映出对名词、形容词、数词、量词更为细致的命名。例（5）至例（9）属于对虚词细类的描写，对虚词在句中的语法作用（如提起全文、疑问、设问）进行明确。这都说明魏晋及唐代注疏中在词类问题上认识更加深入。

3. 一词多类现象

（1）秦师过周北门，左右免胄而下。（杜注：御者在中，故左右下，御不下。）《左传·僖公三十三年》

（2）凡师能左右之曰"以"。（杜注：左右，谓进退在己。）《左传·僖公二十六年》

（3）无田甫田，维莠骄骄。（正义：上"田"谓垦耕，下"田"谓土地。）《诗经·齐风》

（4）三月癸酉，大雨震电。庚辰，大雨雪。（正义：《说文》云："雨，水从云下也。"然则雨者，天上下水之名。既见雨从天下，自上下者因即以"雨"言之。雨蠡亦称为雨，故下雪称"雨雪"也。）《左传·隐公九年》

以上四例，注疏中较为明确地对一词多类现象进行分析。虽然《春秋左传注》中没有对"左右"一词的具体含义进行解释，但我们通过两例的对比便不难发现其词性的差异。相对来说，唐代孔颖达的认识显得更为自觉。例（4）中对"雨"字由名词引申为动词的原因进行揭示，更是难能可贵的。

另外，唐代陆德明在《经典释文》中对变音造词而形成一词多类的现象有较为系统的论述：

夫质有精粗，谓之好恶（并如字），心有爱憎，称为好恶（上呼报反，下乌路反）。当体即云名誉（音预），论情则曰毁誉（音余）。及夫自败（薄迈反）、败他（补迈反）之殊，自坏（呼怪反）、坏撤（音怪）之异，此等或近代始分，或古已为别，相仍积习有自来矣。

总而言之，魏晋及唐代的注疏中已经显示出对一词多类现象的细致观察，并对形成这一现象的原因进行了分析。变音造词涉及到语音、词汇、语法的联系，是一个比较复杂的语言问题。这一时期的学者能对变音造词进行系统的分析，也显示出他们深入的语法意识。

（二）魏晋及唐代注疏中对特殊句式的认识

1. 省略句

（1）时曰："同乎人也。"（范注：时人佥曰："齐侯之子，同于他人。"）《穀梁传·桓公六年》

（2）非大而足同焉？（范注：齐非大国，诸侯岂足同共围之与？）《穀梁传·襄公十八年》

（3）六年，春，正月，寔来。（杜注：不言州公者，承上五年冬经"如曹"。间无异事，省文，从可知。）《左传·桓公六年》

（4）春，王正月，鼷鼠食郊牛角，改卜牛。鼷鼠又食其角，乃免牛。（正义："改卜牛"下重言"鼷鼠又食其角"，不重言"牛"者，何休云："言角牛可知。后食牛者，未必故鼠，故重言鼠。"改卜被食角者，言"乃免牛"，则前食角者亦免之矣，从下"免"省文也。）《左传·成公七年》

以上魏晋及唐代注疏中对省略句的观察是比较细致的。前两例在串讲句意时将省略成分补出，说明注者已有分析省略句的意识。而例（3）、例（4）则进一步提出了"省文"的概念，并结合例证揭示省略的原因。

2. 倒文

（1）鼎有实，我仇有疾，不我能即，吉。（王注：困於乘刚之疾不能就我。）《周易·鼎》

（2）天子省风以作乐，器以钟之，舆以行之。（杜注：钟，聚也。以器聚音。）《左传·昭公二十一年》

（3）鱄设诸曰："王可弑也。母老、子弱，是无若我何？"（杜注：犹言"我无若是何"，欲以老弱讬光。）（正义：古人言有颠倒。故杜以为"'是无若我何'犹言'我无若是何'，恐己死之后不能存立，欲以老弱讬光也。"彭仲博云："当言'是无我若何'，我母无我当如何？'我'字当在'若'上。"）《左传·昭公二十七年》

（4）既见君子，不我遐弃。（正义：不我遐弃，犹云不遐弃我。古之人语多倒，《诗》之此类众矣。）《诗经·周南·汝坟》

以上是魏晋及唐代注疏中对倒装句进行论述的一些例证。例（1）是在串讲时将前置宾语还原到动词后；例（2）是将介词的前置宾语还原到介词后；例（3）和例（4）孔氏明确提出"古人之语多倒"的规律性现象。孔氏看来的所谓"倒语"，在先秦汉语中却是极常见的现象。所以，这种句法位置的不同是由于语言的历史发展造成的。

3. 复句关系

（1）巽而止。蛊。（王注：既巽又止。）《周易·蛊》

（2）先丹木曰："是服也，狂夫阻之。"（杜注：言虽狂夫犹知有疑。）《左传·闵公二年》

（3）目逆而送之，曰："美而艳。"（正义：美者，言其形貌美；艳者，言其颜色好，故曰"美而艳"。为二事之辞。）《左传·桓公元年》

（4）祭公来，遂逆王后于纪。（正义：凡言遂者，因上事生下事之辞。）《左传·桓公八年》

以上可以看出魏晋及唐代的学者对句际关系已有所论及。例（1）和例（2）分别在串讲过程中加入"既……又……"和"虽……犹……"，突出表示其并列关系和让步关系。例（3）和例（4）则为联结词设立名称。用"为两事之辞"表示并列关系，用"因上事生下事之辞"表示承接关系。相对来讲，唐代孔颖达的语法分析更为深入。

三、魏晋及唐代注疏中语法分析方法的总结

综上所述，魏晋及唐代注疏中表现出比汉代学者更为自觉的语法观念。由于时代接近，魏晋及唐代注疏中的语法分析手段多与汉代注疏相似。主要体现在串讲文义时用调整语序、加字强化、同义替换的方法来明确语法结构。相对来讲，唐代注疏中体现出更为成熟的语法意识。首先，注者在分析语言现象时提出了许多语法术语，这标志着语法分析已经由感性认识上升到理性认识；其次，在词类的细目名称方面，唐代注疏已经对实词的具体类别和虚词的语法作用进行详细地讨论；再次，唐代注疏中对句法问题比较重视。其中，不仅对汉代注疏中所未论及的一些特殊句式进行解释，而且结合句子间联结词的语法作用对句际关系进行了一定的分析。魏晋及唐代注疏中已经有意识地结合材料对一些具体的语言现象进行系统地论述，并试图发现其中的原因和规律，这是语法研究进入实质性阶段的重要标志。

思考和练习

（1）结合具体的例证，从词法和句法两方面比较汉魏晋与唐代注疏中语法分析手段的异同。

（2）结合汉语语法史，评述汉代注疏在处理先秦经籍语序问题时提出的"古之人语多倒"这一说法，并提出自己的观点。

（3）分析孔颖达《五经正义》中所体现出来的词类划分情况。

（4）谈谈变音造词这一语言现象，试从语音、词汇、语法等方面分析其产生的原因，

并将后人对此问题的研究成果进行综述。

（5）汉语语法学肇始于哲学，脱胎于训诂。请简单梳理先秦至汉唐语法认识的发展过程，并思考语法学初始阶段便依附于其他学科的原因。

第三章

《助语辞》及其他

《助语辞》是我国目前所能见到的最早论述文言虚词的专著。作者卢以纬，元代人，字允武，生卒年不详。《助语辞》成书年代不晚于元泰定元年（1324）。《助语辞》原称《语助》，最早见刊于明代嘉靖（1522～1565）年间的《奚囊广要丛书》。此丛书所收录书名称《语助》，且书前附有胡长孺于泰定改元龙集阏逢困敦（1324）端月写的《语助序》。其后明代胡文焕于万历（1573～1619）年间所编《格致丛书》亦收录《语助》，书名改作《新刻助语辞》。受其影响，书名《语助》影响不广，而《助语辞》一名则沿用至今。

第一节 《助语辞》的版本与体例

一、《助语辞》的版本

《助语辞》的版本主要有以下几种：一，《语助》，卢以纬著，冷赞校正，《奚囊广要丛书》本；二，《新刻助语辞》，卢以纬著，胡文焕校，《格致丛书》本；三，《鳌头助语辞》，卢以纬著，胡文焕校，无名氏冠解，日本国梅村弥右卫门翻刻本；四，《助语辞补义》，卢以纬原著，陈雷补义，魏维新同订，康熙丁卯本；五，《助语辞补》，魏维新增补，陈雷辑注，康熙甲戌本；六，《助语辞补义附录》，王鸣昌原论，魏维新摘订，康熙甲戌本。

二、《助语辞》的体例

首先，在编排体例上《助语辞》最显著的特点是分组释义，连类而及。如"夫"字条：

【夫】："夫"字在句首者为发语之端。虽与"盖"字颇相近，但此"夫"字是为将指此事物而发语为不同。有在句中者，如"学夫诗"之类，与"乎"字似相近；但"夫"字意婉而声衍。在句末者，为句绝之余声，亦意婉而声衍。

【今夫】【且夫】【原夫】【故夫】【盖夫】【嗟夫】："今夫"者，即今之所论事意而言；"且夫"者，从宽远说来；"原夫"者，推究其本因而言；"故夫"者，有所因而言；"盖夫"者，以大凡而言；"嗟夫"者，咨嗟慨叹而言；"嗟乎"亦相类，意颇切至。

【逮夫】【及夫】【及乎】【至于】【施及】【及】："逮"即"及"也。俗语"到得此时"之意；"及乎"、"至于"意略同。但"夫"、"乎"、"于"微有别耳。"施及"是迤逦到此；若单"及"字，又有"併"之意。

以上是与"夫"有关的一组虚词，卢氏按照单用、合用及其相似用法分为 3 个词目、13 个词条。作者通过"夫"字将这一组词联在一处进行训解。在"夫"字词条下，除了释"夫"字外，又与用法相似的"盖"、"乎"二字进行比较；在论述"逮夫"、"及夫"时，又将意义接近的"及乎"、"至于"、"施及"、"及"等词放在一处进行比较分析。

其次，在训释语言上，《助语辞》比较注重运用口语、俗语串讲较为艰深的虚词含义。例如：

【故曰】：乃是在先曾有此语，今举而说之，俗语"所以说道"。

【借曰】：俗语"假如说道"。

【诿曰】：俗语"纵然说道"。

书中此例甚多，不胜枚举。由此可知当时口语已经大量双音节化，作者将双音虚词作为重要研究对象亦是据当时实际语言情形而定。另外，之所以大量使用俗语、口语进行训解，正如《助语辞序》所言："或亦笔耕时一助耳，若初学者不无小补云。"[1] 为初学者易晓、易学、易用，是作者的初衷。

再次，在训解方法上，《助语辞》注重把同义或近义虚词放在同一词目下以互相比较进行解释。例如：

【也】【矣】【焉】：是句意结绝处。"也"意平，"矣"意直，"焉"意扬。发声不同，意亦自别。

【呜呼】【吁】："呜呼"，嗟叹之辞，其意重而切；"吁"亦嗟叹之辞，其意稍轻。

---

① 胡文焕：《助语辞序》，卢以纬著、王克仲集注：《助语辞集注》，中华书局，1988 年第 1 版，第 184 页。

同义或近义相类比的训解方法是传统训诂体例的遗留，它能够有效区分虚词用法的特点，因此为后代虚词研究专著所传承。从《助语辞》的编排体例可以看出，卢以纬力图摆脱仅以释经为目的而训释虚词的传统，而将虚词作为一个独立的研究对象，进行系统地类比和释义。在训解过程中尽量做到简洁、通俗，易于学习和应用。

第二节　《助语辞》的内容及其所体现的语法分析

《助语辞》开创了汇解文言虚词的先例。全书共收录 66 组虚词或与虚词相关的词组，共计 136 个词条。其中有单音节虚词 68 个，复合词和词组 68 个。卢氏在虚词研究的初始阶段便将复合词与单音词等量齐观，拓展了虚词研究的范围。

在《马氏文通》出版之前，我国没有系统的语法理论著作。但在许多专书或文章中也经常涉及语法问题。《助语辞》便是其中较为突出的一部。书中不仅对虚词有较为确当的分析，而且体现出作者对许多重要语法问题的看法。

首先，《助语辞》体现出作者对词类的初步认识。一方面，作者对同形虚词不同意义和用法能够作分类处理。如"然"字条：

【然】：训"如是"曰"然"。"以为然"、"然之"皆是许其是如此。若云"俨然"、"睟然"、"盼盼然"、"嘐嘐然"，却是形容词之语助。实有"恁地"之意。"嘑尔"之"尔"字、"翕如"之"如"字、"沃若"之"若"字，义皆类此。

作者区分出作代词的"然"和作形容词语助的"然"两种用法。另外，把"云"分为"一篇之终着一'云'字结之为语助者"和"不为语助"两种用法。将"恶"字分为"惊叹声"和"犹何"两类，等等。

另一方面，对语助与非语助的明确划分，表现出作者有较为明确的虚词、实词观念。如："庸"训"常"，训"用"，"顾"训"回视"，然非语助。又如："礼云乐云"，是礼之说、乐之说，此等"云"字不为语助。

其次，《助语词》能够从语法功能的角度对大多数虚词标明类别。其中有疑而未定之辞（"乎"、"已矣乎"等），自问之辞（"何则"、"何者"等），发语之辞（"粤"、"殆"等），嗟叹之辞（"呜呼"、"噫嘻"等），继事之辞（"乃"等），禁止之辞（"毋"等），非然之辞（"岂"等），咏歌之助声（句末的"而"、"兮"等），句末助声（"止"、"忌"、"且"、"思"等），句绝之余声（句末"夫"、"欤"、"邪"等），语余声（"耳"等）。

再次，《助语辞》对句子内部或句子之间的语义结构关系有所论及。主要涉及的句子语义关系有转折关系、设问关系、假设关系、让步关系、过接关系等。例如：

一，转折关系。"'然而'者，其事理如此，句又转别有说；'而'是句中转折，带此声以成文见意。"

二，设问关系。"'何则''何者'，此皆文中自问之辞，所以引起下文来。"

三，假设关系。"未有此事，预度其事物设若如此者；犹俗语'假如说道'。"

四，让步关系。"'且夫'者，从宽远说来。"

五，过接关系。"'无他'，此接上意，生下文，用此二字，自为一句。或以'此无他'三字为过接句而起议论。"

最后，《助语辞》对常见文言句式和虚词的构句作用有一定的分析。如"者"字条："有'者'前'也'后，'者'举其说于前，'也'释其意于后以应之。"① 作者对"……者，……也"句式的构成成分及其呼应关系进行了描述。又如"哉"字条："在句中如'贤哉回也''君子哉若人'，直是叹其人之果贤、果君子。"② 对"哉"可以构成倒装句式的语法功能作出描述。又如"虽然"条："虽然：承上文意，固是如此，又别发一段论文"，揭示了"虽然"所表示的让步关系。再如"所"字条："'所'，亦指事为而言……。'于'是死字，故所指之事亦不活，如'志于学'之类，但指其事耳。'所'是活字，若曰'所学'，是明指其习学之而为其事也。"作者认识到"于"和"所"用法的差异。"于"不能改变后接成分的词性，而"所"加后接成分可以将后面动词由陈述转化为指称，表示与此动作行为有关的事物，即作者所谓的"事为"。

第三节　《助语辞》的评价及其影响

《助语辞》是我国最早专门讨论文言虚词的专著，开创了虚词研究的传

---

① 卢以纬著、王克仲集注：《助语辞集注》，北京：中华书局，1988 年第 1 版，第 8 页。
② 同上书，第 16 页。

统。在汉语历史上,《助语辞》第一次把虚词作为语言结构中的重要内容进行集中的探讨,从常用虚词入手建构了汉语语法学的雏形。在研究范围上,全书按照语义内容收录66组文言虚词或虚词词组,并按照语法功能对其进行了分类,基本涵盖了常见文言虚词的用法,较为全面地建立起了一个常用虚词的语法描写系统。在研究方法上,《助语词》把对虚词的描写放在句或读中,更能够清晰地揭示虚词的句法功能。其中对于一些词的解释,如"所""之"等,至今仍有较大的参考价值。它采用结合同义、近义虚词比较的训解方式,并注意收集同一虚词的多个义项,这些都为后世学者所继承。在语法学价值上,虚词训释条例中间有较为深入的语法分析。能从语言源流的角度对虚词的演进进行分析,如"盖"字由动词义逐渐演变为句首语气词,仍包含有"统括""大抵"之意。再如,"维"、"唯"、"惟"三字皆由其"专之意"引申为表示仅独语气的语气词。能够从语音接近、用法相似的角度去探讨虚词用法的系统性。如"尔"、"耳"二字同义通用,但微有区别。

作为一部草创性的著作,《助语辞》也存在一些明显的缺陷。首先,虽然作者尽可能罗列所释虚词的义项,但义项不全仍是《助语辞》较为明显的弊病。如"或"字条:

【或】:有带疑辞者;有带未定之意者;有不指名其人、指名其事,但以"或"字代之者;有未有此事,预度其事物设若如此者;有言其事之多端,连称几"或"字以指陈之者。

作者列出"或"字的五个特点。之所以不能称为严格意义上的义项,是因为前两条是"或"字的意义,而后三条则是"或"字可能出现的语言环境。

其次,作者对虚词和实词的界定并不明确。这集中体现在对虚词归类的前后不一致上。前文将无定代词"或"归入虚词进行解释,说明作者认为代词当隶属于虚词的范畴。但后面"夫"字条仅对其作语气词的用法作出探讨,而未列其作为代词的用法。究竟是因为语法观念不明,抑或是材料的局限,亦未可知。书中所收词条,有些明显不是虚词,如"施及"、"先是"等。无论是历代的故训,还是我们今天看来,"施及"属复合动词,"先是"则属于动宾短语,皆非虚词。当然,《助语辞》作为草创之作,由于受时代和材料的局限,我们也不能对卢氏过分苛责。

再次,《助语辞》对个别虚词的释义欠妥帖,且缺少书证,偶尔称引,也未标明出处。例如"噫"字条:"'噫',哀痛声,又为伤恨之意。"[1] 这是对郑玄说法的直接继承(郑笺:有所痛伤之声)。实际上,"噫"只是一个普通的感叹词,本身只有惊异、嗟叹的语气。书证的缺乏不仅降低了读者对被释词理解的清晰度,而且也容易让读者对作者立论的依据产生怀疑。

尽管《助语辞》在体例、内容等多方面仍有许多缺陷,但作为虚词研究的开山之作,在没有同类文献可资借鉴的情况下能达到如此的高度,已经是难能可贵的了。碍于时代和材料的局限,作者未能借助语法的一些术语将自己的一些卓见表述清晰,但仅从其以上所体现出来的语法分析来看,也足以说明卢氏的创见。《助语辞》所开创的虚词训释体例、方法,都为后世虚词研究提供了可资借鉴的宝贵经验,对后世影响极大。《助语辞》通行于元明清三代,流传于日本,在国外影响亦极深远。

《助语辞》问世以后,不断有人对其作出校释和补义。其中较早对其进行校注的是明代冷璨校正的《语助》,后来有明胡文焕校的《新刻助语辞》。清代,《助语辞》传入日本,天和三年(1683)有无名氏冠解的《鳌头助语辞》。对其进行补义的主要有陈雷的《助语辞补义》和魏维新的《助语辞补》以及王鸣昌的《助语辞补义附录》。今人刘燕文《语助校注》、王克仲《助语辞集注》对《助语辞》进行了较为系统的整理,辅以较为确当的今译和评价。同时,这两部著作除标明原书例证中的出处外,辅以更丰富例证和阐释。

同时代中体现出较多语法分析的主要有三部作品:一部是明代袁子让的《字学元元》,另两部是明代吴勉学《对类考注》与屠隆订正的《缥缃对类大全》。《字学元元》主要是对"一字转音意义之辨"(即变音造词)的论述。袁氏曰:"字义随音转。此一字也,变一声即易一义。"《字学元元》列出平去声异读字54组,并各自加以释义。"总之,声变则义与俱变,未可以一义律也。"体现出作者对这一语法现象的深刻理解。另外,明代吕维祺《音韵日月灯》卷首《音辨》和张位《发音录》也对"形同而动静音异"的现象进行了例举和分析。《对类考注》和《缥缃对类大全》主要通过对仗中词类对应的情况反映出词类意识的深入。根据其"习对发蒙格式"界说、"习对歌"及其所列字之虚、实、死、活,可以与现在我们划分的词类大致对照起来。

---

① 卢以纬著、王克仲集注:《助语辞集注》,中华书局1988年第1版,第84页。

思考与练习

(1) 简述《助语辞》名称更迭的情况，试研究其原因。

(2) 与后世虚词研究专书相比，《助语辞》在编排体例上有何特点？

(3) 结合《助语辞》的主要内容，论述其在汉语语法学史上的地位。

(4) 研读《助语辞》，并对其中释义讹误之处作出综述并撰文讨论。

(5) 试查阅元明时期另外一部体现语法分析的著作，并对其中的语法条例进行综述。

第四章

清代的几部语法学著作

　　清代是传统小学全面繁荣的一代，也是语法学著作更相迭出的一代。清代语法学取得的成就，主要体现在几部影响巨大的虚词研究专著上。其中最著名的三部是袁仁林的《虚字说》、刘淇的《助字辨略》以及王引之的《经传释词》。另外，《广雅疏证》、《古书疑义举例》等训诂书里对一些语法问题也有较为系统的阐述。

第一节　袁仁林及其《虚字说》

　　《虚字说》是一部讲解文言虚词的专著。作者袁仁林，字振千，清代陕西三原人，雍正年间贡生。《虚字说》成书于清康熙四十九年（1710），乾隆十一年（1746）由袁氏的学生王德修付梓刊刻。

一、《虚字说》的版本

　　《虚字说》的版本主要有以下两种：其一是《惜阴轩丛书》本，王德修刊刻，后由三原李锡龄收入《惜阴轩丛书》；其二是丰城熊罗宿校刊本，该本在《惜阴轩丛书》本的基础上点读了原文，校正了其中的一些错误，并对袁氏讲字音有误之处加了按语，是现在所能见到较好的注本。1935 年商务印书馆《丛书集成初编》所收系根据《惜阴轩丛书》本排印的。1989 年中华书局又出版了解惠全的校注本。

二、《虚字说》的体例

　　首先，《虚字说》基本秉承了《助语辞》的训解体例，分条释义，以类系联，并间之以比较分析。如"第、但、独、特"字条：

　　【第】【但】【独】【特】："第"字、"但"字、"独"字、"特"字之声，皆属轻转，不甚与前文批驳，只从言下单抽一处轻轻那转，犹言"别无可说，单只有一件如此也"，气颇轻婉。

"第"字寓"次第"意，从言下更历一阶别说。

"但"字寓"单"意，从言下单举一路别说。

"独"字、"特"字，明有"无他、惟此"意。

四字轻转虽同，声情各异"第""但"二字，其气清扬，其声尖亮，其情柔坦；"独""特"二字皆入声，其气专确，其音质实，其情爆起。

四字下别衬一字方可作大段转折，【"第思"、"但念"、"独是"、"特是"之类。】如其语取便捷，自不须衬。

从以上"第、但、独、特"字条可以看出，《虚字说》类似《助语辞》编排体例，将义类接近的一组字放在一起集中训解，并参以适当地比较、对照。但较之《助语辞》中对虚词的解释，《虚字说》根据虚词所传递的"声情口吻"①，对其进行了更为细致传神的描摹。如"轻婉"、"清扬"、"柔坦"、"专确"、"爆起"之语，作者体会之精微，用心之细致，令人叹为观止。末句，对四个虚词"用于句际转折时均需衬一字方顺畅"的语法规律作出总结。

其次，在释义方法上，《虚字说》常用生动形象的比喻来阐发虚词含义。如"而"字条：

【而】："而"字之声，腻滑圆溜，有承上起下之能，有蒙上辊下之情。惟其善辊，故不拘一处，无乎不可，一切去来、起伏、出入、周折、反正、过接，任其所辊无滞。用法大约有四：

凡上下截同类相引，则递辊向前，有"又"字意，故"而又"二字相连。【"学而时习之"，"敬事而信"，"君子而时中"，此等"而"字是上下同类，用以递辊向前，可作"又"字看。】

凡上下截两般相反，则曲辊捩转，有"然"字之意，即有拗转之"乃"字意，故"然而"二字与"而乃"二字常各相连。【"孝弟而好犯上"，"淡而不厌"，"人不知而不愠"，此是上下截相反用以曲辊捩转，便是拗折意，多与"然而"、"而乃"相近。】

凡上下截一理并举，则平辊齐来，有直指之"乃"字意。【"无极而太极"，"费而隐"。】

凡上下截一意相因，则顺辊直下，有"因"字意，故"因而"二字相连。

---

① 袁仁林著、解惠全注：《虚字说》中华书局，1989年第1版，第11页。

【"就有道而正焉","服膺而弗失"。】

约略辊处，殆不出"又"字、"然"字、"乃"字、"因"字甲里，并不出递辊、曲辊、平辊、顺辊甲里。睹记斯意，随语通之。

递辊者，两边既分畔岸，便如驿递，一站到一站也。

曲辊者，两边既相背戾，便如曲路，转湾折角行也。

平辊者，两边一物齐写，便如横担平挑也。

顺辊者，两边一意引伸，便如顺流直泻也。

通过以上"而"字条的分析可以看出，《虚字说》将"而"字在句中所联结的不同语义成分分作四类，各类都作出解析并辅以例证。仍恐读者不解，故于篇末更以精妙的比喻来训解"递辊"、"曲辊"、"平辊"、"顺辊"四类用法。另如"然"字条："……按其意致，大似蜻蜓点水，才点便去；又如轻舟纵壑，借岸一篙，方得趁势扬舲。"① 此等比喻，于文中随处可见，清新脱俗，使得对虚词的解释充满文学的味道。

再次，《虚字说》训释虚词，本于韩愈"文气"之说。《虚字总说》三次提及"韩子"，并引用韩愈"气盛则言之短长与声之高下者皆宜"②，袁氏崇尚韩文，并将其"文气"之说用于虚词研究。如"也与、也乎、矣乎、焉耳乎"字条：

【也与】【也乎】【矣乎】【焉耳乎】："也与"合声，【"其回也与？""其由也与？"】钩勒坐实，平拖疑活，意味深长；"也乎"合声，【《左传》："无为吾望尔也乎？"】钩勒扬起，平拖疑问，而气充足；"矣乎"合声，【《中庸》："其盛矣乎？"】于明了中仍复放活，而气自充满，待人思索……；"焉尔乎"三合声，【"女得人焉尔乎？"】"焉"字平延，"尔"字倒卷，交与"乎"字充足疑问。

《虚字说》对以上四个语气词连用的情形，皆用"文气"、"辞气"来解释。书中几乎对各个虚词都进行了由语义、语音到辞气的推导，其中包含了作者对文言虚词的一种深入的理解。

三、《虚字说》的内容及其所体现的语法分析

《虚字说》共收 51 个词条，包括 143 个虚词。其中单音 82 个，复音 61

---

① 袁仁林著、解惠全注：《虚字说》，北京：中华书局，1989 年第 1 版，第 14 页。

② 同上书，第 129 页。

个。(其中"即"字在书中分作两项词条解释,以两个虚词计算。)熊罗宿在《刻〈虚字说〉缘起》中认为此书乃"家塾所需",自己曾"录出以课儿侄"。其生王德修在《〈虚字说〉跋》中开篇便说:"虚字之说,吾师振千先生为予小子辈说书而作也。"① 袁氏在其《〈虚字说〉序》中,也指明此书"间尝为童子说书,约其一二俾垂髫者目焉"②。由此可见,此书是继《助语辞》后我国第二部虚词童蒙教科书。

在其虚词训解的过程中,也体现出作者较为精审的语法分析。这主要体现在以下几个方面:

首先,作者第一次对虚词进行了严格的定义,并对虚词的意义和作用进行系统地阐述。袁氏在《〈虚字说〉序》中这样定义虚字:

> 虚字者,语言衬贴,所谓语辞也。在六书分虚实,又分虚实之半。皆从事物有无动静处辨之。若其仅属口吻,了无意义可说,此乃虚之虚者,故俗以虚字目之。盖说时为口吻,成文为语辞,论字为虚字,一也。……凡其句中所用虚字,皆以托精神而传语气者。

书后《虚字总说》进一步阐述其虚词理论:"故虚字者,所以传其声,声传而情见焉。"又说:"辞也者,意义口吻而已。"作者认为,虚词的意义表现为"口气"。"口气不过数种,或是疑而未定,尚在虚活,信而不疑,归于死煞,指上指下,推原前事,模拟方来,顶上起下,透下缴上,急转漫转,紧承遥接,掀翻挑逗,直捷纡徐,中有喜怒哀惧、宛转百折之情,而声适如之。"③ 此外,作者将"辞"分为"发语辞、转语辞、助语辞、疑辞、叹辞"四种,并认为其不出"头、项、腰、脚"四处,这是根据虚词的作用和位置对虚词进行分类。由此可见,袁氏的有关虚词理论的见解是相当深入的。

其次,《虚字说》在对个别虚词的说解屡有创见,并为后世所继承。例如"诸"字条:

> 【诸】:……腰句者可代"之於"二字,乃是平趋过递。【"君子求诸己,小人求诸人。"】尾句者可代"之欤"二字,乃是带疑未定。【"齐人传诸?""楚人传诸?"】……

---

① 袁仁林著、解惠全注:《虚字说》,北京:中华书局,1989 年第 1 版,第 144 页。

② 同上书,第 11 页。

③ 袁仁林著、解惠全注:《虚字说》,中华书局 1989 年第 1 版,第 128 页。

《虚字说》借助兼语"诸"字出现的不同句法位置对其意义进行分析，这个结论是非常精当的，《马氏文通》在虚字卷中继承了袁氏的观点。另外，如"顾"字条："凡转头别看曰'顾'，今作虚用，亦含斯意。"① 这实际上是从实词虚化的角度去认识虚词的意义，在当时也是难能可贵的。

再次，《虚字总说》中有关"动静字"和"实字虚用""死字活用"的讨论，对古汉语中"词类活用"这种特殊的语法现象首次进行了深入的分析。

先儒分别动静字，盖从人意驱使处分之也。同一字也，用为勉强著力者则为动，因其自然现在者则为静。如"明明德"、"尊尊"、"亲亲"、"老老"、"幼幼"、"贤贤"、"长长"、"高高"、"下下"，俱是上动下静；"君君"、"臣臣"、"父父"、"子子"、"夫夫"、"妇妇"之类，又是上静下动。"止至善"之"止"为动，"知止"之"止"为静；"格物"之"格"为动，"物格"之"格"为静。动静相因，举无穷当尽之事，即以本字还之，使意无余欠，此驱使之妙也。凡此之类，意分而音不转。若其转音者，如"劳者劳之""来者来之"，虽分动静，毕竟其音先转，自有界限矣。

……

实字虚用，死字活用，此等用法，虽字书亦不能遍释。如"人其人，火其书，庐其居"、"墟其国，草其朝"、"生死肉骨"、"土国城漕"之类，上一字俱系死实字，一经如此用之，顿成虚活，而反觉意味无穷。大抵字经文士驱遣，凡实皆可虚，凡死皆可活，但有用不用之时耳。从其体之静者随分写之，则为实为死，从其用之动者以意遣之，则为虚为活。用字之新奇简炼，此亦一法。然其虚用活用，必亦由上下文知之，若单字独出，则无从见矣。

"耳"、"目"，体也，死实字也；"视"、"听"，用也，半虚半实也。"耳而目之"句，配以"而"字，"之"字，则死者活，实者虚矣。口中"耳目"，而意已"视听"矣。盖直斥"视听"者，意尽言中，而索无余味；活用"耳目"者，体用俱来，而形神飞动。以此推之，知虚用活用之妙。

袁氏以上所讲的"动静字"和以下的"实字虚用""死字活用"，都是在讨论词类活用的问题。所谓"静字"、"实字"指的是名词；"动字"、"活用"、"虚用"指的都是名词活用为动词。作者提出了判断词类活用的方法，即"必亦由上下文知之"。只有对上下文语义进行分析，才可以判断出活用的

---

① 袁仁林著、解惠全注：《虚字说》，中华书局 1989 年第 1 版，第 22 页。

词语。否则，"单字独出"，就无从判断了。袁氏认为，词类活用是一种重要的修辞方式，较之惯常用法更为"新奇简炼"、"意味无穷"。从语法学的角度来看，袁氏的功绩主要是系统论述了"词类活用"这种语法现象，并申明其判别原则。至于袁氏所讲的"词类活用"仅限于名词和动词之间，也反映出其观察的局限性。即便如此，这种发现已经是难能可贵的了。其后的《马氏文通》及后来语法学研究基本都承认了这一语法事实。

四、对《虚字说》的评价及其影响

综上所述，可见袁仁林对于虚字的认识及其研究方法都是比较全面而系统的。加之其书为童蒙初学而作，这就决定了《虚字说》在学术性和实用性两方面都达到了相当的高度。特别是作者对一些虚词的用法及语法现象讨论的相当深入、系统，其中一些说法直接为后来的《马氏文通》所采用。《虚字说》与其前的《助语辞》收录虚词数目相当，但不论是训释虚词的细密程度，还是虚词理论水平，袁氏均在卢氏之上。另外，《虚字说》收录了近三百条的例证，对其后的虚词专著在这一方面作出了典范。

当然，《虚字说》毕竟是在语法理论尚缺乏系统的情况下一部讲虚词的专著，不可避免地存在一些缺点和错误。首先，作者古音知识不足，导致一些据古音说解虚词的条例较为牵强。熊罗宿也说："作者于字母学似非专家，说音韵数条有小误。"[①] 例如"乎、与、耶"字条：

> 【乎】【与】【耶】：……"乎"系喉音，引喉深出，圆满包含，其气自足；"与"系唇音，聚唇前出，清越平趋，其气自嫩；……"耶"系牙音，在口空挨无力，小开而不能合，气最绵纤无着……

中古"乎"属匣母，"与"、"耶"属喻母四等，皆属喉音。上古"乎"仍属匣母，"与"、"耶"属定母。袁氏对以上虚词的分析由于缺少音理的知识，结论便不能让人信服。其次，《虚字说》收录了一些不属于虚词的词语，一些词的义项划分也不合理。例如"使"字条中说"谁使谁令，是乃空中兜转，一若自为使令耳。"很明显，作者所言之"使"、"令"作句中谓语，当是动词义，非虚词。再次，《虚字说》行文八股习气过重，有些表述艰涩难懂，甚至对于一些关于"神情声气"的描述玄之又玄，让人难以捉摸。此外，作者用声音模拟语气的做法也是不科学的，因为在语言中虽然有些词是模拟声音

---

① 袁仁林著、解惠全注：《虚字说》，中华书局1989年第1版，第9页。

的，但大多数的虚词都是由实词虚化而来的，它们的音义之间不可能都存在必然的联系。

《虚字说》曾经作为童蒙教育的课本在村学家塾间流传；《虚字说》，也曾经给我国第一部古代汉语语法专著《马氏文通》以较大影响。《马氏文通》虚字卷大量采用《虚字说》的说法，并影响到以后的汉语虚词研究。总之，《虚字说》不论在语文教学方面来看，还是在古代汉语虚词研究方面来看，都对后世产生了较为深远的影响。

由于《虚字说》流传不广，对其进行研究的成果相对较少。今人有解惠全先生为此书做注，另有章也和王志彬的《虚字说笺注》。另外，近年来部分语言学史著作中有一些对两书的简要介绍和分析，期刊中有几篇就此书某一问题进行探讨的论文。

第二节　刘淇及其《助字辨略》

《助字辨略》五卷，是清初与《虚字说》近乎同时的一部研究虚词的专著。作者刘淇，字武仲，又字卫园、龙田，号南泉，清初人，祖籍河南确山，随其父迁居山东济宁。刘氏以著书见重于世，所著另有《周易通说》《禹贡说》若干卷。

一、《助字辨略》的版本

《助字辨略》初刻于清康熙五十年（1711），是为海城卢承琰本；乾隆四十年（1775），长白国泰重印之，为国泰本；咸丰五年（1855），聊城扬以增得传抄本，延高均儒重刊，是为海源阁本。以上三本皆为镂版。今所传为长沙杨树达据海源阁本与国泰本对勘而重刊排印本。此本解放前由开明书店印行，解放后由中华书局据开明书店原版重印，书前有刘淇《自序》、卢承琰撰《卢序》、长白国泰撰《国序》。书后又附钱泰吉《曝书杂记》、《跋旧刻本》、王元启撰《济宁图记人物列传》、《济宁图记艺文志》、《杨绍和跋》、《刘毓崧跋》、《杨树达跋》等。

二、《助字辨略》的体例

《助字辨略》按四声编排，依次为上平、下平、上、去、入五卷。因收平声字数目较多，故分作上下两卷。同一声调中又按平水韵编排。具体的训解体例如卷首"通"字条：

【通】：《史记·货殖传》："是以富商大贾，周流天下，交易之物，莫不通得其所欲。"《水经注》："今济北东河四十里有故清亭，即《春秋》所谓清者也，是济水通得清之目焉。"通犹皆也。○又《后汉书·来历传》："属通谏何言，而今复背之？"《注》云："属近也。通犹共也。"○又《史记·平准书》："故吏皆通令伐棘上林。"皆通，重言也。○又韩退之《论变盐法事宜状》："臣今通计所在百姓，贫多富少。"《中庸》："其次致曲。"朱注云："其次，通大贤以下而言。"愚案：此通字，总举之辞也。

我们看到，上面的释词体式即分多个义项对虚词进行系统地解释。具体先列举例证，然后注明虚词含义。引证材料不按时间排列，各个义项之间用"○"隔开。结合书中对其他字条的训解，我们还会发现有的虚词作者是先引证字书、韵书（如《尔雅》、《说文》、《广韵》等）的释义，或直接先给出释义，然后列举例证进行证明。亦有虚词先加注反切，然后才进行释义。常于虚词解释的末尾部分总括一句，并将该虚词归入自所立三十类中。另外，复音节虚词附于与其关联的单音节虚词后解释。

三、《助字辨略》的内容及其所体现出的语法分析

《助字辨略》是我国第一部有较高水平的研究古籍虚词的书。全书所收单词，除同音相通者外，有 476 个。复音虚词亦附于单音虚词之后，共约 1140 条，包括"著处""者边"等唐宋时期的口语词。所收例句，除先秦两汉古籍之外，还包括唐诗宋词，"元曲助字，纯用方言，无宜阑入，他日别为一编，以附卷尾"。《助字辨略》在虚词理论及语法观念上都显出了相当的深度。

首先，《助字辨略》从语法意义和语法作用两方面对虚词进行了极为细致的分类。刘淇在《助字辨略·自序》中，把虚词分为三十类：

曰重言，曰省文，曰助语，曰断辞，曰疑辞，曰咏叹辞，曰急辞，曰发语辞，曰语已辞，曰设辞，曰别异之辞，曰继事之辞，曰或然之辞，曰原起之辞，曰终竟之辞，曰顿挫之辞，曰承上，曰转下，曰语辞，曰通用，曰专辞，曰仅辞，曰叹辞，曰几辞，曰极辞，曰总括之辞，曰方言，曰倒文，曰实词虚用。

从现在的眼光看来，这种虚词词类的划分的方法不仅繁琐，而且有较多不合理之处。主要问题在于分类的内部标准不统一。如"方言"属于语言系统的问题，"倒文"、"实词虚用"属于语法修辞方面的问题，"重言"属于构词方面的问题，等等。但总体看，与之前的虚词专书相比，刘氏主要依据语法

意义和语法作用对虚词作了更为细致、系统的分类。

其次,《助字辨略》从足句、联句等语法作用方面认识虚词,涉及较多的语法分析。《自序》开篇曰:

构文之道,不过实字虚字两端,实字其体骨,而虚字其性情也。盖文以代言,取肖神理,抗坠之际,轩轾异情,虚字一乖,判于燕越,柳柳州所由发哂于杜温夫者耶!且夫一字之失,一句为之蹉跎;一句之误,通篇为之梗塞,讨论可阙如乎!

刘氏从作用上将虚词与实词等量齐观,强调虚词在句子、篇章中的重要作用。正是对虚词足句作用的充分认识,他才能把"也"、"矣"定为断辞,就是陈述句末表判断的语气词;把"夫"、"盖"、"繄"、"维"定为发语辞,就是叙述句中句首语气词;把"乎"、"哉"、"耶"、"与"定为疑词,就是疑问句中的疑问语气词。也正是对虚词联句功能的认识,他才把"是故"、"然则"定为承上,把"然而"、"抑又"定为转下,即表示承接关系和转折关系的联结词。由此可见,刘淇对虚词语法作用的认识是比较深刻的。

再次,《助字辨略》对一些具体虚词的训解过程中也体现出较细致的语法分析,如"斯"字条:

【斯】:顾氏《日知录》云:"《尔雅》云:兹,斯,此也。"今考《尚书》多言兹,《论语》多言斯,《大学》以后之书多言此。又云:《论语》之言斯者七十,而不言此。《檀弓》之言斯者五十有三,而言此者,一而已。《大学》成于曾子之门人,而一卷之中,言此者十有九。语音轻重之间,而世代之别,从可知矣。

刘氏从字频统计的角度对"兹"、"斯"、"此"三个同义词的用法进行描写,并由此得出相同语法作用的不同词语在历史中的更迭演变。"最"字条中,刘氏认为:"'最处诸国之中者',言处诸国之最中,倒文也。"[1]"以"字条中,刘氏认为:"'鲁故之以',犹言'以鲁之故',倒文也。"[2] 此二处涉及到对语序的分析。

四、对《助字辨略》的评价及其影响

《助字辨略》与以往的虚词专著相比,在各方面都有了长足的进展,为汉

---

① 刘淇著、章锡琛校注:《助字辨略》,中华书局1954年第1版,第212页。
② 同上书,第129页。

语虚词研究奠定了坚实的基础。首先，《助字辨略》在收字规模上独占胜场。此书收单字 476 个，远胜于其前的《助语辞》和《虚字说》的收字数目，是其后的《经传释词》（收 160 字）收字数目的 3 倍左右。其次，《助字辨略》对虚词进行了细致的分类。对虚词 30 类的划分虽然内部标准仍缺乏一致性，但亦足见其研究的细密程度。再次，《助字辨略》收录了丰富的例证。所收例证除传统经籍外，对唐诗宋词等也尽皆收入。最后，刘淇总结了虚词训释的六种方法："曰正训，曰反训，曰通训，曰借训，曰互训，曰转训"①。总之，《助字辨略》以其内容的广博和方法的系统，对以后的虚词研究产生了深广的影响。

同时，《助字辨略》也存在着一些缺陷。首先是对虚词分类标准的不统一，前面在分析本书内容时已经论及，此处不赘。另外，书中将个别实词亦划入虚词的范畴。如"愿"字条：

【愿】：《广韵》云："欲也。"愚案：心欲如此也。《诗·国风》："愿言思子。"《汉书·高帝纪》："愿君王出武关。"

此"愿"字显然是表示心理活动的动词，而刘氏将其归入虚词应该是不恰当的。可能刘氏看到表心理活动的动词"愿"字与其他动词的用法并不完全相同。当然，在语法体系尚未确立的 17 世纪末，刘氏对个别字归类不当，也是可以理解的。

《助字辨略》通过丰富的例证对虚词分条释义的传统在以后的虚词研究中被广泛采纳。此外，《助字辨略》对虚词分类的初步尝试具有重要的方法论意义，对这个问题的深入研究具有重要作用。钱泰吉称赞此书"引据该恰，实为小学之创例。近时王伯申尚书著《经传释词》十卷，其撰著之意，略同此书，训诂益精密。然创始之功，不能不推刘君也"②。

《助字辨略》在中国语法学史上有着十分重要的地位。如杨树达先生所说："文法之学，筚路蓝缕于刘淇，王氏继之，大备于丹徒马氏。"③ 后世对其研究研究比较全面，包括其虚词研究在古汉语虚词研究中的地位、其与《马氏文通》、《经传释词》等专书的虚词研究的比较、其性质、其成就和不足、其释词方式和释词术语，乃至其对某一类虚词的研究等等，多为期刊中的文

---

① 刘淇著、章锡琛校注：《助字辨略》，中华书局 1954 年第 1 版，第 1 页。

② 同上书，第 285 页。

③ 杨树达：《词诠》，中华书局 1965 年第 2 版，第 5 页。

章，也有几篇硕士论文专门研究，但总体来说，对它的研究还需要进一步深入。

第三节　王引之及其《经传释词》

《经传释词》是继《助字辨略》之后又一部重要的语法著作。作者王引之，字伯申，官至尚书，乾嘉学派的著名代表人物。作者在《自序》中阐明了创作《经传释词》的缘由：

> 引之自庚戌岁（1790）入都，侍大人质问经义，始取《尚书》廿八篇紬绎之，而见其词之发句、助句者，昔人以实义释之，往往诘屈为病。窃尝私为之说而未敢定也。及闻大人论《毛诗》"终风且暴"、《礼记》"若此义也"诸条，发明意指，涣若冰释。益复得所遵循，奉为稽式，乃遂引而申之，以尽其类。

由此可见，王氏研究虚词最初由《尚书》开始，发现其中许多虚词有训解失当之处。后来经父亲王念孙的指点，材料逐渐延及《九经》、《三传》。王引之将乾嘉学派训诂学上的因声求义之法引入虚词研究，取得了前所未有的成果。

一、《经传释词》的版本

《经传释词》十卷成书于清嘉庆三年（1798），前有王氏自序一首。嘉庆二十四年（1819）重刻，其师阮伯元序此刊本。道光九年（1829）广东学海堂刊《皇清经解》本。道光二十四年（1844）有钱熙祚《守山阁丛书》本。以上是清代已有的四种版本。民国以后，有1928年成都书局刊本，并附有孙经世《经传释词补》及《再补》各一卷。1931年有商务印书馆《学生国学丛书》本。1936年有世界书局《古书字义用法丛刊》本。1936年有中华书局重印本，该书附有《经传释词补》和《再补》，以及王引之的《语词误解以实义》、章太炎《王伯申新定助词辨》、裴学海的《经传释词正误》。1956年有中华书局重印本。1984年，湖南岳麓书社刊行了以中华书局1956年本为底本的校注本，是目前使用最为方便的版本，该书天头上刊布了黄侃、杨树达所作的批语370多条，这对于我们今天研读《经传释词》具有极大的参考价值。1985年江苏古籍出版社出版了由王氏家刻本影印的《高邮王氏四种》本，该书前有自序、阮元序，后有钱熙祚跋，并附有王引之《语词误解以实义》、章太炎《王伯申新定助词辨》、黄侃《经传释词笺识》、裴学海《经传释词正误》，以及王引之《石臞府君行状》、王寿昌等《伯申府君行状》、刘盼遂《高邮王氏父子年谱》，这是搜罗较全的本子，便于研究《经传释词》及了解王氏父子生平。

二、《经传释词》的体例

在编排体例上，《经传释词》打破了以往连类而及的顺序，代之以中古声母的顺序来编排虚词。具体的分卷情况如下：

第一卷——第四卷　收影、喻、晓、匣等喉音字；
第五卷　　　　　　收见、溪、群、疑等牙音字；
第六卷　　　　　　收端、透、定、泥、知、澈、澄、娘等舌音字；
第七卷　　　　　　收日、来半舌、半齿音两母字；
第八卷——第九卷　收精、清、从、心、邪、照、穿、床、审、禅等齿音字；
第十卷　　　　　　收帮、滂、并、明、非、敷、奉、微等唇音字。

在释词方法上，《经传释词》运用多种训诂学方法相结合。清钱熙祚所作《跋》文中有如下说明：

其释词之法亦有六：有举同文以互证者。如隐公六年《左传》"晋、郑焉依"，《周语》作"晋、郑是依"，证"焉"之犹"是"；据庄二十八年《左传》"则可以威民而惧戎"，《晋语》作"乃可以威民而惧戎"，证"乃"之犹"则"。有举两文以比例者。如据《赵策》"与秦城何如不与"，以证《齐策》"救赵孰与勿救"，"孰与"之犹"何如"。有因文而知其同训者。如据《檀弓》"古者冠缩缝，今也衡缝"，《孟子》"无不知爱其亲者，无不知敬其兄也"，证"也"之犹"者"。有即别本以见例者。如据《庄子》"莫然有间"，《释文》本亦作"为间"，证"为"之犹"有"。有因古注以互推者。如据宣六年《公羊传》何注"焉者，於也"，证《孟子》"人莫大焉，无亲戚君臣上下"之"焉"亦当训"於"；据《孟子》"将为君子焉，将为小人焉"赵注"为，有也"，证《左传》"何福之为"，"何臣之为"，"何卫之为"，"何国之为"，"何免之为"，诸"为"字皆当训"有"。有采后人所以相证者。如据《庄子》引《老子》"故贵以身於天下，则可以托天下；爱以身於天下，则可以寄天下"，证"於"之犹"为"；据颜师古引"鄙夫可以事君也与哉"，李善引"鄙夫不可以事君"，证《论语》之"与"之当训"以"。

这六种方法，归纳起来就是在两个方面推究虚词的等价语法意义。一是通过不同版本中异文的比较，说明例证被引用者默认为同义词；二是通过相同的句法位置来证明虚词语法意义和语法功能的一致。正如王氏《自序》中所言："凡其散见于经传者，皆可比例而知，触类长之，斯善式古训者也。"① 正是通过这两种方法，作者对同义虚词的推求才更为客观。

三、《经传释词》的内容及其体现的语法分析

《经传释词》在解释虚词的过程中体现出较为成熟的语法意识。这主要表现在以下几个方面：

首先，《经传释词》经常用出现在相同或相似句法位置上的词来证明其语法功能和语法意义的相同。如"与"、"之"两字的说解：

【与】：……《货殖传》曰："智不足与权变，勇不足以决断，仁不能以取予。"《汉书·杨雄传》曰："建道德以为师，友仁义与为朋。"……"与"亦"以"也。互文耳。

【之】：……《大戴礼》事父母篇曰："养之内，不养於外，则是越之也。养之外，不养於内，则是疏之也。""之"亦"於"也。互文耳。

以上王氏用偶句对文出现在相同句法位置上的虚词来证明两词功能相同，方法是比较严谨的。直到现在，这种方法对于虚词同义的现象也具有很强的解释力。实际上，这就是用分布理论来证明相同句法位置在成分和功能上的相似性。但更为可贵的是，王氏不仅看到这个现象，同时也能对这种用法的例外现象作出解释，如"乃、迺"字条：

【乃】【迺】：……案：乃与而对言之则异。《礼记·文王世子》曰："文王九十七乃终，武王九十三而终。"是也。散言之则通。

以上是对一组例外的解释。这说明同语法位置虚词功能和意义接近的通则是允许有例外情形的，同时也说明虚词用法的灵活性。即虚词仅有句法位置是不能控制其语法意义的，而需要在上下文或者语义层面作出进一步的限制或规约。

其次，《经传释词》对个别虚词的解释是极有创见的。如"有"字条：

【有】："有"，语助也。一字不成词，则加"有"字以配之。若"虞"

---

① 王引之：《经传释词》，中华书局1956年第1版，第3页。

"夏""殷""周"，皆国名。而曰"有虞"、"有夏"、"有殷"、"有周"，是也。推之他类，亦多有此——说经者未喻属词之例，往往训为"有无"之"有"，失之矣。

以上对位于国名、氏族名前的"有"字用法作出解释。作者批评以往的注释家将"有"字误释为"有无"之"有"，而将其归为"属词"。这种看法是颇具启发性的。后来学者对这方面的研究，基本排除了将"有"字作为实词的看法，而将其视为诗歌语言中协调音节而临时加入的字。而这种看法多数人正是参照了王引之对词类字的说解。此外，如将"盍"释为"何不"，将"诸"释为"之乎二字之合声"等，都是极为精辟的见解。

再次，《经传释词》对虚词的说解涉及倒装句、虚词的句法功能等许多重要语法问题。如"於"字条：

【於】：《广雅》曰："於，于也。"常语也。亦有于句中倒用者。《书·酒诰》曰："人无於水鉴，当於民鉴。"犹言无鉴於水，当鉴于民也。僖九年《左传》曰："入而能民，士於何有？"言何有於士也。凡言"於何有"者仿此。昭十九年《左传》曰："其一二父兄，私族於谋而立长亲。"言私谋於族也。杜注曰："於私族之谋，宜立亲之长者。"文义未安。又曰："谚所谓'室於怒，市於色'者，楚之谓矣。"言怒於室而色於市也。

作者对正常句式与"于句中倒用者"两类用法作出区分，并对旧注的失误作出补正，详细分析"於"字用于倒装句的用法。王氏对虚词的句法功能也有所论及，如"者"字条：

【者】：《说文》："者，别事词也。"或指其事，或指其物，或指其人。或言"者"，或言"也者"……又为起下之词，或上言"者"而下言"也"。或上言"也者"而下言"也"。

根据以上的分析，"者"字的指代意义较为广泛，包括人和事物等，句法功能主要是自为一顿，引出下文。其常见句法位置是出现在"……者，……也"句式中，亦有其他例外的情形。

四、对《经传释词》的评价及其影响

《经传释词》打破了虚词研究长期"以义说义"的传统方法，将"因声求义"的训诂学方法引入虚词研究，取得了很高的成就。清阮元在为此书序言中云：

高邮王氏乔梓，贯通经训，兼及词气。昔聆其"终风"诸说，每为解颐，乃劝伯申勒成一书。今二十年，伯申侍郎始刻成《释词》十卷，元读之，恨不能起毛、孔、郑诸儒而共证此快论也。

王氏在虚词训解之中往往采用对相似句法的比较，利用句法位置、功能的一致性来推究虚词意义，体现了他比较成熟的语法观念。此外，王氏写《释词》的目的不是为童蒙初学而作，而是"前人所未及者补之，误解者正之，其易晓者则略而不论"①。主要目的在于纠正汉儒注解经典虚词的讹误，所以作者对于常用虚词只以"常语也"一笔带过。因而决定了《经传释词》在学术价值方面远在其前虚词著作之上。

《经传释词》也有许多不足之处。首先，这是一部虚词研究的重要论著，但不宜初学者使用。其中对虚词训解的篇幅较不平衡：对于纠正传统训解失误的词条尽量多举例证，而对通行的虚词则略加训解。这样就不能起到一部虚词词典真正的作用。其次，在虚词训解过程中过度使用"声相近"、"一声之转"等声训，而将一些语法作用本不相同的虚词也往往牵强附会进去。王力先生认为："声训作为一个学术体系是必须批判的。"② 因为音义关系在初始阶段的任意性原则以及后来大量假借的情形，使得音义之间存在许多复杂的层次关系，这些都需要进行深入具体的研究，而不是单纯以声音接近为条件一概而论。再次，《经传释词》也遗留了一些以实词训虚词的做法，及其误收某些实词等问题。

但总体来说，《经传释词》是一部态度严谨、方法先进的虚词研究论著。它在古代汉语虚词研究中具有里程碑式的意义。它的体例、方法都被后世的虚词著作所广为采用，产生了极为深远的影响。

《经传释词》由于在虚词研究领域有重要的开创意义，所以其书问世以来就有大量的研究性著作相继产生。其中主要研究论著有吴昌莹的《经词衍释》，对原著略而不论或援引不足之处多加补益。章炳麟《王伯申新定助词辨》、裴学海《经传释词正误》、孙经世《经传释词补》、《经传释词再补》都对《经传释词》有所驳正或补充。

五、清代几部训诂书中体现出的语法分析

清代的几部训诂书中也体现出较成熟的语法分析。下面仅举《读书杂志》

---

① 王引之：《经传释词》，中华书局 1956 年第 1 版，第 6 页。
② 王力：《中国语言学史》，《王力文集》第十二卷，山东教育出版社 1990 年第 1 版，第 68 页。

和《古书疑义举例》两部简要说明之。《读书杂志》，清王念孙撰，是其在阅读古籍时所作的杂记。《读书杂志》对某些特定句式的认识比较深刻，例如：

《汉书·高纪》："由所杀蛇白帝子，所杀者赤帝子故也。"念孙案：下"所"字涉上"所"字而衍，"杀者"谓"杀蛇者"也，则"杀者"上不当有"所"字……

恐谓之惧，使人恐亦谓之惧。昭十二年《左传》："楚子围徐以惧吴"，是也。恐谓之慑，使人恐亦谓之慑。《吕氏春秋·论威》篇："威所以慑之"，是也。

上条体现了对"所字结构"的认识。王氏认为，"杀者"与"所杀者"含义不同。前者是施事，加"所"字就变成了受事。加"所"字之后语义显然与上下文不合，因此王氏断定"所"为衍文。下条体现了王氏对某些不及物动词的使动用法的观察。并且认为那些不及物动词可以通过使动用法加上宾语，其意义略等于同义的及物动词。俞樾《古书疑义举例》更多地体现了其对语序和句式的深入观察，例如：

【倒序例】：古人序事，有不以顺序而以倒序者。《周礼·大宗伯识》："以肆献祼享先王。"若以次弟而言，则"祼"最在先，"献"次之，"肆"又次之也。乃不曰"祼献肆"而曰"肆献祼"，此倒序也。

【探下文而省例】：夫两文相承，蒙上而省，此行文之恒也。乃有拟探下文，而预省上字，此则为例变更。而古书亦往往有之。《舜典》："舜生三十徵庸。三十在位，五十载。"因下句有"载"字，而上二句皆不言"载"。《孟子·滕文公》篇："夏后氏五十而贡，殷人七十而助，周人百亩而彻。"因下句有"亩"字，而上二句皆不言"亩"，是探下文而省者也。

以上两条分别对倒序和承下省略句式作出较为详细的描写。上条区分正常语序与倒序的分别，在其他条例中，俞樾也间或论及语序的问题，并认为韵文中为求谐韵是造成语序调整的重要原因。下条涉及省略句的问题，俞樾将省略分为"蒙上文而省"和"探下文而省"两类，分别给予详细的讨论。

思考与练习

（1）结合原著，系统整理《虚字说》中条例及分析的不合理处，并简要分析之。

（2）参阅《马氏文通》虚字卷部分，谈谈马氏对《虚字说》的继承和发展。

（3）《助字辨略》训释虚词采用了六种方法："曰正训，曰反训，曰通训，曰借训，曰互训，曰转训。"结合该书内容，分别举例说明之。

（4）谈谈《助字辨略》在具体的虚词训解中体现出来的语法分析条例。

（5）对《经传释词》之前的虚词理论进行比较，并讨论其对虚词认识的大致脉络。

（6）结合清代的学术背景，简要论述《经传释词》在虚词研究中取得的重大突破，并分析其原因。

（7）请另外选取一部清代训诂学专著，并综述其在语法方面的研究细节和相关条例。

第五章

《马氏文通》

　　《马氏文通》是我国第一部系统研究古代汉语的语法学著作。《文通》主要依据古汉语材料，将西方语法学引入中国，创立了第一个完整的汉语语法体系，奠定了中国现代语言学的基础。梁启超在《论中国学术思想变迁之大势》中评价此书："中国之有文典，自马氏始。推其所自出，则亦食戴学之赐也。"①

　　马建忠（1845～1900），字眉叔，清末江苏丹徒人。幼年在上海读书，曾学习拉丁文、希腊文、英文和法文，同时还学习了大量的自然科学知识。1876年，他以郎中资格，由李鸿章派往法国留学，进入法国巴黎大学学习。他在法国学法科，兼通声光电化等自然科学。马建忠认为，要使国家富强，必须学习西方先进科技，而要想学习先进科技，则必须缩短学习本国文化的过程。而中国积弱的最主要原因就是中国没有像西方那样系统归纳出语言的结构规律，"童蒙入塾能循是而学文焉，其成就之速必无逊于西人"。于是他"积十余年勤求探讨"，② 终于在1898年写成了第一部语法学著作《马氏文通》。

第一节　《马氏文通》的版本及体例

一、《马氏文通》的版本

　　据何容（1937）的考证，《马氏文通》主要有四种不同的版本。第一种版本是竹纸铅排线装六开本，十卷分装十册，两次印成，前六卷题"光绪二十四年孟冬"，后四卷题"光绪二十五年季冬"，第六卷末附校勘记一页，校勘

---

　　① 梁启超：《论中国学术思想变迁之大势》，《饮冰室合集》第三册，中华书局1989年第1版，第93页。

　　② 马建忠：《马氏文通》，商务印书馆1983年新1版，第11页，第13页。

记前有类似"跋"的短话，书中正文四号字，每面十行，每行二十四字。引例五号字，也是单行，所引书篇名右旁标以直线；第二种版本是国难前，商务印书馆的大字洋装四开本，分订上下两册，正文四号字，引例五号字，但引例都变成双行的了；第三种版本是万有文库本；第四种版本是现在较为通行的本子，是用万有文库版印的，合六册为一册。

二、《马氏文通》的体例

相对于中国古代虚词论著零散的语法分析，《马氏文通》依据文言材料首次建立了汉语语法系统。

首先，《马氏文通》全书主要依据词类分布章节，在具体词类的讨论中间有句法和修辞的分析。在论及询问代字时，马氏说："询问代字凡在宾次，必先其所宾，其不先者仅矣。此不易之例也。"① 此处在具体的词类分析中涉及到句法位置，并对其规律进行总结。另外，在论及静字诸用时，说："静字先乎名者常也。单字先者，概不加'之'字为衬。"② 先说静字的常见句法位置，再对其字数奇偶这样的修辞问题进行分析，下面进一步指出"偶字者亦先焉，惟衬以'之'字若偏次然"。但偶有反例"不衬'之'字，词气更劲"③。这是从修辞的角度对材料中的句式进行说明。

其次，《马氏文通》具体行文中，先以大字标明语法分析和语法规律，下面用小字举出例证，或对其进行相应的说明和补充。例如介字章之字之用七之一：

"之"字所间之言不一。一，以介于两名字之间者。两名相续，意有偏正，偏者先而正者后，偏、正之间，概介"之"字。然未可泥也，大抵以两名字之奇偶为取舍，论次篇已缕陈之矣。又以意之轻重为"之"字之取舍者，宣公三年《谷梁传》云："春王正月，郊，牛之口伤。'之口'，缓辞也，伤自牛作也。"是则"之"字加否，即为辞缓急之别。《疏》释以为范氏所引别例，其理迂诞，而不尽然也。若以缓急二字以解意之轻重，似有可解之处。

秦汉文虚字最少者莫若《汉书》。汉书诸篇记事最长者莫若《霍光传》。传文字约六千，所用"之"字间于两名者共计十二。如云："立少子，君行周公之事。""及父子并为将军，有椒房中宫之重。""将军若能行此，亦汉之伊

---

① 马建忠：《马氏文通》，商务印书馆 1983 年新 1 版，第 11 页，第 71 页。
② 同上书，第 112 页。
③ 同上书，第 113 页。

尹也。""今日之议，不得旋踵。""万姓之命，在于将军。""服斩缞亡悲哀之心。""五辟之属，莫大不孝。""昌邑群臣，坐亡辅导之谊。""在人之右，众必害之。""乡使福说得行，则国亡裂土出爵之费，臣亡逆乱诛灭之败。""霍氏之祸，萌于骖乘。"诸句内所间"之"字，皆为意之所重，删之则不辞矣。而诸句用法，与论次篇各例可互证也。

以上对偏次与正次之间加"之"的情形进行讨论，上段分析其间加"之"字的一般规律，下段详加举例，对以上规律进行印证说明。此外，下段对《汉书·霍光传》中"之"字用法作出穷尽性统计，并认为"之"字在句中为"意之所重"，不能省略。

再次，《马氏文通》在具体语词分析时，经常对近义词进行分类比较，或求其同，或析其异。例如，在论及约指代字时，说"至'凡'、'虑'与'大凡'、'大抵'、'大要'、'大归'以及'亡虑'、'都计'诸字，皆用以为总括之辞，亦可列诸约指代字。"① 这是概括近义词，对其相同用法予以揭示。此外，在论及逐指代字时，说"逐指代字，惟'每'、'各'二字，其用不同。'每'字概置于名先，'各'字概置于其后，间或无名而单用。"② 这是对同类词的不同用法进行区分。

第二节　《马氏文通》的内容

《马氏文通》全书凡十卷，按其内容可以大致分为四个部分：第一部分是正名，主要对各种语法术语进行定义，马氏称之为界说，此卷共立界说二十三个。第二部分是实字，即今天所谓的实词。马氏将实字分为五类：第一类是名字，即今天所谓的名词；第二类是代字，即今天所谓的代词；第三类是静字，即今天所谓的形容词；第四类是动字，即今天所谓的动词；第五类是状字，即今天所谓的副词。第三部分是虚字，即今天所谓的虚词。马氏将虚词分为四类：第一类是介字，即今天所谓的介词；第二类是连字，即今天所谓的连词；第三类是助字，即今天所谓的语气助词；第四类是叹字，即今天所谓的感叹词。第四部分是句读。马氏所讲的"句"，大概相当于今天所谓的句子；马氏所讲的"读"，大致相当于今天所谓短语或分句。

---

① 马建忠：《马氏文通》商务印书馆 1983 年新 1 版，第 86 页。
② 同上书，第 78 页。

正名卷之一，立界说二十三个。分别对以下语法术语进行界定：（1）实字、虚字；（2）名字；（3）代字；（4）动字；（5）静字；（6）状字；（7）介字；（8）连字；（9）助字；（10）叹字；（11）句；（12）起词；（13）语词；（14）内动；（15）外动；（16）止词；（17）次；（18）主次；（19）宾次；（20）正次；（21）偏次；（22）司词；（23）读。对概念进行界说，"大抵用以集句也"。此外，只有概念界说明确，"知其命意之所指"，"而后接观下卷，方能了然"①。

实字卷之二系统论述了名字和代字。名字部分：马氏将名字分为公名和本名两类，公名又分为群名和通名两类。宋绍年（2004）认为，其静字、动字、状字可假借为名字的看法，从侧面反映出马氏对陈述与指称两者可以相互转化的现象已经有初步的认识。但其后"名无定式，凡一切单字偶字，以至集字成顿成读，用为起词、止词、司词者，皆可以名名之"这样的说法便有些过甚其辞了。此外，马氏对双音节名词的结构形式和变音造词都有较为细致的观察。代字部分：《马氏文通》将代字分为四类，即指名代字、接读代字、询问代字和指示代字。其中后来学者对接读代字一节争议较多，但其论述至今仍能给我们许多深刻的启示。

实字卷之三主要论及名代之次、静字等问题。名代之次主要分主次、偏次、宾次、同次四节，分别论述。马氏将静字分为象静、滋静两类。象静即性质形容词，滋静即数词。将两者归于一类，是由于它们具有相似的语法功能。本卷末有论比一节，主要讨论象静字用于比较句的情形，据语义分为平比、差比、极比三类。

实字卷之四和卷之五主要讨论动字。动字分类涉及五个部分：外动字、受动字、内动字、同动字和无属动字。外动字和内动字即及物动词和不及物动词；受动字主要谈被动句这一句法问题；同动字是指"有、无、似、若"等一类本身不表示行为，但都带有止词的一类特殊动字；无属动字即不能同起词配合使用的动字，如"雨、电、失火"等。动字的活用分为动字假借、动字辨音、动字相承、散动诸式四个部分。

实字卷之六主要讨论状字。此章不同于名、代、静、动各卷专门讨论字类，而是将充任状语的各种语法成分放在一起进行讨论，范围较广。因此马氏经常用"状语"或"状词"来代为表示所述对象。其中，状字假借一节将充

①　马建忠：《马氏文通》商务印书馆1983年新1版，第32页。

任状语的其他字类全部归为状字的假借，混淆了字类中的状字与句法层面的状语两者的概念。

虚字卷之七主要论述介字。《马氏文通》介字节详细分析了"之、于、以、与、为"五个介字。马氏说："介字用法，与外动字大较相似。故外动字有用如介字者。"① 可以看到，马氏已经认识到许多介字都源于动字。

虚字卷之八主要讨论连字。连字共分四类：提起连字、承接连字、转捩连字、推拓连字。提起连字一定位于句首，即马氏所谓"用以劈头提起者"；承接连字一般不出现在句首，即马氏所谓"概施于句读之中也"；转捩连字即马氏所谓"所以反上文而转申一义也"，相当于现在所说的转折连词；推拓连字是为"推开上文而展拓他意也"，相当于表示条件的连词。

虚字卷之九主要涉及助字和叹字。在《马氏文通》的系统中，助字相当于现在所谓的语气助词。马氏分助字为两类：一类是传信助字，主要讨论了"也"、"矣"、"焉"三字；一类是传疑助字，主要讨论了"乎"、"哉"、"耶"、"与"、"夫"、"诸"六字。马氏的助字是结合汉语的特点提出的，"助字者，华文所独"，属于空无依傍的创新。《马氏文通》关于叹字的论述较简。马氏认为其字形多变，句法结构较为灵活，表达情感也最为复杂。

论句读卷之十主要讲句读。《马氏文通》例言曰："是书本旨，专论句读。"② 但论句读仅占全书一卷，这样的格局并不表明句读不重要。相反，句读理论实为统摄《马氏文通》语法体系的灵魂。马氏用极大的篇幅描写字类，其实是为进一步讨论句读作准备。实际上，字类部分的讨论已经贯穿了与具体字类相关的句法问题。《马氏文通》创立了"词"和"次"两套概念来分别说明语义组合关系和语法组合关系，这对于以后的语法研究具有开创意义。

第三节 《马氏文通》的评价及其影响

《马氏文通》出版已有一百多年的历史，其中所提出的一些理论问题，至今仍有探讨的价值。这不是因为它是我国第一部系统的语法理论著作，而是它本身具有的优点。

首先，《马氏文通》仿效西方语言，并联系汉语自身特点，建立了完整的

---

① 马建忠：《马氏文通》，商务印书馆1983年新1版，第276页。
② 同上书，第15页。

语法体系。马氏将词类作为全书论述的主要部分，力图将语法的底层单位纳入结构的框架。但这并非《马氏文通》真正的意图所在。正如马氏所言，"是书主旨，专论句读"①。廓清词法是为了更清晰地去描写解释句法。在具体词类细目的论述中，都兼及相关的句法和修辞问题。

其次，《马氏文通》努力寻求语法规律，敢于暴露语言事实中的各种矛盾。例如，虽然以往的虚词书对宾语前置的三种情形有所论及，但马氏能将其系统化。另外，对于一些细节上的规律，马氏也力图予以揭示。例如，代字章中详细分析了"吾"、"我"、"予"、"余"四字用法的异同。并补充说明："'吾'、'我'、'予'之为偏次也，概无'之'字为间，而'余'字有之，故特表之。"② 更为可贵的是，马氏在论述一些问题的时候，不仅将符合规律的例证列举出来，而且将一些规律之外的例句同样加以指明。

再次，《马氏文通》用例宏富，理论总结建立在广泛的材料之上。全书共征引古汉语例句，大约有七千到八千句，后来讲汉语语法的书还没有一部超过它。当然这些例句里面有不少马氏分析不当的，但也有很多是到现在仍然缺乏令人满意的分析的。

最后，《马氏文通》并没有局限在严格意义上的语法范围之内，语法分析中常涉及修辞的分析。例如，在名、代之次章中，马氏说："偏正两次之间，'之'字参否无常。惟语欲求偶，便于口诵，故偏正两奇，合之为偶者，则不参'之'字，凡正次欲求醒目者，概参'之'字。"③ 除了字数的奇偶，马氏也很注意语句之中的节奏问题。在讲到"而"字的过递作用时，他说："前后两动字，中间'而'字以连之。此种句法，有自三字以至七八字，数十字者，爰分引之。"④ 如此关于节奏对字数的制约作用，书中亦多次提到。

当然，《马氏文通》作为汉语语法学的草创之作，也难免存在一些不足之处。在结合西方语言和汉语两方面特点时，对于一些理论问题的认识也存在一些误区。首先，《马氏文通》模仿西洋语法，其语法理论中对汉语的某些特点没有引起足够的注意。例如，西洋语法书中认为句子必须包含主语和谓语两种成分，马建忠便认为"凡句读必有起语两词"，"盖意非两端不明，句非两语

① 马建忠：《马氏文通》，商务印书馆 1983 年新 1 版，第 15 页。
② 同上书，第 44 页。
③ 同上书，第 91 页。
④ 同上书，第 282 页。

不成。"① 在书中论及"无属动字"和"议事论道之句读"时也发现汉语有些句子可以没有主语，但并未以此修正自己的结论，而将其归之为特殊条件下主语的省略。西洋语法中没有量词，因而对于古代虚词书中对量词的论述，马氏没有引起重视。此外，《马氏文通》中主要选取先秦两汉的经籍和唐代的韩文作为研究材料，没有对材料的时间层次进行明确的区分。书中还有一些引书和例句解释的错误，后来杨树达《马氏文通刊误》有较多补正。

《马氏文通》发表之后，在汉语研究领域产生了极为深刻的影响。后世对《马氏文通》展开了较为全面的研究。杨树达（1929）的《马氏文通刊误》一书，属于其中较早的一部。杨树达凭借深厚的古典文献知识，对《马氏文通》提出了十个方面的批评意见。50 年代章锡琛出版了《马氏文通校注》，对原著中的用例错误等进行了校正。孙玄常（1984）的《〈马氏文通〉札记》、王海棻（1991）的《〈马氏文通〉与中国语法学》分别对《马氏文通》进行了进一步的研究和评述。蒋文野出版了《马建忠编年事辑》，对作品和作者进行了较为详细的考证。吕叔湘、王海棻（1986）对《马氏文通》进行系统整理并详加校订，出版了《马氏文通读本》，使《马氏文通》真正成为可读之本。张万起（1987）编著的《〈马氏文通〉研究资料》一书收集了从 1916 年至 1984 年间研究《马氏文通》的专门文章，并在后面摘录了有关著作中评价《马氏文通》的资料。此外，侯精一、施关淦（2000）主编的《〈马氏文通〉与汉语语法学》一书，是《马氏文通》出版 100 周年的的纪念论文集，其中也收录了一些近年来研究《马氏文通》较具影响力的文章。宋绍年（2004）的《〈马氏文通〉研究》对《马氏文通》的各个章节和一些具体问题都进行了细致地研究。

总之，《马氏文通》开创了我国的语法学。它开辟了新纪元，使汉语的语法研究成为一门独立的学科。在我国历史上，从先秦到清代，都有过一些语法的术语和零散的论述，但都不能称为系统的语法研究。《马氏文通》的诞生使汉语的语法研究脱离了经学家和古文家的束缚，进入了科学的领域。自从《马氏文通》发表之后，同时代一些语法书都把《马氏文通》作为参照。例如章士钊的《中等国文典》和陈承泽的《国文法草创》的词类划分基本沿袭了《马氏文通》的体系。后来一些研究现代汉语语法的书也都参考了《马氏文通》，其中对其继承最多的是黎锦熙的《新著国语文法》。这些都反映出《马

---

① 马建忠：《马氏文通》，商务印书馆 1983 年新 1 版，第 25 页。

氏文通》对后来语法著作所产生的深远影响。

思考和练习

（1）研读《马氏文通》，试找出书中观点与用例存在矛盾或观点不能涵盖用例的几个地方，对这种情形进行综述，并解释其原因。

（2）《马氏文通》例言曰"是书本旨，专论句读。"但纵观全书，分析词类共八卷，而论句读仅一卷。试分析作者在体例上如此安排的原因。

（3）《马氏文通》设立了"词"和"次"两套概念体系。有的学者认为，两套概念有含混之处，可将其并为一套来简化语法分析的手续；有的学者认为两套概念皆有存在的价值。请思考此问题，并提出你的看法。

（4）对比《马氏文通》与其后影响较大的几部语法学著作中词类划分的情况，并对其中的异同进行综述。

（5）分析《马氏文通》中的句、读、顿三个语法单位与现行语法体系中相应语法单位的对应问题。

（6）《马氏文通》设立"约指代字"一类，如"皆"、"各"、"凡"等字，而现行语法体系将其归入范围副词。试分析存在以上两种分类的依据，并评述之。

（7）结合汉语史，综述句读理论的渊源、嬗变及其对《马氏文通》的影响。

主要参考文献：

［1］【晋】范宁集解、【唐】杨士勋疏．春秋谷梁传注疏［M］．江西：南昌府学，嘉庆廿年（1815）．

［2］【清】刘淇．助字辨略［M］．北京：中华书局，1954．

［3］【清】俞樾．古书疑义举例［M］．北京：中华书局，1954．

［4］【清】王先谦．荀子集解［M］．北京：中华书局，1954．

［5］【清】王引之．经传释词［M］．北京：中华书局，1956．

［6］谭戒甫．公孙龙子形名发微［M］．北京：中华书局，1963．

［7］郑奠、麦梅翘．古汉语语法学资料汇编［M］．北京：中华书局，1964．

［8］【战国】尹文著．尹文子简注［M］．上海：上海教育出版社，1977．

［9］【晋】杜预．春秋左传集解［M］．上海：上海人民出版社，1977．

［10］【清】阮元校刻．十三经注疏［M］．北京：中华书局，1982．

［11］【唐】陆德明．经典释文［M］．北京：中华书局，1983．

［12］【清】王念孙．广雅疏证［M］．北京：中华书局，1983．

［13］马建忠．马氏文通［M］．北京：商务印书馆，1983．

［14］【唐】李鼎祚辑．周易集解［M］．北京：中华书局，1985．

［15］李宗侗．春秋公羊传今注今译［M］．台北：台湾商务印书馆，1985．

[16]【清】孙诒让著，孙以楷点校. 墨子间诂［M］. 北京：中华书局，1986.

[17]【宋】朱熹. 孟子集注［M］. 北京：中华书局，1987.

[18] 陈望道等著. 中国文法革新论丛［M］. 北京：商务印书馆，1987.

[19]【元】卢以纬著、王克仲集注. 助语辞集注［M］. 北京：中华书局，1988.

[20]【清】袁仁林. 虚字说［M］. 北京：中华书局，1989.

[21]【清】孙希旦. 礼记集解［M］. 北京：中华书局，1989.

[22] 王力. 王力文集［M］. 济南：山东教育出版社，1990.

[23]【清】王念孙. 读书杂志［M］. 北京：中华书局，1991.

[24] 张志公. 传统语文教育教材论［M］. 上海：上海教育出版社，1992.

[25]【汉】高诱注. 吕氏春秋注［M］. 上海：上海古籍出版社，1996.

[26] 徐通锵. 语言论［M］. 沈阳：东北师范大学出版社，1997.

[27]【汉】班固撰，【唐】颜师古注. 汉书［M］. 北京：中华书局，2000.

[28] 邢公畹. 邢公畹语言学论文集［M］. 北京：商务印书馆，2000.

[29]【汉】高诱注. 战国策注［M］. 北京：北京图书馆出版社，2002.

[30]【汉】郑玄注. 周礼注［M］. 北京：北京图书馆出版社，2003.

[31]【汉】毛苌传. 毛诗诂训传［M］. 北京：北京图书馆出版社，2004.

[32]【元】敖继公. 仪礼集说［M］. 北京：北京图书馆出版社，2004.

[33] 宋绍年.《马氏文通》研究［M］. 北京：北京大学出版社，2004.

[34] 孙良明. 中国古代语法学探究［M］. 北京：商务印书馆，2005.

[35]【战国】荀况著，王天海校释. 荀子校释［M］. 上海：上海古籍出版社，2005.

[36] 黄灵庚. 楚辞章句疏证［M］. 北京：中华书局，2007.

后　记

　　本书为云南大学研究生教材建设基金资助项目，由云南大学蔡英杰教授担任主编，华南师范大学沈建民教授担任副主编，云南大学程少峰、郭磊、吕筱静，北京大学梁慧婧参加编写，具体分工如下：

　　蔡英杰：负责全书的设计、编排、统稿、审稿、修改。

　　沈建民：负责编写第二编音韵学文献。

　　程少峰：负责编写第四编语法学文献。

　　郭　磊：负责编写第一编文字学文献。

　　吕筱静：负责编写第三编训诂学文献。

　　梁慧婧：协助编写第二编音韵学文献。

　　编写过程中，程少峰同志协助主编做了大量工作。云南大学研究生部、云南大学人文学院对本书的编写、出版提供了大力支持，谨致谢忱。

蔡英杰

2011 年 1 月 15 日